# 王信福的漂流人生

圖一：
少年王信福喜歡穿花襯衫，喜歡看布袋戲。那時候，政府大力取締「奇裝異服」，王信福因為穿花襯衫、頭髮太長等原因，被警察依《違警罰法》拘留。累積幾次違警紀錄以後，被警備總部依《取締流氓辦法》移送管訓，從此在職訓總隊與監獄之間不斷漂流。

圖片來源：王信福家屬提供。

圖二：
嘉義是阿里山林業鐵路的起點，木業興旺，極盛時期，嘉義有一百五十間木材商行。王信福出生在五〇年代的嘉義，少年時也曾做過木工學徒。

圖片來源：王信福家屬提供。

圖三：
王信福出生於嘉義平等街一個平凡的家庭，父親早逝，母親幫人洗衣打掃維持生計。王信福在家中排行老三，上面有兩位哥哥。家中男丁早年便四處散落。圖中右起為王信福、王信福母親，王信福約十九歲。

圖片來源：王信福家屬提供。

圖四：
王信福與小妹阿玉相差九歲。阿玉年幼時，王信福晚上會去文化路買一碗豬肝麵，與阿玉、媽媽三人一邊吃麵一邊聊天。這是阿玉童年的幸福記憶。圖中左起為：小妹阿玉、王信福、王信福母親。

圖片來源：王信福家屬提供。

# 流氓乃臺灣特殊產物？

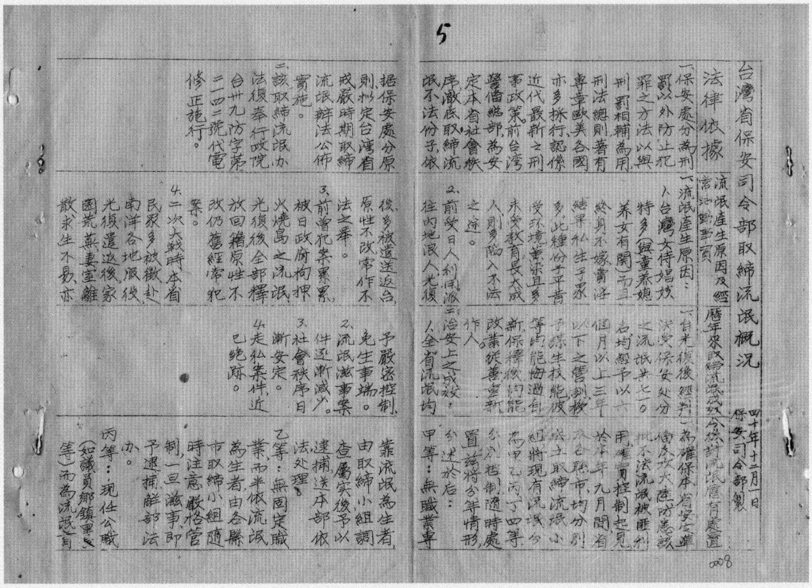

5

台灣省保安司令部取締流氓概況

四十年十二月一日 保安司令部製

**法律依據**

一、保安處分為刑罰以外防止犯罪之方法，以與刑罰相輔為用，刑法總則著有專章，歐美各國亦多採行，認係近代最新之刑事政策。前台灣警備總部為安定本省社會秩序，徹底取締流氓不法份子，依據保安處分原則，制定台灣省戒嚴時期取締流氓辦法公佈實施。

二、該取締流氓辦法復奉行政院台卅九防字第二一四二號代電修正施行。

**流氓產生原因及經驗事實**

一、流氓產生原因：

1. 台灣女侍娼妓特多（與童養媳養女有關）而且終身不嫁賣淫，結果私生子眾多，此種份子平青受環境薰染且多未受教育，長大成人則多陷入不法之途。
2. 前受日人利用派往內地浪人，光復後多被遣送返台，原性不改，常作不法之舉。
3. 前曾犯案累累，被日政府拘押火燒島之流氓，光復後全部釋放回籍，原性不改，仍舊經常犯案。
4. 二次大戰時本省民眾多被徵赴南洋各地服役，光復遣送後，家園荒蕪，妻室離散，求生不易，亦

**歷年來取締流氓成效**

一、自光復後經判決受保安處分之流氓共七一〇名，均經予以六個月以上三年以下之管制，教予[?]生技能，彼等均能悔過自新，保釋後均能改業從善，重新作人。

二、治安上之成效：

1. 全省流氓均予嚴密控制，免生事端。
2. 流氓滋事案件逐漸減少。
3. 社會秩序日漸安定。
4. 走私案件近已絕跡。

**今後對流氓應有處置**

一、為確保本省安寧，備反攻大陸，防患該批不法流氓被匪利用，嚴實控制起見，於本年九月間省令各縣市均分別成立取締流氓小組，將現有流氓分為甲乙丙丁四等，分別予以控制，隨時處置，茲將分等情形分述於后：

甲等：無職業專靠流氓為生者，由取締小組調查屬實後予以逮捕，送本部依法處理。

乙等：無固定職業而半依流氓為生者，由各縣市取締小組隨時注意嚴格管制，一旦滋事，即予逮捕解部法辦。

丙等：現任公職（如議員鄉鎮里長等）而為流氓首

0008

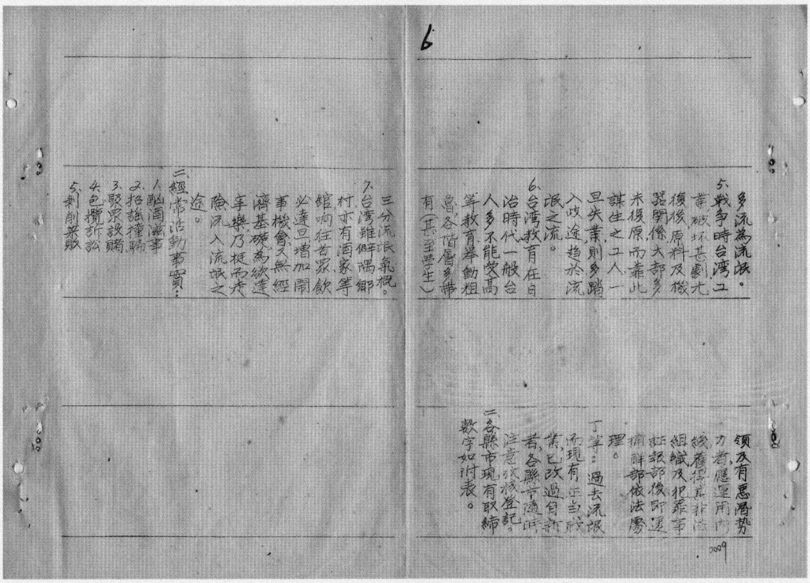

6

多流為流氓。

5. 戰爭時台灣工業破壞甚劇，尤復後原料及機器關係大部多未復原，而靠此謀生之工人一旦失業，則多踏入歧途，趨於流氓之流。
6. 台灣教育在日治時代一般台人多不能受高等教育，舉動粗魯，各階層多帶有（甚至學生）三分流氓氣概。
7. 台灣雖僻隅鄉村亦有酒家等館，晌往昔眾飲必達旦，增加鬧事機會，又無經濟基礎，為欲達享樂，乃挺而走險，流入流氓之途。

二、經常活動事實：

1. 酗酒滋事
2. 招謠撞騙
3. 聚眾設賭
4. 包攬訴訟
5. 剝削弱販

領及有惡潛勢力者，應運用內線獲得其非法組織及犯罪事証，報部後即逮捕解部依法處理。

丁等：過去流氓而現有正當職業，已改過自新者，各縣市隨時注意依核登記。

二、各縣市現有取締數字如附表。

0009

圖五（前頁上下及本頁上）：
一九五一年警總的內部文件認為，臺灣流氓產生的原因是臺灣受日本統治，教育程度不高，人民粗魯有流氓氣，娼妓與酒家特多，二戰時期赴南洋當兵後謀生不易等等；言下之意，是將流氓視為臺灣社會與歷史狀況的特殊產物。

圖片來源：「台灣省戒嚴時期取締流氓辦法案」，國家檔案局，國防部檔案，檔號A305000000C/0040/1513/2360。

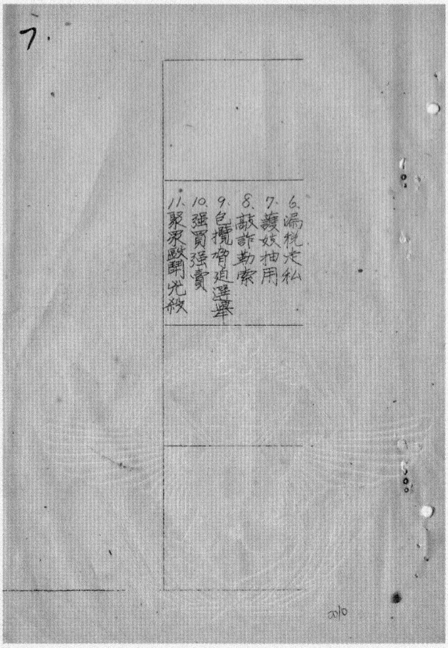
7.
6. 漏稅走私
7. 娼妓抽用
8. 敲詐勒索
9. 包攬會選舉
10. 強買強賣
11. 聚眾鬥毆兇殺

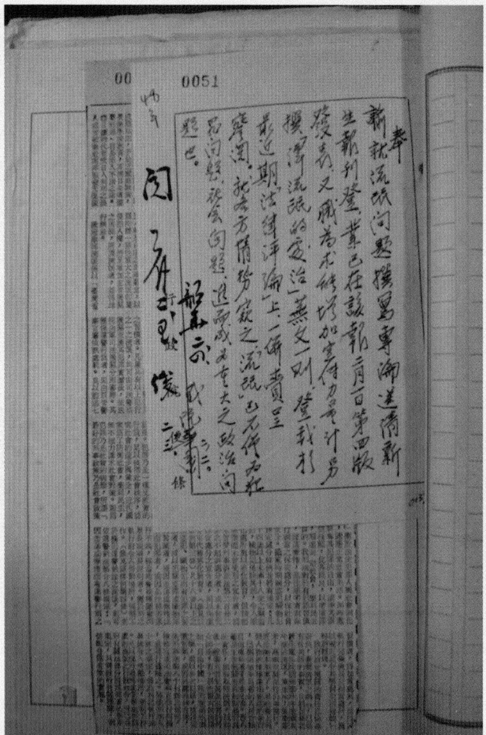

圖六：
一九五九年，行政院官員阮華國撰寫〈譚流氓的處治〉等文，宣傳「流氓是臺灣特產，日本統治的結果」的觀念，並明白將流氓問題定位為政治問題。

圖片來源：「取締流氓案」，國家檔案局，行政院檔案，檔號AA00000000A/0047/3-7-2-4-2/4。

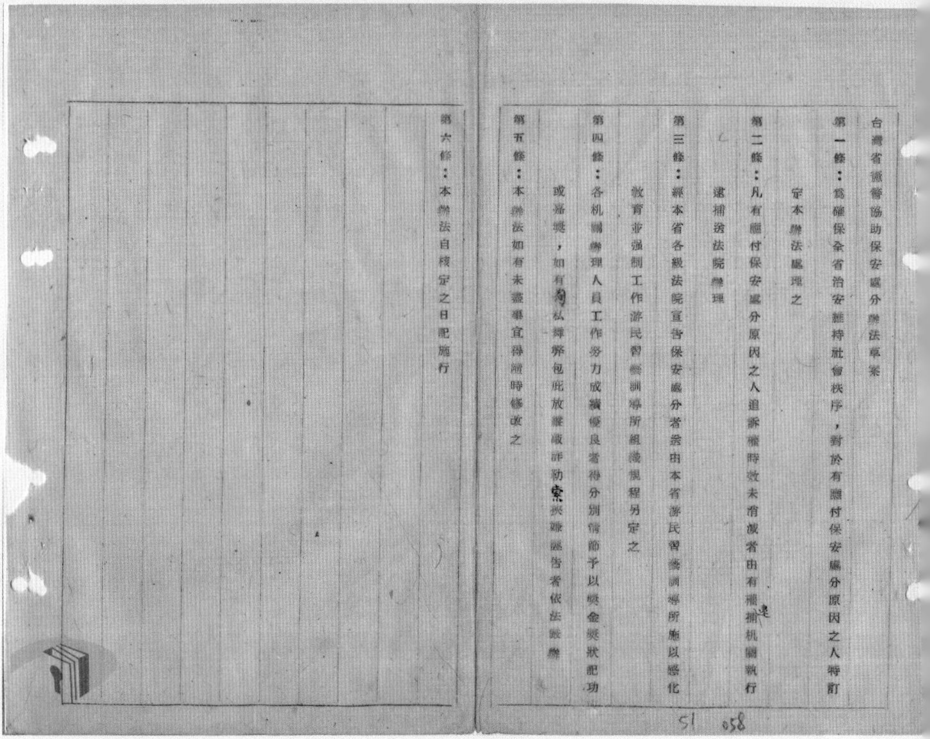

台灣省憲警協助保安處分辦法草案

第一條：為確保全省治安維持社會秩序，對於有應付保安處分原因之人特訂定本辦法處理之

第二條：凡有應付保安處分原因之人追訴權時效未消滅者由有權逮捕機關執行逮捕送法院辦理

第三條：經本省各級法院宣告保安處分者送由本省游民習藝訓導所施以感化教育並強制工作游民習藝訓導所組織規程另定之

第四條：各机關辦理人員工作努力成績優良者得分別情節予以獎金獎狀記功或嘉獎，如有徇私舞弊包庇放縱藏詐勒索挾嫌誣告者依法懲辦

第五條：本辦法如有未盡事宜得隨時修改之

第六條：本辦法自核定之日起施行

51 058

圖七：

警總於一九四七年擬定《臺灣省憲警協助保安處分辦法草案》，以便抓捕流氓，但條文內容空泛。例如第二條中，「應付保安處分原因之人」與「有權逮捕機關」，界定都很模糊；第五條「如有未盡事宜得隨時修改之」，則顯示警總能夠隨時改變取締標準與辦法。

圖片來源：《臺灣全省警備司令部卅六年度工作報告書》，國家檔案局，檔號B5018230601/0036/109.3/4010/1/001。

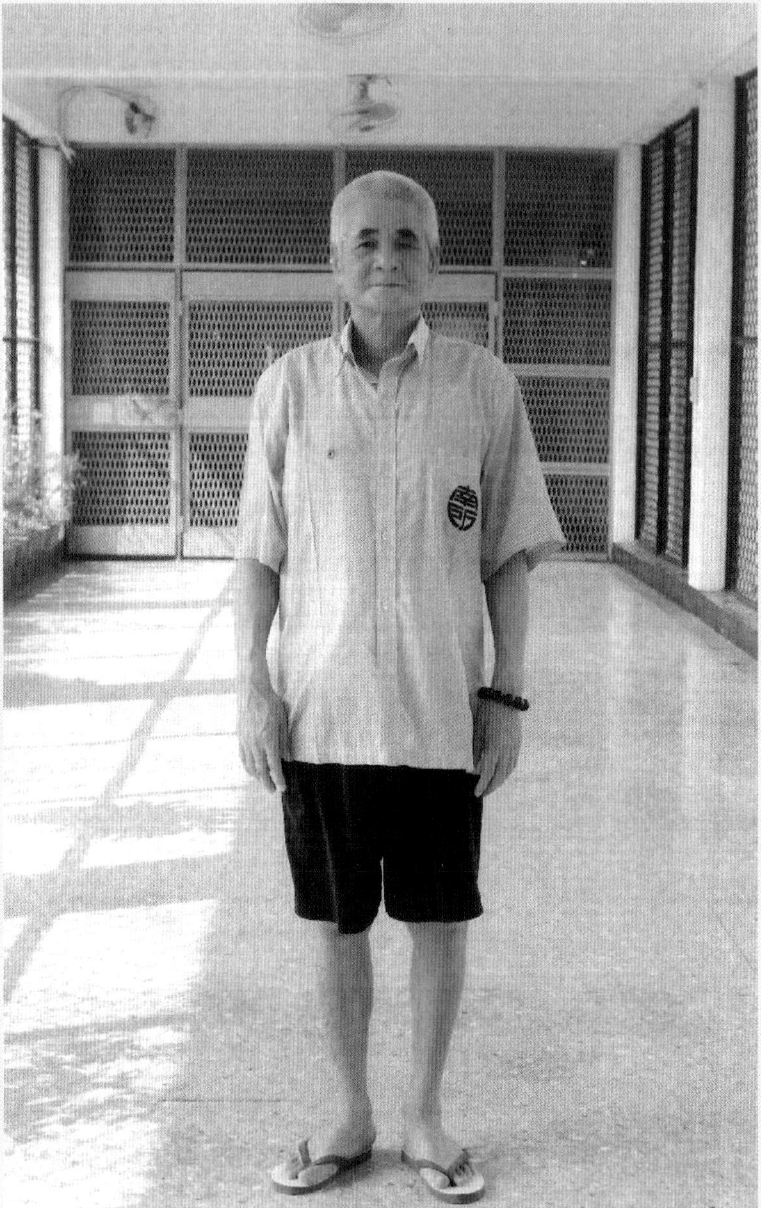

圖八：
現年七十歲的王信福，為臺灣目前最高齡的死刑犯，照片攝於二〇二〇年。王信福現在關在臺南看守所。

圖片來源：臺灣廢除死刑推動聯盟提供。

# 流氓王信福

張娟芬·著

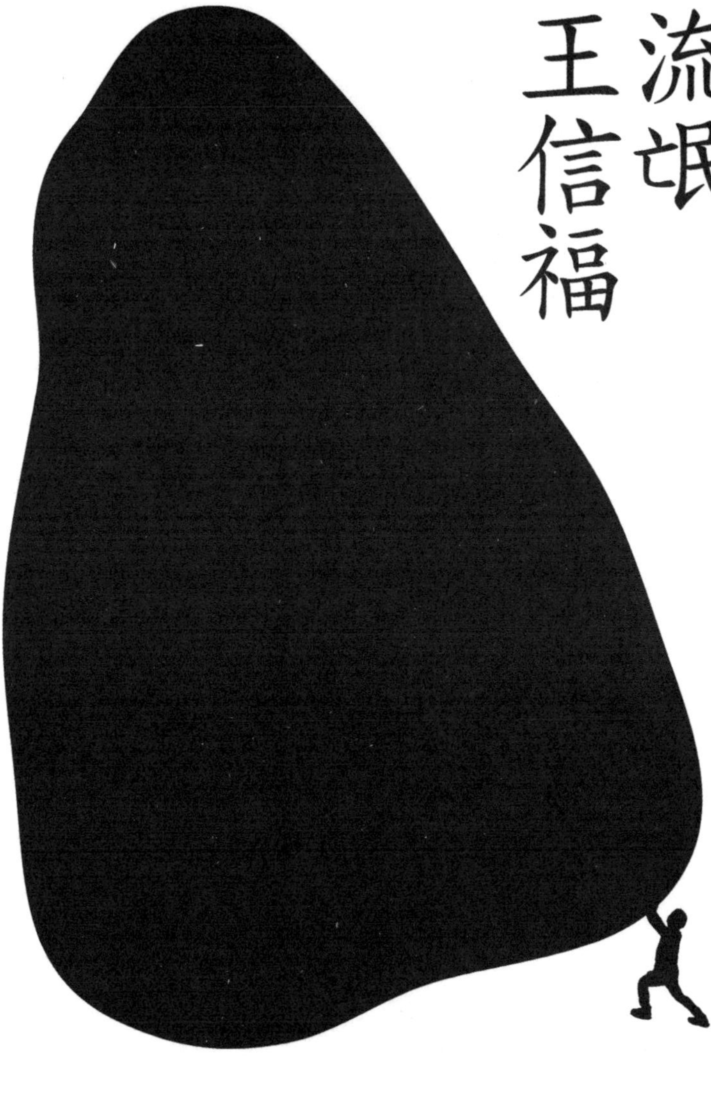

# 各界好評推薦

### ‧尤伯祥／律師

謊言是威權統治的工具。威權統治者用謊言遮掩其統治手段的暴虐與殘酷，也用謊言編織政權歷史的偉岸神話，好讓在虛幻的歷史中成長的人民心甘情願接受一切剝削與宰制。當威權時代的真相揭露，歷史不再是威權統治的武器，威權才有可能毀滅。如果沒有對過去全面且詳實地回顧，就不可能有真正的改革。歷史真相的揭露與探索，是改革的基礎。欠缺了對威權歷史的真實記憶，人民無從瞭解自由的可貴，也就不會為了捍衛得來不易的自由而熱愛民主與法治，進而為此開啟無可逆轉的政治與司法改革進程。《流氓王信福》這本書以迥異於過往冤案敘事的切入角度，既勾勒、耙梳了戒嚴體制對臺灣司法的扭曲，也書寫了寄生在國家安全與社會秩序「大義名分」下的檢肅流氓制度，如何輕易地碾平像王信福這樣的社會底層蚍蜉。對王信福、蘇建和、徐自強、邱和順等眾多走過那個時代的冤案被害人而言，審判既是鬧劇也是悲劇。這本書從宏觀的視角揭露了威權時期偵、審的實相，乃至即便威權結束，遺毒猶存的真相，為臺灣的司法改革補上長期闕如的重要基礎，意義深遠。

**・吳豪人／輔仁大學大法律系教授**

我從來不愛讀推理小說。因為自小就從經驗中得知：完全犯罪之所以是完全犯罪，並非計畫縝密，而是階級正確。相反的，冤案之所以成冤案，與法網疏漏無關，而是階級不正確。但張娟芬寫的非小說《十三姨KTV殺人事件》，曾將死囚鄭性澤的性命，從司法誤判、國家殺人的傲慢悲劇中搶救回來。如今她寫《流氓王信福》，再次證明階級不正確的人，在國家暴力之前，可以多麼輕易地被侮辱與被損害。張娟芬為何總是能以一人之力，糾正檢警司法造成的冤案呢？因為全心全意救人的，永遠比主宰人生死的頭腦清醒。我心目中，臺灣只有一個神探，就是張娟芬。

・林立青／作家

王信福的人生說明了為什麼臺灣對於司法的信心低落，除了證據前後矛盾，無法釐清細節，偵查和審判過程充滿疑點，但在警檢法三方沿用制度下的慣性下，過去人生不夠清白的人，總被當作是先入為主的壞人。

這本書告訴我，一個人是否能夠被證明清白無辜，並不是單純由科學鑑定和客觀事實決定，而是有人堅持說真話，並有足夠多數的人願意深入理解。

・林欣怡／廢死聯盟執行長

「外面的人都不是這樣想」，廢死聯盟在王信福冤案救援上投注了超過十年的努力，但這句話我卻無力反駁。張娟芬從《無彩青春》、《殺戮的艱難》到《十三姨KTV殺人事件》，在死刑、司法議題的耕耘，臺灣無人能出其右。期待《流氓王信福》的出版，能讓我下次見到信福大哥的時候，可以弱弱地說：「外面的人開始這樣想」了。雖然艱難，但我們相信、我們知道，王信福會有清白走出臺南看守所的一天，只是希望那天不要讓他等太久。繼續努力！

・馬世芳／廣播人，作家

《流氓王信福》的故事，遠遠不只一樁冤案。這位臺灣最年長死囚的悲劇，竟緊緊連結著我島縱橫百年、曲折顛簸的統治歷史。張娟芬展開一幅工筆長卷，我們乃看清少年王信福如何被巨大的體制屢番碾壓，成為不得翻身的「流氓」，那故事甚至比他揹上殺人冤獄的過程，猶更悲傷。

・張亦絢／小說家

《流氓王信福》是一部得來不易的吹哨書寫。它是懇切的呼喚：堅決反對漠不關心，堅決反對不用腦筋，堅決反對遺棄他人。司法類寫作難，批判司法史，更是難中之最。我們幸而有娟芬這樣聰慧且深具臺灣歷史感的嚮導，讓走過「貌似迷宮的威權體制」能既走得輕鬆，又想得深入。這是認識構築不義法則的最佳教材，也是珍貴的反偏見白話文運動。這部大幅縮短公民「LQ落差」（法律素養落差）的典範，有社會派推理的苦心造詣與大眾史學的科普易讀性，它是「你從未想過的流氓」與「你從未想過的臺灣史」：一份具雙重驚異與震撼的記憶視野。

### ・陳芳明／政大臺文所講座教授

從社會底層觀看臺灣社會，由於角度不一樣，看到的世界也不一樣。長期以來，張娟芬擅長從一般百姓的視角透視臺灣。繼上一本《殺戮的艱難》之後，她又寫出如此使讀者訝異的作品。正面看待臺灣是一般文學家的手法，她選擇人們看不見的社會另一面。黑道在臺灣的存在由來已久，就像美國社會的黑手黨那樣，在每個城市都無所不在。懷著感激與感動閱讀這部作品時，才發現張娟芬做了多少家庭作業，也做了多少現場訪問與觀察。因為她，我們終於又看到另一個臺灣。

### ・陳欽賢／法官

如果有人問我：「你當刑事庭法官二十幾年來，有沒有冤枉過人？」，我心中的完整而誠實的回答是：「一定有，但我不知道是誰，如果我能知道，我想跟他說對不起。」

沒有任何人的生命或靈魂，應該因為法官的錯誤而斷送或禁錮。然而法官既然是人，註定無法排除錯誤判斷的風險。所以，法官的最後決定需要有雙護衛的手來避免可能的冤獄，尤其是死刑犯的冤獄風險。無論是制度內訴訟程序，或制度外的運動救援。

而制度外的救援無法避免批評法官，以及法官的處置與決定，但既然是為了避免法官可能的錯誤，擔任法官的我們也只好承受，畢竟那是雙護衛我們可能錯誤的手。

因為臺灣最應該避免的，就是類似江國慶的憾事再次發生。

**・黃致豪／律師**

身為一個愛好文學的執業律師，在法律文學領域中，只有一個人的作品我敢瞎眼推薦——張娟芬。

**・劉恆妏／師大公民教育與活動領導學系副教授**

被戲稱為「司法教召」的《國民法官法》即將上路，凡是年滿二十三歲、在地方法轄區內居住四個月以上的中華民國國民，即有機會被抽中，以素人之姿，坐上審判席，參與涉及人命的重案審判。是的，就是像王信福這類重案。

王信福案的審判，到底發生了什麼樣的問題？為什麼專業的職業法官作出的判決，會受到民間質疑？當你坐上審判席時，與職業法官一同面對重案時，該如何分析思考、作出判斷，才能勿枉勿縱呢？

娟芬對本案證據的抽絲剝繭，不僅揭露了王信福案的個案爭議，重新審視臺灣司法人權的制度性議題，也是未來國民形成案件有罪、無罪之確信，避免錯殺錯判的重要思考指南。

• 劉紹華／中研院民族學研究所研究員

二十世紀留至本世紀的死刑冤案，都有類似的不當審判過程，以及融入其中的社會偏見：對於底層青年和混混兇手的等號連結。細究每一個冤案，也將看見司法與成見如何糾纏的特殊性。臺灣司法對不當審判的盲目，橫跨時代、逾越正義，緊箍住渾身被貼滿標籤的含冤者，一如三十八歲至今已七旬的「流氓」王信福。娟芬再度疾書，犀利地指出個人悲劇的結構性：這不僅又是一個冤案的故事，她更欲揭開冤案的時代生成及司法改革未竟的謎團。

・錢建榮／法官

在刑訴新制下審判的王信福，與在舊制就被國家殺掉的陳榮傑命運沒有不同，傳聞法則仍然被娟芬形容為史前時期的審判外陳述給掏空，新制用傳聞法則、大法官用對質詰問，給你一種進步的甜頭，卻是閉上眼睛才有的錯覺。

娟芬從社會學、威權政治及轉型正義的角度俯瞰王信福身處的「流氓時代」，這比閱讀釋字第六三六號解釋，更能感受《檢肅流氓條例》為何應該被宣告違憲的理由。這就是娟芬讓法律實務工作者永遠自嘆弗如之處。

（按姓氏筆畫順序排列）

# 目錄

推薦序一

# 這本書只有她寫得出來

許玉秀／前司法院大法官、模擬憲法法庭暨
模擬亞洲人權法院發起人

## 救援王信福之路的進程

撰寫這本書的娟芬教授，精讀過六十九個死刑判決（其中五個最終並非以死刑定讞），是精讀臺灣死刑判決的最高紀錄。如果有人比較喜歡說，這是中華民國成立以來，精讀三審定讞死刑判決的最高紀錄，也可以。精讀，不止判決本身，還包括對案件相關卷證的耙梳。

第一次參加王信福案救援會議，在二〇一七年十二月十二日。在此之前，娟芬在司改國是會議之後，司法院所組成的「裁判書類簡化暨通俗化推動委員會」中，已經示範改寫了王信福死刑案判決的論罪部分，原判決約四萬五千字，論罪部分約兩萬八千字，改寫成四千多字。四個月後，二〇一八年四月二十日再度面對時，娟芬已經完成「王信福案的證據結構分析」，以對我而言，有一點動畫效果的PPT，在公益信託春風煦日學術基金和臺灣廢除死刑推動聯盟、臺北律師公會憲法委員會及刑事法委員會、元照出版公司、東吳大學張佛泉人權研究中心合辦，臺灣大學法學院刑事法中心、中央大學法律與政府研究所及臺灣刑事辯護律師協會協辦的「刑事法與憲法的對話」論壇上發表，內容淺顯易懂，判決在證據結構上的漏洞，在現場百餘位觀眾面前，沒能遁形。

之後，我因為籌備模擬亞洲人權法院及草擬刑事證據專法計畫，拉開了與王信福案的救援距離。到了二〇一九年八月，王信福案的模擬法庭劇本已經完成，有幸受邀見證了第一場演出；在校園中演出一段時間之後，當二〇二〇年，修改後的電影版出現在全國觀眾面前時，娟芬已經是編劇兼導演的身分。如今，在模擬法庭劇本之前已經開始動筆的真人真事故事書，終於付梓。

王信福救援之路，其實不只走了這四年多，在二〇一一年七月二十七日死刑判決定讞之後，到二〇一三年十二月二十八日之間，有四次再審聲請，一次非常上訴聲請，一次釋憲聲請，均遭駁回。二〇一七年可以說是重起爐灶，至今四年有餘，提出赦免請求的訴願遭駁回，因而提起的行政訴訟、抗告均遭駁回；二〇二一年五月十八日，根據最高檢察署於二〇一六年公布的《最高檢察署辦理爭議性死刑確定案件審查作業要點》，廢死聯盟、刑事辯護律師協會和民間司改會共同促請最高檢察署進行審查，同年十月二十六日獲得「歉難辦理」的回答。倒是二〇一八年七月五日以法官重複為由，向大法官提出的釋憲聲請，目前排入待審案件中。

## 王信福人生的小特寫與大特寫

在警察可以隨時街頭臨檢，打開車門，看到駕駛穿拖鞋開車，可以根據違警罰法開罰單的時代，穿拖鞋開車，已經是違反違警罰法的行為不檢，那麼要變成公權力眼中的流氓，何其容易？娟芬在本書的故事中，舉出了新聞界的大樹如王健壯（雖然未遂）、文學界的巨擘如王文興，這些當年的文藝進步青年，也都讓警察有權力下手修整他們的儀容，這表示他們的言行，都屬「違法」範疇，而非僅止與道德規範牴觸而已。

而當小偷一旦被逮到，可以一口氣被堆疊幾十件沒有做過的竊盜案，事屬稀鬆平常時，公權力讓眼中的不良分子揹殺人的黑鍋，又怎麼會眨一下眼睛呢？

流氓王信福，流氓和王信福有著相同的比重。但是和死刑犯這個生命大特寫相比，流氓，只能算王信福少年到老年的生命小特寫。不管是流氓或死刑犯，這兩種身分縱使和王信福脫勾，都顯然有著共同的生命背景。娟芬在本書中所描摹的時代地圖裡，不管是政治上的戒嚴，司法的史前時期或歷史時期，所呈現的公權力，都有著同一顆腦袋。這顆腦袋所行使的都是不受節制的權力，沒有基本的內在工作紀律，面對外界的質疑也依舊我行我素。就是這樣的腦袋，成就了這本書中王信福死刑冤獄的大特寫。

小特寫中寫得最深刻的，應該是一九五五年制訂公布的「取締流氓辦法」，也就是後來幾經修正而成，遭大法官三度局部宣告違憲，最終在二〇〇九年一月廢除的檢肅流氓條例。的確，一如娟芬所考證，以取締、整治流氓做為一種政治控制手段，中華民國政府不需要向日本政府學習，雖然日治時期有「取締臺灣浮浪者規則」。而且「懲治土豪劣紳」比起「取締流氓」打擊範圍可以更廣，中國人的手段比日本人厲害多了！不過要說日本殖民政府對流氓的整治有傳承，也不是不可以。這可以從受規範者的角度來看。從臺灣人民的角度來看，這套政治控制手段，沒有因為政權更替而改變，在中華民國到臺灣來以前，臺灣人不曾領教過中國人懲治土豪劣紳的手段，中華民國來到臺灣之後，就把懲治中國土豪劣紳的手段，施用在臺灣流氓身上，「被流氓」對臺灣人民而言，是有傳承的。

至於烘托王信福死刑冤獄大特寫的司法史前和歷史時期，娟芬以深入淺出的文字，配合具體個案，進行一場法學科普教育，例如審檢分立的歷史、法庭程序由法官依職權進行改為當事人進行等體制的改革；從警察、檢察官、三個審級的法官，如何操作不正當法律程序，沒有對質詰問程序、沒有直接審理、供述證據的前不巴村後不著店、偵訊筆錄如何成為教唆偽證的紀錄、法官對於刑求和誘導訊問如何無感，甚至似乎有心認真操作正當程序的法官，突然調離的不無可疑之處等，都能夠傳佈一些關於刑事訴訟程序的基本知識，以及憲法對正當法律程序的基本要求。

這本書的核心故事，當然還是王信福死刑冤獄大特寫。雖然娟芬將司法運作區分為史前時期和歷史時期，但書中也沒有放心地宣告這兩個時期已經走遠，如果腦袋還是同一顆腦袋，也都可能繼續製造王信福們，書中的故事仍然會繼續上演。在二〇〇四年七月二十三日做成的釋字第五八二號解釋，大法官宣告，對質詰問權是被告受憲法保障的刑事防禦權之一。二〇〇六年才出現在法庭上的王信福，有受到這號解釋的保護嗎？至於審檢分立？法庭上蒞庭檢察官照樣起立僅僅回答如起訴狀的情形，似乎也不少見；

法官介入職權訊問，更是許多律師的抱怨；而司法院與法務部共同舉辦慶祝司法節球類競賽活動，也不是史前時期或歷史時期的事。法官絕對不會和被告的辯護人舉辦球賽聯誼，卻可以毫無罣礙地和作為原告的檢察官共同舉辦球賽聯誼，這是記得審檢分立的腦袋嗎？

所以建議讀者要特別專心地研讀、仔細咀嚼這個大特寫，畢竟這關係每一個人切身利害，因為不管是被違反行政法規或被犯罪，都不是你介入是非，而是——是非找上你。王信福為什麼要逃？避開是非之地呀！但，是非還是找上他！

## 王信福的死刑冤獄大特寫

在娟芬的大特寫裡面，最早出現的場景，是偵訊筆錄製作過程的誘導訊問，以及除了被她一再嘲笑的滾落樓梯不算刑求之外，隱隱約約的某種可能脅迫、施壓等類刑求或真刑求的取供過程。如果向檢察官或法官控訴警察刑求，得到的回應，也都是查無實據，或者甚至置若罔聞，那麼誘導訊問在法庭上提出來，總感覺法官在心裡冷笑。刑求被調查出來，因而讓所取得的證據失去證據能力，並因此讓起訴事實被推翻的案例，可以說鳳毛麟角。以邱和順案為例，縱使有警察之間對話的錄音檔，法官還是「非常嚴謹地」認為查無實據。至於刑事辯護人在法庭上指責檢察官取供來自誘導訊問時，法官真的當回事，還在判決當中否定誘導訊問所得證言證據能力的案例，當真沒看過。想翻轉人民對法官的不信賴，法院還真得努力舉出一批反證才行。

再說了，王信福死刑冤案大特寫裡面，警察磨個二十四小時得出四、五份內容互有差異的筆錄，只是誘導訊問而已嗎？看起來怎麼已經是教唆偽證了？檢察官有反應嗎？法官有反應嗎？更何況由檢察官主導的教唆偽證呢？如果法官連教唆偽證都可以假裝沒看見，誘導訊問難道不是甚至一點道德瑕疵都沒有？法官是因為這樣，所以對誘導訊問的質疑習慣性置若罔聞嗎？

關於判決品質的不能取信於人民，真是法官被冤枉了嗎？可以看看大特寫中幾個非常經典的例子，一個剛好和對控訴刑求的回應有關。非常經典，意思就是常態、非常普遍，不是特例。王信福案一審判決說「上開判決（嘉義地方法院七十九年度訴字第三六七號刑事判決）非但完全未提及有證人吳俊翰於本院審理中所稱遭刑求之驗傷單，且認定吳俊翰警詢中之證述可採，是吳俊翰辯稱其曾於警詢中遭刑求云云，即屬無據，而無足採」（臺灣嘉義地方法院九十五年度重訴緝字第二號刑事判決）這是甚麼意思？答非所問？還是警告被告不要挑戰任何判決？

被告所請求的，不正是請求法院，去調查十幾年年的判決為什麼不理會被告對於刑求的控訴嗎？不是控訴史前時期沒有調查，請歷史時期的法院調查嗎？判決竟然直接回答：以前的判決並未記載有證據？！法院當初沒有調查，當然沒有證據！不必親自到過去的故事裡面檢視一遍，直接承認以前的判決沒錯，這不就是擺明了自始不打算理會被告的請求嗎？所以對王信福的審判只是過個水而已？這就是法院面對刑求控訴的態度，清清楚楚地擺在那裡！

判決又說：「承辦員警於案發之初，亦不知係何人開槍，應無可能為故入被告王信福之罪，而刑求吳俊翰，要求其為不利於被告王信福之證述。是吳俊翰於本院審理中之證詞尚難憑採。」（臺灣嘉義地方法院九十五年度重訴緝字第二號刑事判決）娟芬說這是不負責任的臆測，因為法官顯然沒有仔細比對筆錄，警察老早認定王信福是主謀，而以這個方向在鞏固證人的證詞，證人沒有說到這個點上，是不能回家的。不過我倒覺得法官太搞笑了，這是賣萌嗎？法官完全不介意表現得讓警察覺得他們涉世未深？法官這是裝傻還是真傻？不正是因為不知道何人開槍，就不能破案，才會不惜使盡各種脅迫手段，以逼出不實證言嗎？王信福之所以成為警察眼中適格的犯罪嫌疑人，因為有不少證人說他有表現不高興的情緒，這是唯一可以製造殺人動機的線索。對警察而言，不滿的情緒是一個破口，從對歌曲伴唱帶缺漏的不滿，擴大到對人、對警察的不滿，對辦案的警察而言，就容易得多。以結案為最高工作目標的法官們，不可能不知道破案獎金也是警察的神聖目標，所以法官是在裝傻！

判決還說：李慶臨兄弟雖然因為賭大家樂曾經被警察逮捕，與警察有仇，但不可能因此向警察復仇。到了更三審又加了一句：時間隔那麼久，不可能是要復仇。（間隔那麼久？其實隔年而已。）但卻同時認為王信福因為點歌不如意，警察不跟他一起唱歌（這是未經證實的證言，假設是真的），而有足夠的動機殺害警察！

如果質疑王信福只是因為唱歌不順，怎麼可能就動了殺人的念頭？法官的回答，通常不是旁徵博引、仔細解釋為什麼這樣的動機合理，而會這樣回答：就是為了不一起唱歌這樣的細故而殺人，更可見被告惡性重大，故應處以極刑。去年夏天曾經喧騰媒體將近兩週的縱火犯湯景華案，針對這樣的質疑：只因為和遭縱火死亡的家人有口角和輸掉告訴傷害的官司，湯景華就有縱火燒死對方和其家人的故意，這樣的推論合理嗎？事實審法院沒有回應為什麼可以因而推論出湯景華縱火，就是為了故意殺人，而是直接認為正因為細故而故意縱火殺人，湯景華惡性重大，應處死刑。

這種答非所問、循環論證的邏輯謬誤，在各級法院的判決中，根本經常可見。這不是想怎麼判，就怎麼找理由嗎？這樣處處舌燦蓮花，死活可以任意說的刑事判決，令人萬分心痛地，還真不少啊！

## 想寫好判決，先學好操作直接審理程序

最近喧騰媒體的抽閱法官判決事件，據說去年就已經成為司法院的政策，各種反彈的、贊成的、解釋的、批評的意見，不好意思地說，都有些膚淺和片面。

判決本是審理過程的紀錄，如果審理過程踐行的是不正當的程序，如何做出符合正當程序的紀錄？又如果竟然認為程序正義和實體正義是不同的正義，不相信唯有靠程序正義才能找到犯罪真相，而認為縱使手段不正當，也能發現真實、體現實體正義，怎麼可能真心誠意、規規矩矩地踐行正當法律程序？當然也不可能寫出符合正當法律程序原則所要求的審理紀錄。那麼本質上是審理紀錄的判決，不受人民信賴，完全是求不仁

得不仁啊！

本書中所揭露王信福案卷證及判決上的乖謬，完全指向製作卷證程序有重大瑕疵，其實也就是偵訊、審理程序處處不符合正當法律程序的要求，處處違背憲法對被告防禦權的保障，處處違反憲法保障人民訴訟權的基本原則。縱使指出鑑定的是右輪手槍，卻在更三審之後才定讞的漫長審理程序當中，一路錯寫成左輪手槍，指責的也不是寫錯字的問題，而是對於科學證據鑑定過程和鑑定結果的輕忽，對於證據能否支持所認定的犯罪事實，沒有用心審視嚴謹判斷，同時暴露審級的審查功能完全失靈。

右輪錯成左輪，表示法官沒有拿真正的凶器，論斷犯罪事實，所認定的犯罪事實怎麼不會崩解？更不必說前面所舉的幾個經典例子，充分暴露法官根本不重視取得證據過程必須合法。供述證據的真實性不能由供述證據本身提供，而必須藉由無瑕疵的取得程序和可以擔保供述證據真實性的其他證據提供。而對證據證明力的論斷，也不可能容許互相矛盾的情況。例如娟芬提到李慶臨取槍，雖有證人李清泉一開始的證詞和被告陳榮傑一開始的自白可以佐證，但除此之外沒有其他證據，例如沒有凶槍上的指紋佐證。不過如果李慶臨取槍不能證明，而能證明陳榮傑的槍來自李慶臨的交付，那麼李慶臨取槍的事實就能證實，因為沒有取槍如何交付凶槍？但是李慶臨是否有交付凶槍給陳榮傑，現場也沒有目擊人證，只有兩人一起走向門外的目擊證人，如果能證明陳榮傑除了從李慶臨處沒有能力取得槍枝，那麼在所有調查過程沒有暴露的陳李關係，就很重要，而因為陳榮傑是李慶臨長年豢養的小弟這個事實，只有證人的證詞，兩人密切的生活關係並沒有在調查過程暴露，所以也的確沒有證據證明凶槍來自李慶臨的交付。證據調查有很大的疏漏屬實，但根據不夠充分的證據不能認定李慶臨是殺人共犯，則沒有違背證據法則。

同樣的，槍枝來自王信福的證據也完全不存在，王信福教唆陳榮傑開槍殺人的證詞來自陳榮傑後期的自白，但陳榮傑也曾一開始自白槍枝來自李慶臨，如果陳榮傑關於槍枝來源的自白不足以證明李慶臨和開槍殺人有關係，陳榮傑自白受王信福教唆殺人，也同樣不足以支撐王信福殺人的事實。法官放過李慶臨，不放過王信福，就是判斷互相矛盾的違背論理法則。

這種種判決的瑕疵，之所以來自於論述，是因為論述缺乏合法調查的證據支撐。也就是沒有踐行正當的證據調查程序所致，例如本案中沒有能力透過直接的言詞審理，抓出筆錄裡的瑕疵，也就是沒有能力釐清所有證人證詞的真偽。所以要期待法官把判決寫好，必須先訓練他們進行正當審理程序的能力。

# 裁判格式能促成有效能的直接審理程序

刑事訴訟法對於合法判決的要求，包括第一五四條要求裁判要依證據，第一五五條要求證據必須有證據能力、經合法調查，並且證明力的判斷不能違背論理法則，第二二三條要求裁判必須具備理由，第三一〇條要求裁判應該載明所要求的記載事項。為了滿足這些要求，勢必得在直接審理程序中，生產能夠滿足刑事訴訟法第三一〇條應記載的事項，而這些記載必須符合第一五四條和第一五五條要求。那麼這幾個條文的要求，為什麼只訓練出把開庭當作負擔、拿開庭虛應故事過個場、讓開庭和寫判決成為兩不相干的法官？為什麼只訓練出寫作文圓謊的法官，圓警察和檢察官提供不實筆錄的謊！

應該是徒法條不足以自行！二〇一七年司改國是會議之後，司法院組成「裁判書類簡化暨通俗化推動委員會」，一年後聽說委員會完成任務解散了，以為從此判決大有改善。但是這幾年有些機會應邀閱讀一些判決，卻只能說：災難啊！判決一個比一個長。「裁判書類簡化暨通俗化推動委員會」看來根本只是虛晃一招，浪費幾位法官一年的時間，竟是一事無成？

判決們就算沒有多少證據，也能堆積出幾萬字。判決的事實欄，總是從盤古開天闢地寫起，先是前情摘要，揣測動機、敘述周邊細節，寫成一大坨，到了犯罪構成事實就是結論，非構成要件事實部分鋪排滿滿，犯罪構成事實三言兩語。從動機判斷故意，不知道是甚麼師傅教出來的。故意是要靠客觀的構成要件事實去判斷的，動機是量刑事實，根本不應該一大早就出現在犯罪事實欄，而且還是在第一段！

娟芬在延伸閱讀那篇證據結構分析的文章中，提出量和質的分析方法，用編碼統計判決對各部分事實的陳述比重，雖然我不能立刻領會、曉得如何操作，但她將事實切成九個小節，我從「犯罪事實是由許多片段的事實拼湊而成，建構犯罪事實像做拼圖，每個支解的小圖片，都是事實的一部分，他們也就是所謂的證據——證據是構成犯罪事實的片段事實」這個想法來看，娟芬就是在分割片段事實，以便能為片段事實找尋精幹短小足夠支撐的證據，如果證據淹沒在一大坨如麻的事實當中，相對不容易被找到。每個有足夠獨力支撐的片段事實都收拾好了，自然容易湊成一個完整的、很難擊垮的真相。

要把犯罪事實欄寫好，必須專注於蒐集客觀犯罪構成要件所對應的事實片段，把事實切成幾個小塊，作為搜尋和掌握證據的依據，坐上法庭指揮訴訟程序時，面對同一個事實互相歧異的陳述，比較不容易陷入真偽難辨的迷障，自然能夠精進掌握法庭程序的能力。

總之，想寫好判決，先把指揮法庭程序的能力練好，想練好法庭的指揮能力，先學會事實欄從客觀構成要件事實寫起，要寫好客觀構成要件事實，先學會支解事實片段。

## 冤案救援馬拉松競跑高手

面對一個想盡辦法不認錯的體制，特別是自認為有權力說最後一句話的體制，冤案的救援過程，總是漫長又坎坷。既需要無限創意，卻又無聊乏味，充滿挫折，萬分考驗耐力與信念。有娟芬參與的救援行動，一次次在卷證中找破綻、還原事件的原始軌跡、尋求突破點的人，永遠是娟芬，然後總是耐心等待被許多案件追著跑、不容易抽出時間的法律人抽空開會。

在團隊合作中，往往需要從頭到尾不缺席、對所有的資訊不厭其煩地檢驗搜尋整理、對工作進行的進度全盤掌握的人。娟芬在冤案的救援當中，就是那個不管進進出出來來去去多少人，都會負責把事情從頭關照到尾，是自己能主動積極獨力完成工作進度、也能耐心在旁陪伴的人。她是冤案救援馬拉松競跑中無人能比的高手。

娟芬的慧黠和從容，老早讓她擁粉無數。在這本書中，除了能犀利地勘破法律人用盡專業機巧隱藏的真相之外，在故事的娓娓陳述中富藏細膩的情感，而文句建構和對文本的詮釋，更是經常亮出令人開懷的巧思。稍微挑出幾個比較記得的地方：阿玉看著三哥信福坐在那裡，穿著直條紋花襯衫，右手戴了佛珠，左手戴著手錶，在她模糊的視野裡，恍惚覺得好像是三哥自己穿上了鐵窗，戴上了手銬；把王信福的流氓命運，比喻成金角大王和銀角大王的葫蘆，王信福像孫悟空一樣，總是奮力蹬出來，一下子又被收進去；卡拉OK發明了唱歌的慾望，凡人皆成項羽，指著臺上說：彼可取而代之！我也要唱。讀者可以在這本書中，找到不少這樣令人想在那裏待一會兒、開心笑一下的角落。

這本書展示救援王信福的迢遙之路，也是娟芬呼朋引伴競跑這一場馬拉松的紀錄。當然，還在路上向臺灣社會招手：歡迎加入，期待青天有眼，信福得救！

推薦序二

# 平反信福，讓司法轉骨

彭仁郁／中央研究院民族學研究所副研究員
促進轉型正義委員會兼任委員

為什麼要為流氓寫一本書？尤其是一個被捲入殺人案的流氓？天下不幸之人何其多，流氓王信福不幸福，究竟干你我何事？司法迫害？這種事多半發生在素行不良的人身上吧，不是都說可憐之人必有可恨之處，為何要花力氣替這種人伸張正義？

有太多的理由，教人選擇省下精力呵護一己之命，把安於現狀包裝成智慧。人飢己飢、人溺己溺，是聖賢書裡的教誨，是距離人間億萬光年的烏托邦。然而，總有幾株異卉奇葩，過度敏於現實的千瘡百孔，學不會視而不見，唯有上戰場拚搏才能繼續活著。世界之所以能一分一寸往前，是靠著這些思考、行動、意志異於常人，不顧一切冒險走在群體最前緣的少數。張娟芬就是這一種。

對於以功成名就、坐擁財富做為幸福指標的主流社會而言，王信福歹命的遭遇，可能只是用來警告小孩不要誤入歧途的負面範例，連掬一把同情之淚都要看場合。對於民主化後搖著人權法治大旗，力求與舊政治勢力做出區隔，卻仍不免被選票左右心意的政治人物來說，王信福案雖然滲著舊政權時期司法迫害的氣味，但有罪推定的司法慣性在政權輪替後並未走入歷史，掀開這個腐臭的坑，可能惹得自己一身腥。而面臨升等壓力的學者，即使司法不公該是不可迴避的研究課題，但透過一件撲朔迷離、死無對證的冤案來描繪司法體制的敗象，恐怕冒著被批妄以個案全面評價司法的風險，除了被質疑不夠客觀中立、欠缺學術價值，還可能因此得罪圈內人，不利於職涯發展。

大概也只有張娟芬，會這麼義無反顧又底氣十足地寫了。這不是她第一次跳進揭發司法弊端的坑。說她用文字救命一點都不為過。《無彩青春》和《十三姨KTV殺人事件》，都是寫於蘇建和與鄭性澤遭司法草率處以極刑，長年申冤無門，命懸一線之時。

在如庖丁解牛般，俐落切開這起死刑冤案的層層肌理之前，張娟芬先讓我們看見王信福這個人。畢竟，看見人，是一切的出發點。我們看見一個鑲著珊瑚球假眼珠的滄桑中年人，亡命天涯十餘年後返鄉治病，同時等著束手就擒。我們看見臺灣二戰後一個渴望擺脫窮苦的底層家庭，一位困厄中擠出盼望面向未來的母親，三個前途茫茫的兄弟，一個乖巧伶俐不離不棄的小妹。鏡頭停在一名飄撇セ青少年身上，臉上堆著恣意逍遙的笑容，尚不知以命運之神姿態現身的臺灣司法，將要開他一整個地獄系列的玩笑。就在壯年信福安身立命的願景發生無可挽回的土石流之際，我們瞥見他懷孕女友的倩影。這一對讓他下定決心「改邪歸正」好好過日子的母子，亦將旋即被冤案巨浪捲離原本的生命軌跡。

曾經，在少年王信福有機會為自己的生命做選擇之前，在他真正步入江湖之前，臺灣戒嚴時代的執法者已迫不及待幫他貼上流氓的標籤。那是一個留長髮，穿花襯衫，暢快夜遊，就可以被警察依違警罰法抓到派出所，強行剃頭、教訓、拘留的年代。少年不打算屈從就範，但每一次試圖逃脫執法者的無理箝制，逃的動作本身，便倒果為因地成為誣指有理的證據。於是，標籤黏得更緊，緊到嵌進骨肉裡。

至此，體制成功地將青年形塑成社會唾棄的壞份子，一名連同山壁一起被炸掉也死不足惜的管訓重犯。「被流氓」的王信福，在老　蔣總統的旨意下，跟其他受保安處分的管訓犯一同被壓著去炸山開路，彷彿他必須用一種贖罪的姿態，證明自己生命僅存的價值。一日，將獄友屍體抬離現場後，他再次試圖逃離國家魔掌，顧不得罪加一等。讀到這裡，你以為這已經夠冤枉，但跟後來被誣陷唆使開槍殺人的情節比起來，這不過是個開場。

隨著章節推進，張娟芬像是拿著解剖刀和雷射光筆驗屍般，逐一切開、揭示王信福死刑冤案的病灶。要做到如此細緻的「證據結構分析」，勢必得埋首卷宗，從頭到尾熟讀、比對不知多少遍，好檢視當年法官推定出王信福教唆殺人的心證，是否基於具可信度的各項證據所建構出的嚴謹推論。這原本是經手此案的法官們理應做，但終究沒有做的工作。

同一證人說法前後不一致，證詞有被污染的痕跡；有證人在法庭上翻供，申訴偵訊過程中被刑求，法官不予理會；不同證人的說法兜不起來，有串供嫌疑的證詞反被採用；最有殺人動機的嫌疑人迅速地被定位成次要共犯；受教唆殺人者之父作證，該嫌疑人承諾將以重金供養並賄賂贖人，庭上繼續推定王信福教唆；除了極可能被污染的口供，沒有任何證據顯示王信福殺人或教唆殺人；欲重啟調查、釐清案情的法官，遭到更換……。卷宗裡，大剌剌地袒露著令人咋舌的司法怠惰、甚至不法作為的痕跡。但得有人願意花時間和精力，以明晰之眼、巧捷之手，一一梳理出織構成這齣荒謬悲劇的線索。然而，備齊法律知識，俠義心腸，不懼報復之膽識，仍不足以平冤，還得發揮組織、分析、敘事與教學的才能，始可手把手地帶著讀者，一步步揭穿看似洋洋灑灑、義正嚴詞的判決內容，實際上如「牙籤支撐大廈」般不堪一擊。

如此荒謬歪斜的司法審判文化，臺灣與它共處了將近半個世紀，而且尚未終結。藉著剖析王信福案，張娟芬揭發的遠遠不止是單一司法冤案，她同時直指二戰後的臺灣司法體系，直到解嚴前，實質上淪為威權統治者及以保安司令部（警備總部）為首的國安與情治體系的附庸。流氓王信福的遭遇，闡明了仰仗軍權，集行政、立法、司法三權於一身的威權政體，如何將人民的生死玩弄於股掌間。一紙沒有法源的〈臺灣省戒嚴時期取締流氓辦法〉，賦予保安司令部無限上綱的權力，等同納司法、治安機關為其下屬，允許執法者把王信福，及其他被認定為「不務正業」、「擾亂治安」、「遊蕩懶惰邪僻成性」者，都「合法」地變成流氓。正如威權統治者頒布的〈戡亂時期檢肅匪諜條例〉和〈懲治叛亂條例〉，亦曾利用模糊化犯罪構成要件、恣意擴張解釋空間的手法，把主政者厭惡、懷疑的人們有罪推定成「匪諜」或「叛亂犯」，不經正當審判程序，逕送軍法嚴懲。彼時，人身自由與性命安危最大的威脅，來自政府。

儘管王信福並非嚴格定義下的政治受難者，他所遭受的行政不法和司法不公，與違反自由民主憲政秩序及公平審判原則的政治性冤案，卻有著如出一轍的特徵：有罪推定，疲勞訊問，刑求逼供，光憑口供認定事實，罔顧被告辯護權及受刑人基本人權，以教誨訓導之名行人格污衊之實，剝削受刑人勞動力等。即使是以刑事訴訟法「史前時代」職權主義的觀點來看（檢察官應該替國家好好進行案件調查），這些弊病都不是程序瑕疵可一語帶過；而進入「改良式」當事人進行主義的「歷史時期」之後，仍然沒有一位法官能夠匡正這份令司法蒙羞的判決。是以，王信福案作為自威權統治時期續存至今的「司法活化石」，見證著解嚴逾三十年後，臺灣司法仍未全然脫除威權的基因與文化。

司法改革刻不容緩，但人民普遍對冤獄平反無感是真。以命抵命的應報式鄉民正義仍甚囂塵上。在大眾心目中，司法的形象仍難脫虎頭鍘式替天行道、坐擁財富權力者自保工具，這類極化又疲弱的想像。至於審判過程是否公正嚴謹，被告是否受無罪推定原則及各項國際人權公約保護，往往並非大眾最關切的事。搖擺不定的主政者，順勢就把人民心之所趨當成延遲改革的藉口。然而，繼承威權遺緒的豈止司法，今天生活在臺灣民主社會中的許多人們，之所以如此漠視自身與國家司法體制間的關聯，誤解自己在這星羅棋布的規訓權力關係網絡中的角色和位置，正是威權遺緒的效應之一。

《流氓王信福》宛若寒冬煦陽、久旱甘霖，它對司法威權負面遺產的批判，伴隨著積極而明確的改革指引，為臺灣司法的轉骨重新注入希望。如今白髮蒼蒼的王信福，及其他正在承受司法不公的人們，不論他們過去因何墮入冤案深淵，未來他們的命運能否翻轉，不僅掌握在專業司法工作者的手裡，更取決於同為想像共同體成員的你我，是否願意參與、陪伴司法的民主化。

自序
# 小人物在大歷史裡逃亡

關於死刑冤案，我以蘇建和案為主題寫過《無彩青春》（十八年前了），以鄭性澤案為主題寫過《十三姨KTV殺人事件》（九年前了），如今輪到王信福。雖然排序第三，但王信福的案件發生在一九九〇年，是個陳年老案，比蘇建和與鄭性澤的案件都早，王信福的年紀，也比他們長一輩。《流氓王信福》這本書，一半是「王信福」，一半是「流氓」；「王信福」是個案，「流氓」是制度；「王信福」是產品，「流氓」是生產線。

《流氓王信福》既寫小，也寫大。王信福沒有好學歷，紀錄也不清白，以「死刑定讞犯人」的身分關在臺南看守所裡已經十年了，是社會道德評價的最底層，此其小也。流氓制度是臺灣戰後威權統治頻繁使用的壓制手段，它標示著那個年代法制的荒謬與人權的侵害，並且因為為期甚久、打擊範圍甚大，影響也深遠，此其大也。

與其他司法案件的書寫相比，《流氓王信福》多了對社會背景的系統性理解。如下圖所示，其他司法案件的書寫大致描繪內圈的兩個層次，講述個人在司法制度裡的遭遇，或許旁及司法制度應有的改革；《流氓王信福》則往外再擴一層，因為司法制度也是社會裡的一環，在一個政治高壓的環境裡，司法會被擠壓變形，而社會性的異樣眼光（例如八〇年代末的卡拉OK作為一個是非之地、對更生人的排斥、學歷歧視等等）也會鑽進司法制度，最終影響了個人的命運。

這本書除了有雙主題以外，每一章也交織著「事」與「人」兩個明暗互掩的層次。

第一章的事是王信福二〇〇六年回臺受審，但靈魂人物是王信福的妹妹阿玉，用她的眼睛來凝視王信福。

第二章，回到一九九〇年的槍擊案現場，目擊的服務生像希臘悲劇裡的「合唱隊」（chorus）一樣，呈現案件裡雙方都不爭執的客觀事實。

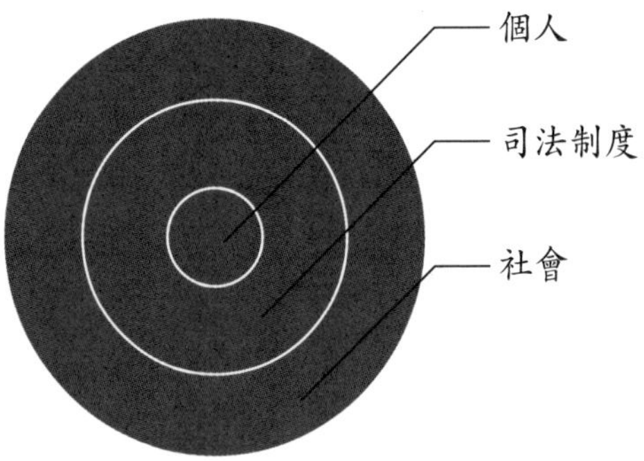

第三章與第四章是警方偵查的過程，也具體用證人們的警詢筆錄來分析警方「隧道視野」的形成；但是兩個關鍵人物，形成強烈的對比。第三章的關鍵人物是洪清一，偵查的火力對他反覆偵訊，一輪猛攻，他腳步踉蹌、節節敗退，足跡斑斑可考。第四章的李慶臨卻剛好相反，他明明也是案情關鍵，但卻一步一步安排了自己的淡出，只留下模糊的輪廓。

第五章，一九九〇至一九九二年的法院審判，主角是陳榮傑，本案的悲劇人物。

第六章是二〇〇六至二〇一一年的王信福審判，主角是王信福，但那是作為被告的王信福，而法庭上的被告總是沉默無聲的，任憑別人指著鼻子說三道四。

審判歷時五年，卷證厚厚一疊，但都無法回答：他為什麼要當流氓，又為什麼要逃亡呢？於是第七章與第八章，我們進入了更大的歷史背景，戒嚴時期的流氓管訓制度。第七章著重歷史起源與制度設計，第八章則側重「流氓」們實際受到的待遇與管訓生活，以及肅殺年代裡，微弱但珍貴的反對聲音。這兩章的主角還是王信福，不過，是渴望自由而不斷逃跑的，少年王信福。

其實故事在這裡就已經說完了。但是本書的最後一個鏡頭定在第九章，逃亡的背影終於轉過身來，沉默的、被代言的，終於開口。老去的王信福是前面所有王信福的總和，承載了時代的碾壓與時間的祝福，與讀者素面相見。

與《無彩青春》、《十三姨KTV殺人事件》一樣，《流氓王信福》也以法院卷證為基礎，去探索案件的真貌。讀者將在這本書引用的文字裡發現很多錯字，從警詢筆錄、檢訊筆錄、起訴書到法院判決都有。那些都是原文照引。電腦的輸入法會自動選成正確的字，我得一個一個去「還原」錯字，所以請別以為錯字是「編輯沒校出來」，那可是我辛辛苦苦「校進去」的呀。因為太多、太頻繁出現，所以不另加註。

原文照引的目的，是如實地呈現司法的「素顏」。不了解司法的人總以為司法層層審核、嚴謹認真、鐵證如山、完美無瑕；其實卸妝以後，司法的素顏就是如此：馬馬虎虎，漫不經心。

被告也寫錯字。他們與偵審人員不同，他們本不是擅長語言文字的人，只是被動地跌進了法律的羅網。被告寫信呈給法官看的心情，應該是戰戰兢兢的吧，但錯字標記著掩不住的困窘與狼狽，那也是他們的「素顏」。

那麼，我們就，開始吧：在警察、檢察官、法官與被告的錯字之中，看小人物在大歷史裡逃亡。

第一章

# 為了他的左眼，他非去不可

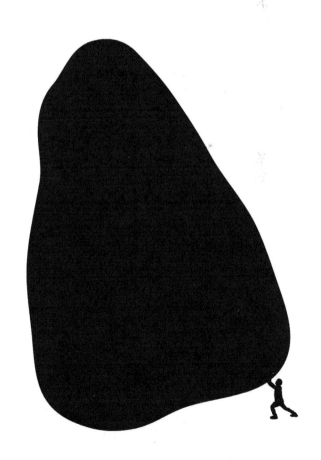

# 1

王信福收好了行李，在隨身口袋裡塞進一本綠皮護照。護照上的人並不叫王信福，而叫做「杜春傑」。不過照片是王信福的照片，方頭大耳，短短的平頭。

他對此行有不祥的預感，雖然他要飛向的地方，是他生活了將近四十年的故鄉，臺灣。離開十幾年，他想念臺灣，但不能回去，因為臺灣還沒有忘記他——王信福的名字，還掛在通緝名單上。

查緝專刊這樣描述他：「身高一七三公分，左下巴一個黑痣」。連一顆黑痣也要記，顯示搜捕他的決心。

故鄉臺灣和他的左眼一樣，凹陷、空洞。那裡曾經有他的父母，現在沒有了，留下兩個墳塚。那裡曾經有愛情的牽絆與成家的前景，現在也沒有了。他離開的時候，大女兒剛滿一歲，小女兒呢，才剛剛著床。

現在，大女兒十六歲，小女兒十四歲，這僅是他推算得知。縱使相見亦不識。除非女兒可以這樣認他：「身高一七三公分，左下巴一個黑痣」。

臺灣已從溫暖故鄉變成陌生險境。但是，為了他的左眼，他非去不可。

他從深圳沙頭角搭永東巴士，坐兩個多小時，到了香港機場。然後搭乘長榮航空，於二〇〇六年十月十日國慶日下午，返抵國門。沒有國恩家慶，在海關等他的只有警察，準備將他捉拿到案。

王信福一點沒有抵抗。這次旅程的起點已經預言了終點：沙頭角，殺頭角啊！他飛回來讓人家殺頭！

他略顯疲憊，對警方說：「麻煩你們通知我的家人。因為我已經忘記他們的電話了。」

接到電話的是王信福的二哥，不過，飛奔趕來與王信福淚眼相對的，是他妹妹阿玉。她看著三哥信福坐在那裡，穿著直條紋花襯衫，右手戴了佛珠，左手戴著手錶；在她模糊的視野裡，恍惚覺得好像是三哥自己穿上了鐵窗，戴上了手銬。

## 2

王信福哭了沒有，阿玉看不出來。他戴了茶褐色的太陽眼鏡，凹陷的左眼與黯淡的心事，都藏在某個深邃之處，阿玉到不了。

阿玉是家裡最小的。跟所有的老么一樣，她來到家裡的時候，家裡的秩序已經建立了，家族的歷史已經在那裡了，她沒有經歷過他們的篳路藍縷，只有二手的革命情感。阿玉和所有的老么一樣，以一個外來者的位置，乖乖接收別人的回憶，當作自己的歷史。

據說五〇年代的嘉義人，煩惱都跟種植的作物有關，種甘蔗的人煩惱有人偷吃甘蔗，種稻米的人煩惱螟蟲偷吃稻米。阿玉家裡沒有這煩惱，他父親是中藥商，有時要去深山裡採藥，母親幫人洗衣打掃。她記得離嘉義車站不遠處，有一條美麗的大河，河邊楊柳垂蔭，名喚垂楊路。這條平直的大河南岸靠近鐵道的地方，有許多狹小的巷弄，其中一條是平等街，那就是他們的老家。

平等街老家是一整排一式一樣的平房，正門往內縮一公尺，留個騎樓空間可以納涼，鄰居可以聊天。立面中央一個門，左右對稱兩個窗，洗石子牆面裝飾著幾何圖形。窗上那個東西，現在叫做「窗花」了，但那時候只是尋常裝置，不然會有小偷爬進來。

老家窄長而深，只有前後採光，中間隔成三個房間，右側一條長長的走廊。平等街是低窪地區，颱風一來就會淹水，阿玉總在窗裡探頭，看水快淹進家門了沒。

阿玉來的時候，已經兩歲了。她是養女。那時候大家都生很多小孩，所謂戰後嬰兒潮，平均一位母親會生七個小孩。王家接連生了三個男孩，然後等了很多年，按照當時的標準，算是「膝下猶虛」。王媽媽想要一個女孩。

阿玉後來問生母：「我又不是家裡最小的，妳為什麼要把我給別人？」

「那時候妳已經兩歲了，抱起來很重啊。」

阿玉因為王家男丁太旺而來，但她的記憶裡，卻只有她和媽媽兩個人。她家後面就是後來的老吸街，這個怪名字出自戰後嘉義白手起家的大善人曾老吸，當時垂楊國小以西的一大片田地全部都是曾老吸的。田埂軟軟的，阿玉小小的，抱著一大疊衣服，拿回家給媽媽洗。洗好、曬好、疊好，再循原路，依然是小小的阿玉，與軟軟的田埂。

爸爸哪裡去了呢？媽媽說，爸爸有一次去山裡採藥，走到半路，忽然感覺極不舒服。他撐了一會兒，實在沒辦法了才回頭撤返平地，但已經慢了一步。阿玉太小了不記得，那時她才五歲。但是媽媽告訴她：「妳爸爸以前很寵妳，都讓妳坐在他肩膀上。」阿玉便乖巧地記得，爸爸很寵她。

等到六歲該上小學了，王家才想到要給阿玉報戶口。可是爸爸已經過世，阿玉不能跟著姓王了。阿玉這才第一次有了「沒有爸爸」的感覺。

阿玉跟哥哥們一樣，去讀離家最近的垂楊國小。她每天排路隊去上學。有時睡太晚了來不及，自己的路隊已開拔，就趕快插進別人的路隊裡混進去，不然會被記遲到。國小畢業，她不想繼續讀，「哥哥們也沒讀啊。」阿玉說。但是她生正逢時，九年國教已經實施，讀國中不必考試了。「妳一定要讀！女生一定要讀書，不然被人家瞧不起。」媽媽說。阿玉便乖乖地讀完了。這個年紀最小又不姓王的養女，後來成為王家學歷最高、最穩定的支柱。

哥哥們哪裡去了呢？三個哥哥都大她很多歲，最小的三哥王信福大她九歲，二哥大她十一歲，大哥更大，忘記了。阿玉的記憶有點破碎，因為現實也有點破碎。

媽媽說，大哥是做油漆的，二哥是泥水匠，三哥信福是木工。三哥信福本來去學做模具，可是那一行會吸入廢氣，媽媽想到就皺眉頭。於是三哥便轉去學木工。

木材業是使嘉義成為嘉義的產業。一九一二年阿里山森林鐵路通車，砍下的木頭就在蒸氣火車的鳴笛聲中，嘟嘟嘟運到北門驛，放進水池裡，以保持木材的濕度平衡，避免龜裂。當時忠孝路與林森西路交會處共開闢五個貯木池，稱為「杉池」，裡頭浸著許多頂級檜木，芳香怡人，許多人跑來這裡釣魚，形成嘉義一景，「檜沼垂綸」。

木材業撐起了一個嘉義，也可以撐起一個寡母與四個孩子的家庭吧？在木材加工的重鎮當個木工師傅，聽起來滿不錯的，前景可期。這三兄弟的職業分配，不就是一個裝潢工班的雛形嗎？泥水工先上，然後是木作；泥、灰與木屑清掃乾淨以後，漆上油漆，人生煥然一新！而且，整個過程只要兄弟互相吆喝一下就成了。

不過，雛形從未成形，王家的男丁早早便四散零落。大哥並沒有成為油漆工，二哥沒有成為泥水師傅，三哥信福也沒有成為木匠。阿玉幾乎想不起來關於大哥二哥的任何事，他們在阿玉的家居記憶裡，和早逝的父親差不多空洞，她只知道大哥吸毒，二哥不愛回家，後來還被媽媽趕出去。三哥就不一樣，媽媽很疼三哥，可能因為他是么兒，也可能因為他最孝順，只有他會拿錢回家。

三哥信福不頂嘴。媽媽說：「早點回來喔！」三哥信福會說：「好！」不過，他不會早點回來。

那些年，阿玉總是牽著媽媽的手，走很遠的路。那洗衣婦的手長年用力搓洗，加上肥皂水的浸潤侵蝕，已經從一個平面，碎裂為無數突起的小小刺點。阿玉與媽媽走好遠，走好久，去警局，去法院，一次又一次。去帶三哥信福回家。

現在她怔怔看著多年不見的三哥戴著手銬，右手夾菸，左手也得一併舉起，好像在投降。抽個煙也那麼狼狽。「三哥已不復少年的風神了，」阿玉流著淚想，「這次我能帶他回家嗎？」

# 3

「水鬼叫跛瑞！」媽媽總是恨恨地說。

嘉義縣大林地區，舊稱大莆林，附近的湖裡常有人溺死，傳說是水鬼在抓交替。水鬼的行規是這樣的：你得害死一個人才能投胎，而且，如果三年內失敗三次，便投胎無望。若熬過三年不害人，則有機會升格為城隍。

「跛瑞」右腳不方便，走起來一跛一跛的。他在湖邊耕種，因為坦蕩不畏鬼神，而與水鬼成為好朋友。有一天水鬼告訴跛瑞：「明天會有一個女子背著小孩前來，坐在湖邊休息。我要趁那時起一陣風，把她的背巾吹進湖裡，她一定得下來撿，那我就可以投胎了。」跛瑞不忍，高聲警告，破了水鬼的局。

跛瑞勸水鬼不要再害人了：「你只要忍三年，就可以變成城隍，不是嗎？」水鬼哀傷地說：「你不知道，月冷水寒，霜施雪凍，沈魂寂寂，滯魄無依！當水鬼實在太苦了，我真的沒辦法。」跛瑞無視水鬼的苦情，還是救了那些人，水鬼僅有的三個機會都被跛瑞毀了，雙方交惡。最後跛瑞在某一次洪水中下水救人，終於溺斃，傳說認為那是水鬼記恨復仇。所以凡是壞朋友來找，就說「水鬼叫跛瑞」。

和天下的媽媽一樣，媽媽也覺得王信福都是被朋友帶壞的。自己的小孩是跛瑞，別人的小孩才是水鬼。

少年王信福結交了不少同年紀的朋友。不去木材廠的時候，他們在嘉義車站前為計程車拉客，每拉到五人可以抽成一人，賺得比當學徒還多。當學徒要察言觀色，處處小心還難免挨打挨罵；和同年齡的朋友一起卻有趣極了，說笑打鬧，根本不覺得是在工作。

三哥的事情，阿玉小孩子不清楚，都是聽媽媽說的。「那時候戒嚴時期，你沒有工作的話就不行，就被抓去綠島，去管訓。」阿玉的理解是這樣。反正在她排著路隊去垂楊國小的某一天，三哥信福忽然沒回家，然後好一陣子不見人影，直到有一天，媽媽收到一封從「職訓總隊」寄來的信，三哥說，他被關在那裡。

阿玉讀信給媽媽聽，讀完了問：「職訓總隊」是什麼？媽媽不知道。信封上蓋的郵戳寫著「琉球」，「琉球」是什麼？也不知道。既然在郵戳上，那應該是一個地方了，那「琉球」在哪裡？媽媽流淚了，但還是不知道。三哥去了更遠的地方，媽媽牽著阿玉也走不到了。

同樣是阿玉排著路隊去垂楊國小的某一天，三哥忽然回家了。阿玉駝著雙肩書包走進家門，剛摘下西瓜帽就看見三哥，好驚喜！但媽媽看起來並沒有很驚喜。阿玉定睛一看，三哥全身是傷，媽媽替他敷藥，在採光不佳的狹長老屋裡，兩人的剪影好像課本上畫的「精忠報國」刺青現場。媽媽好像又哭了。

三哥是逃跑回來的。阿玉問：「『琉球』在哪裡？」

三哥糾正她：「是『小琉球』。」

阿玉說：「可是信封上寫『琉球』啊？」

三哥光著一顆頭顱，笑笑說：「那就是『小琉球』。妳不懂啦。」

她看三哥打算草草結束這一回合，趕緊拉住他的衣角：「『小琉球』很遠嗎？」

「很遠。」

「你去那裡幹嘛？」

「搬大石頭。」

「多大？」

「很大！」三哥比畫了一下。

「好大！那你怎麼搬得動？」

「搬不動也得搬。」

「搬石頭幹嘛？石頭擋在路上嗎？我們學校有教，有石頭擋路，要把它搬開，要有公德心。」

「沒有擋路。沒有幹嘛。他們叫我們抱著大石頭，繞圈圈。」

「為什麼？」

「懲罰。看不起我們。故意。」三哥臉色暗下來，阿玉再攔不住，草草結束這一回合。

沒多久三哥又被抓走了。待他再寫信來，郵戳就不再是「小琉球」，而變成「里港」。

阿玉剪了西瓜皮短髮上國中的某一天，三哥翩然出現在家裡，又是大光頭。沒過多久他又消失，變成一封一封家書，皺皺扁扁地塞在家裡信箱，不知他經過了如何曲折的跋涉，怎樣的風吹雨打。郵戳有時是「蘭嶼」，有時是「綠島」。

最後一次，三哥信福寫信回來說，要結訓回家了。媽媽決定親自去把他帶回來，不能再讓水鬼把他劫走了。

她們並沒有得到確切的日期。這時阿玉已經是十六歲的少女，可以與媽媽互相照顧了，兩人到臺東，找了一家旅社住下來。

等待，而不知道在等待什麼。當然是等三哥信福，但是，究竟是釋放日期還沒到，還是他有事情耽擱了，還是職訓總隊不願意放人，還是回臺灣的小船弱不禁風，得等個平靜無波的日子才能航行呢？

在簡陋旅社裡一住半個月，總算等到三哥信福平安上岸。還是個大光頭。少女阿玉鬆了一口氣，這次她沒有再問那些掃興的問題，只跟三哥打趣說，「三哥回來了，以後家裡你作主囉！」媽媽掩不住的快樂，跛瑞總算要擺脫水鬼了！一家三口不說過去，且看未來。

沒多久，信箱裡出現令媽媽心碎的東西，王信福的兵單來了。他連頭髮都來不及長回來。

# 4

平等街老宅又恢復了只有媽媽與阿玉的日子。阿玉在針織廠上班，媽媽在老屋後方空地幫人洗衣服，也種花草。不同的花，各有個性。茶花開時很富泰，杜鵑開時很美，它們凋謝的時候又髒又醜。四季海棠開花之後一碰就掉，好像臉皮很薄，只要過了最美的一刻，就不好意思繼續待在枝頭上。馬齒牡丹則不直接凋謝，它仔細將花瓣捲回，幾乎回復成未開的花苞狀態才乾枯掉落，好像一個謙遜的人，絕不給人帶來麻煩。

三哥信福去當兵以後，媽媽的身體大不如前。阿玉帶媽媽跑了不少地方，四處看病求醫，卻沒有人看得出她到底是什麼病。媽媽跟花一樣，漸漸枯萎但卻說不出話來。媽媽是哪一種花呢？絕不是茶花、杜鵑那一款，而是馬齒牡丹這一類，隨處可見，匍匐在地彷彿掙扎求生，有陽光就開花毫不挑剔，不必費心照顧，必要的時候甚至可以靠它照顧——馬齒牡丹俗稱「豬母乳」，通常拿去餵豬，但人要吃也行。

即使不舒服，媽媽還是明白吩咐，「別告訴你三哥。」她凋零的方式也是馬齒牡丹的。

有一天阿玉下班，赫然發現三哥在家。阿玉開心地說：「你怎麼跑回來了？」三哥信福說：「我跑回來了。」

阿玉聽懂了——他不是放假，他是逃跑。

「你這樣不行啦。」

「我回來看媽媽。」

「我沒跟你講，你怎麼知道？」

「我就是知道。」

「你怎麼知道？」

「我上次放假回來，她臉色那麼差，吃那麼少，我怎麼會不知道。」

阿玉嘆了口氣。媽媽病了，她不僅替媽媽操心，還要代替媽媽來替三哥信福操心，憂愁瞬間翻了一倍。三哥信福安慰她：「我都已經被他們關這麼久了，管訓也逃好幾次，沒差了啦。」

阿玉說：「逃兵會怎樣？」

三哥聳一聳肩，「就再關啊。」

嘉義的醫生都看過一輪以後，阿玉決定帶媽媽去北部看病。母女兩人舟車勞頓去了林口長庚，大醫院果然比較厲害，檢查之後說要開刀。十九歲的阿玉不敢自己作主，一個人舟車勞頓去了臺南軍事監獄。三哥信福上次逃兵被捉回去以後，就關在那裡。三哥點了頭，阿玉便好像得了一個令牌，速速趕回嘉義，帶媽媽北上開刀。

媽媽手術後從昏茫中甦醒，第一句話就是：「阿玉呢？」第二句話還是：「阿玉呢？」

長庚說手術很成功。媽媽回家時很虛弱，先前種的花花草草已經折損不少。或許因為先前拖延日久的緣故，媽媽終究熬不過此劫，過世了。

## 5

監獄的小牢房無比苦悶，恨不得有人來聊上兩句，即使是垃圾話也好；但是走廊上如果傳來腳步聲，卻令人聞之喪膽。這是一個不會有好事發生的世界，所有的消息，必然是壞消息。王信福聽到那逐漸接近的腳步聲，愈來愈確定是向著自己而來，那麼不必說了，他已經知道是什麼事了。

長官問：「你要現在去，還是要出殯的時候去？」喪假是一定會准的，但軍監的規矩是只准請一次。王信福心裡如火在燒又如冰一般冷，他不能等，他要現在去。

「我去了就不回來了，當然是現在去。」王信福如此打算。

王信福的朋友，媽媽最討厭的那些「水鬼」們，此時幫了大忙。蔡振義與王信福是一起長大的好友，李慶臨是後來認識的，他們不僅全力協助，而且讀出了王信福的心思。他們說：「你回去，剩下的事情我們幫你辦到好，而且我們一定讓你出殯的時候再來奔喪。」王信福說：「哪有可能，人家明明規定只能一次。」兩人再三保證，王信福半推半就、半信半疑地，準時回到臺南軍監報到。

他們真的神通廣大，找來軍方的高層為王信福作保。母親出殯時，王信福再請了兩天假，而且全程受到相當的禮遇，並沒有層層戒護，就只是一個軍法局局長的兒子陪著他而已。

不久，阿玉收到長庚醫院寄來的信，催他們繳清手術的費用。阿玉回信老實告訴醫院，媽媽已經過世了，「我們真的付不出醫療費用，如果你要告我們的話，我們也沒有辦法。」天可憐見，長庚醫院沒有再跟阿玉計較這筆費用。

母親過世後，被媽媽趕出去的二哥搬回了平等街。他已經結婚，還生了四個小孩，阿玉漸漸覺得不太方便，索性住進公司宿舍。阿玉人緣好，有一個女同事一直跟她說：「我家只有我跟我媽媽，不如妳來跟我們一起住。」阿玉很明白「母女兩人相伴」的感覺啊！就搬過去，三個人一塊兒作伴了。

女同事其實有個哥哥阿山，在外地工作。那天放假，阿山回家，見到一個不認識的女子在自己家，一愣；阿玉利用不上班的日子洗衣曬衣，在衣物被風揭起的瞬間，見到一個不認識的男子在自己家，也一愣。日後他們才會在相處中回憶，那一愣大約就是所謂「觸電」的感覺。

結果阿玉住進去就沒再搬出來了。她結婚時才二十一歲。日後她才會微笑地回想：「如果媽媽還在的話，她應該不會讓我那麼早嫁。」

阿玉又去臺南軍事監獄辦會客，告訴三哥信福：「我要結婚了。」「對不起，我沒有什麼可以給妳當嫁妝。」結婚照裡新娘青春燦爛，可惜最疼她的三哥畢竟錯過了她的婚禮。

此後她就沒有再踏進過平等街老家。她不想被懷疑有什麼企圖。

# 6

阿玉溫暖如玉，婚後在婆家也得人疼。她先生阿山是做抽風機的，二十九歲就開了自己的工廠，兩人這樣站穩了腳步，卻也忙得不可開交。大哥出獄了，她怕他又吸毒，叫他來阿山的工廠裡做工，晚上就睡在工廠裡吧。結果大哥招朋友來一起吸毒，阿玉伸出的援手，還是不夠把大哥從毒癮中拉出來。然後三哥出獄，好像沒多久，又進去了。有幾年的時間，阿玉被迫生出三頭六臂來生小孩、帶小孩、做家事、照顧婆婆、幫忙管理先生的工廠……，為妻、為母、為媳，阿玉已不可能像以前一樣跋山涉水，去鳥不生蛋的地方探望三哥。

她並不知道，王信福在這幾年間快速累積了好幾項前科，又被送去管訓，在看守所、監獄與職訓總隊之間流浪。和以前不同的是，王信福不再逃跑了，因為媽媽不在了，妹妹出嫁了，他已經沒有非去哪裡不可。那些不同的關押地點不再化為不同的郵戳，因為已沒有要投遞的去處。總不好讓出嫁的妹妹，在婆家一直收到監獄寄來的信件。

而王信福並不知道，他為阿玉帶來的童年幸福記憶，至今還籠罩著阿玉。阿玉小時候，王信福總是很晚才回家，但他會特地彎去文化路買一碗豬肝麵，然後把阿玉從床上挖起來一起吃。媽媽吃早齋，所以不吃宵夜，但三人一麵，坐著聊天，這就是家了。

偶爾，阿玉在漆黑的夜裡醒來，彷彿幽幽聞到豬肝麵的香氣，彷彿媽媽與哥哥伸手可及。在那平凡的香氣裡，阿玉不覺得自己是妻子、母親或媳婦，而覺得自己是家裡最小的妹妹。

## 7

阿玉困於家庭、三哥信福困於牢獄的這幾年，臺灣發生了很大的變化，雖然他們和所有的小老百姓一樣，覺得那是很遙遠的事。他們從小都習慣了「總統」就是「蔣總統」，一個「蔣總統」可以連任很多次，只要他活著，他就是我們的總統；然後他的兒子會成為下一個「蔣總統」，永遠都有「蔣總統」。誰都沒料到第二個蔣總統有一天會說，他們家的人不再當總統了，而且第二個蔣總統的死亡，還成為王信福提前出獄的原因。

一九八四年是蔣經國的第二個總統任期，他不是沒有考慮過培養他的兒子蔣孝武，成為第三個蔣總統，不料這時鬧出了一個政治暗殺。作家江南已經移居美國多年，傳言說他將寫出一些對蔣經國不利的事情，結果竹聯幫有人跑到美國，兩人三槍殺了江南。

暗殺完成以後，國民黨立刻展開「一清專案」，大規模逮捕竹聯幫分子。竹聯幫眾人感到被背叛，在美國揭露了事實：暗殺江南是國民黨政府的意思。這件事情最高層級的授意人是誰，至今沒有定論，最被懷疑的是蔣孝武；最高層級的受益人呢，當然是蔣經國。美國大怒，因為江南是美國公民，竟然有外國政府為了箝制言論而跑到美國土地上殺害美國公民，是可忍，孰不可忍？

這時候蔣經國已經七十五歲了，全身都是病，而他的子女中，最有可能接班的人就是蔣孝武。但出了這個事，他必須「揮淚斬馬謖」。於是蔣經國接受美國《時代雜誌》專訪時直接把話說死，他說，蔣家人「不能也不會」競選下一任總統。從此統治權力不再世襲，一九八七年，臺灣就解嚴了。

這段時間的臺灣頗有點「業力引爆」的味道，壓抑多時的民間力量不斷以街頭運動的形式出現，起先三天一個遊行，後來一天三個遊行。對於這個新形勢，政府與人民都帶著生疏與畏懼，因此不太說「示威抗議」，而說「群眾運動」；同情一點的說「自力救濟」，不同情的說「脫序行為」。但臺灣股市卻在兩個月以內漲了一倍，漲幅超過過去三十五年來的總和，買股票、去證券交易所看盤，成為「全民運動」。顯然人民對於種種「脫序」，或許不習慣，但還是有信心。長期侵害人權的流氓管訓制度，也在這時招來劇烈的反彈。

「一清專案」一舉逮捕了三千多人。這一批「流氓」的遭遇，跟十八歲的王信福一樣：由警察彙整名單送警備總部核可，沒有經過法庭審理就被逮捕，送到職訓總隊，開始不知道期限的「管訓」。從此，「君問歸期未有期」。

「一清專案」的流氓進去後沒多久，立法院就通過了《動員戡亂時期檢肅流氓條例》，此後抓流氓要經過法院了，且刑期明訂，原則三年，至多延長至五年，要延長的話，也要經過法院。但《檢肅流氓條例》不溯及既往，表示「一清專案」的「流氓」將眼睜睜看著比他們晚進來的人，得到比較像樣的待遇，有確定的未來，且比較早結訓離開；而自己仍然在那裡「君問歸期未有期」！是可忍，孰不可忍？

眼看他們快要關滿三年了，職訓總隊卻沒有要放人的跡象，「流氓」們投訴無門，憤懣累積，躁動升級，即將潰堤。

一九八七年十一月二十八日晚上，臺東岩灣職訓總隊的操場上，一反常態地坐滿了人。受訓隊員私下串連密謀好幾天了，晚餐後不回房，大家抱著棉被來到操場，白色衣物上寫著訴求：「還我自由」，「冤枉」，「不做江南案的替死鬼」[1]！隊員們滿有秩序地按照北、中、南三隊席地而坐，只是司令臺上講話的人，從職訓總隊的幹部換成了組織這次抗議的核心隊員。隊員雖然準備了木棍與鐵條，但是場面大致平和，只是集體藐視平日被強制規定的作息與秩序，大家坐在那裡泡茶聊天，或者唱歌[2]。他們唱的甚至不是抗議歌曲，而是「愛國歌曲」，〈梅花〉、〈我愛中華〉[3]。

當黑夜過去，臺東的天空還是那樣晴朗。他們拿出預藏的風箏，寫上訴求，逆著風奔跑，然後轉頭看風箏在空中微微地顫抖，好像興奮於即將來到的自由。夠高了，他們割斷風箏線，看它一頭栽入民家，果園，或者稻田，任何一個無法用牆圍起來的地方。「一定要讓外面的人知道我們的訴求」，他們戀戀地看向地平線上風箏消失的那個點，好像那裡會長出希望[4]。

職訓總隊由警備總部管理，對人施以軍事教育並限制行動與行為，可以說是類軍事監獄[5]；而警總是一個集情報、偵查、審判、執行等各種權力於一身的怪物，它從一九四五年開始便存在，卻遲至一九七八年才取得法源依據[6]，它完全違反權力分立原則，卻在戒嚴年代掌握生殺大權。

由於隊員大聲喊話，消息傳了出去，當地警察想來處理，卻不得其門而入。警總的事沒有人能插手。

警總隸屬國防部，而國防部決定要鎮壓。十一月三十日凌晨，一千多名特戰與鎮

1 這是竹聯幫董桂森在美國法庭的自白，見《新新聞》，第五十四期，頁十一。
2 岩灣抗議過程參考《新新聞》，第三十九期，頁二六至三〇；第四十期，頁二六至二八。
3 抗議者唱〈梅花〉、〈我愛中華〉，是「憲兵三二七營第三連忠貞三七〇梯」對岩灣事件的回憶，發表在《中華民國後備憲兵論壇》，見〈民國七十六年岩灣、綠島監獄暴動事件回憶〉，文章來源：https://www.rocmp.org/thread-35100-1-1.html。作者是前去鎮壓的憲兵，立場與抗議者對立，文章內容亦不掩飾當時恣意毆打已經制服的職訓隊員的事實。因此，這一則與下一則註釋所引述的抗議者和平表達訴求的手法，應該是事實，因為作者不可能過度美化抗議者。
4 抗議者使用風箏表達訴求，是「憲兵三二七營第三連忠貞三七〇梯」對岩灣事件的回憶，同前註。
5 《新新聞》，三十九期，頁三四至三九。《聯合報》也在一九八七年十二月四日的社論裡承認，職訓隊員是受到軍事化的管理。關於職訓總隊，詳見第八章。
6 一九七八年的《國防部參謀本部組織法》第四條，「國防部參謀本部下轄陸軍、海軍、空軍、聯合勤務、警備各總司令部、憲兵司令部及軍管區司令部，為適應軍事作戰需要，得設戰區指揮部或其他機構；其組織由國防部定之。」關於警備總部，詳見第七章。

暴憲兵攻入岩灣，逮捕八十名「首謀」，專機直送綠島，如此瓦解了岩灣的抗議。

據說這八十人抵達綠島的方式並不是走下飛機，而是手銬、腳鐐、膠帶纏繞，接近地面約兩、三層樓高度時，被人從飛機上踹下去。總之，「流氓」的怒火並未平息，十二月一日，輪到綠島集體抗議了。

綠島孤懸海外，到底發生了什麼事，其實誰也不清楚。警總發布的消息說，隊員們在房內自焚，搶救不及，死了八個人。但是檢察官要去現場驗屍，警總封鎖現場不讓進；家屬認屍時發現屍體都平躺，沒有逃命的跡象；屍身焦黑，裝飾品與平安符卻完好；也沒有人能合理解釋，起火現場只不過是棉被與木床，火勢怎麼會猛烈到來不及逃生呢[7]？

這場抗議死了八個「流氓」。直到這個時候，阿玉才對於三哥信福的人生稍微有了多一點的了解。她一看到報紙寫「岩灣暴動」、「綠島暴動」，就想起那些郵戳，開始仔細閱讀這些新聞，並且第一次知道了「他們」是誰。三哥回家渾身是傷、三哥被關、三哥被罰搬大石頭、三哥做苦工，都只有動詞與受詞，不知道主詞是誰。問媽媽，媽媽不知道；問三哥，三哥又不講。

阿玉去找了那時很有名的《新新聞》週刊來看，聽說他們敢寫一些報紙不敢寫的。像蔣總統身體不好，大家都知道，但是只有《新新聞》敢寫蔣總統已經坐輪椅了。兩家主要報紙《中國時報》與《聯合報》的報導足足慢了十天，而且標題還一模一樣，都是「輪椅代步主持中常會，蔣主席謙和深獲崇敬」[8]；阿玉讀到時都笑出來了。讀報紙都要跟他們鬥智，因為他們都言不由衷；讀《新新聞》就痛快多了，他們講什麼就是什麼。

起先阿玉以為「警總」是警察系統裡最高階的組織，此時才知道，原來「臺灣警備總司令部」是軍人，而不是警察。她又以為「職訓總隊」是讓無業遊民學習職業技能的地方，像「職業學校」一樣，此時才知道，「職訓總隊」是類似軍事監獄，而不是學校。很奇怪，報紙都說岩灣和綠島的流氓「暴動」，表示流氓先打人，那應該有軍人受傷；可是實際上死傷的都是流氓，所以到底是誰先動手[9]？

7　綠島「暴動」的諸多疑點，見《新新聞》，第三十九期，頁三〇至三五。

8　《新新聞》，第二十九期，頁六六至六七。

9　前述「憲兵三二七營第三連忠貞三七〇梯」在文章中提到有警總的軍官被挾持，出來時滿臉是血，遂毆打職訓隊員報復。我認為那不可能是事實，有以下幾點理由。第一，無論自由派的《新新聞》還是保守派的《聯合報》都沒有這樣說。兩個媒體都僅報導，當時的大隊她深深為三哥感到不平。三哥十八歲就被送去管訓了，他又不是軍人，也沒有前科，為什麼要說他是流氓，又為什麼要被關在類軍事監獄那麼久？這些「一清專案」的流氓所抗議的，不就是三哥所受到的待遇嗎？「警總」鬧出那麼大的事情，奪走八條人命，都還可以封鎖現場湮滅證據，根本無法無天；那三哥這些年過的是什麼樣的日子？

「流氓」抗議的真相還沒有大白，更大的事情發生了：蔣總統過世了。股市應聲大跌，證券交易所螢幕上一片慘綠，投資人的臉比那更綠。不過，只跌了一天。這段日子變動劇烈，大家多少有心理準備了，對於沒有「蔣總統」的日子，並沒有過度恐慌。第一位「蔣總統」過世時，全國減刑，第二位「蔣總統」當然也要照辦，王信福因此縮短了刑期，在一九八八年年底出獄，首次嘗到不再戒嚴的，全新的自由。

## 8

三哥信福出獄以後，很有一番新氣象。他開了一間茶行，又投資開了一間酒店。三哥的朋友似乎更多了，阿玉全不認識，但是那間酒店阿玉是知道的，因為她先生阿山很愛去。

三哥對阿玉說：「妳叫阿山洗過澡再來嘛，他都直接過來，全身髒兮兮的。」阿玉說：「他怎麼敢回來洗澡，他要是回來我就不讓他出去了！」

三哥信福還是很晚才有空，有時會跑來找阿玉聊天，就像小時候的豬肝麵之夜一樣。只是媽媽不在了。

不久，傳來大哥的噩耗。他倒臥路邊，被發現的時候已經死亡。大哥的葬禮由三哥信福處理，辦得很隆重，還舞龍舞獅哩。這樣看來，三哥應該是事業很成功。那時候流行水床，很貴，躺下去就爬不起來。三哥家裡就有一個。

---

長張文漢在協調時受傷送醫。一九八七年十二月二日的《聯合報》歷數這一年職訓總隊幹部在衝突中受傷的案例，仍然沒有提到岩灣有幹部被挾持。

第二，依照當時的政治情勢，維持秩序的軍憲警人員如有傷亡，必定是媒體報導的重點消息，一九八六年的中正機場事件甚至有調查員陶秀洪假裝傷勢，媒體一致報導說他被「暴民」圍毆，後來《人間雜誌》刊出陶秀洪在警局毫髮無傷的偵訊照片，才揭穿這個謊言。如果警總人員在岩灣被挾持，很難相信媒體竟然略而不提。

第三，參與岩灣抗議的人最後有十一位被判刑，罪名是妨害公務與公共危險，刑期最重的是十個月。如果岩灣抗議者曾經挾持並毆打職訓幹部，其罪必不止此。

三哥信福也交了一個女朋友叫做張清梅，小名「阿華」，很年輕。雖然起步遲了，但是三哥要開始新的人生了——阿玉這麼想。沒想到三哥後來又惹上了更大的事。那是一九九〇年的夏天，阿華懷孕了，三哥約了一群朋友一起慶祝，沒想到有人開槍，打死了兩名警察。三哥信福有前科，又是「登記在案」的流氓，立刻被懷疑是幕後指使者。

風聲鶴唳，三哥信福不知道跑去哪裡躲起來，豬肝麵之夜再也不可能了。阿玉完全狀況外，但她想，她總該幫忙照顧一下阿華。論輩份，阿華是她的準嫂嫂；但論年紀，阿華才十九歲，根本還是少女。她懷了孕卻遇到這種事，一定嚇壞了。

三哥要當爸爸了呀，怎麼可能去殺人！這次三哥真的跟以前不一樣，阿玉感覺得出來，他好像真的很想成家立業。阿玉聽說那天他們喝了很多酒，念頭一轉便問阿華：「妳有身，妳一定沒喝酒，所以妳最知道那天的情形。王信福有開槍嗎？」

阿華說：「沒有。」

「他有叫人家開槍嗎？」

阿華說：「沒有。」

這樣阿玉就比較放心了。三哥真的改變了。

不過事情卻不是這樣發展的。那晚的朋友之中，有人出面投案了，然後把事情全推給王信福。這樣王信福更不敢出面了。有人被判了死刑，定讞，而且依照當時的慣例，定讞後很快就執行。死無對證，王信福感到絕望，要在司法系統裡得到平反，已經不可能。其後，阿玉輾轉知道，三哥信福去了中國，展開人生不知道第幾度的逃亡。

少女阿華生下了孩子，但孩子沒有父親。缺席的父親不算父親。

阿玉度過了許多沒有豬肝麵的夜晚，阿華度過了許多沒有丈夫的日子，阿玉的孩子長大了，阿華的孩子也長大了；在沒有預期的二〇〇六年國慶日下午，阿玉接到警察局打來的電話，見到已然老去的三哥。

阿玉撥了阿華的號碼，但是又在嘟嘟長聲之中匆匆掛掉了電話。真的應該告訴她嗎？上次與阿華通話時，好像聽見背景有小孩子的聲音，但她不好問。都這麼多年了。

阿玉淚意又湧起，難過地想：這次我還能帶三哥回家嗎？

# 第二章

# 彼可取而代之，我也要唱！

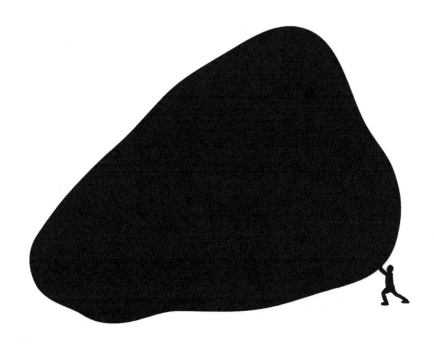

# 1

午夜已過。外面涼了也安靜了下來，但走進店裡，夜還年輕。

「船長卡拉ＯＫ」在嘉義市延平街，其實只是一條窄窄的小巷。但它分霑了市井的繁華，因為從嘉義火車站過來，即使閒閒散步，也只要十分鐘。開幕綵球高懸門口，未曉世事，塵灰未染。一樓大廳挑高，設有舞臺與螢幕，印花布料的沙發，未經磨難。二樓設了幾個包廂，但無礙大廳的寬敞感，而今夜，間間客滿。

將近十個工作人員，誰也沒閒著，招呼客人、點餐、添酒、清潔、操作機器幫客人點歌；其中還有幾個新手，今天第一天來上班。店才開張一個禮拜，老闆洪清一、老闆娘林玉鑫每天坐鎮，仍然覺得似乎非得有千手千眼，才能把事情搞定。

大廳的角落坐了一桌客人，是兩個男的。王信福和朋友們將近十人，店家把四張小桌併成一桌，就在大廳中央，豪氣地喝將起來。

王信福三十八歲，在拘禁中過了大半生：小琉球、蘭嶼、綠島。在漫長的戒嚴時期裡，島外之島，令人聞之色變：那全部都是軍事管制區。沒有人會「去」小琉球、「去」蘭嶼、「去」綠島；只有「被送去」小琉球，「被送去」蘭嶼，「被送去」綠島。

那些日子很難忘。豔陽之下，幾十顆閃閃發光的頭顱直接炙烤，無處遁逃。手上有時是鋤頭，有時是圓鍬，發狠在空中畫一道弧線，重擊之處，微微煙塵泛起，彷彿土地裡有誰死了，冒出一縷幽魂。從上空俯瞰，他們就是煎鍋裡的生肉，下鍋後冒煙，待煎出焦香之後翻面，再過一會兒，便有肉汁從身體深處被逼出來。

登記有案的「流氓」都聚在這裡。起先送去外島的多半都是小偷，後來慢慢出現「黃牛」，就是戲院門口高價兜售戲票，賺取差價的人；再後來又出現「春牛」，就是在街上偷偷摸摸販賣色情照片的人。王信福不是「黃牛」也不是「春牛」，是違反《違警罰法》而被警總移送管訓的。不管什麼「牛」，反正送到外島，大家都變成肉牛了，在烤盤上滋滋作響，流出肉汁，然後有人會用巨大的刀叉把他們切開，一塊一塊吃掉。

他很以為，一生就是這樣了。於是累積了一些前科，就像別人累積資歷。畢竟在他的世界裡，前科也是一種資歷。

直到一九九〇年的這個夏夜，王信福緊緊握住阿華的手，內心激動，興奮難耐。知道阿華懷孕的瞬間，彷彿雲破天開。在平行時空裡，宇宙為他備下了一個正軌的人生，有妻、有子、有家，有一個錨把生活穩穩地定住，不要再流浪，不要再流動，也不要再流氓了。阿華的手心溫度，就是通往那個時空的最短路徑。

他要作爸爸了！這一夜，他罕見地不再想起管訓的遭遇，而回想著出獄這一年多以來，決心「做好子」的酸甜苦辣。他們幾個朋友相約合資開店，店名都叫「哥登」，有服飾店、咖啡店、酒店與茶行——他們早早就有「異業結盟」的概念與頭腦。王信福主要負責「哥登茶行」。他在興業西路與新民路交叉口附近，租了一棟四層樓的透天厝，一樓當店面，樓上就是住家。茶葉的貨源是阿里山區的石桌、龍頭等村，有相識的種茶戶，茶葉品質不必擔心。

但王信福背著時間的債。提前假釋的人，那些沒服完的刑期並沒有消失，只是國家慷慨讓他賒欠而已，一天、一年，都記在帳上。如果又犯罪，國家會連本帶利地追討，必須服完殘刑。但如果到了原訂出獄的日子，都沒有再犯罪，那麼恭喜，你賺到了，殘刑一筆勾消；也恭喜社會，多了一個新生的人。

王信福原訂出獄的日子，是一九九〇年八月八日，父親節。過了這一天，王信福不甚美麗的前半生便如枯葉自然飄落；新長出來的父親身份，將成為他的救贖。

八月八日平平順順地過去了。八月九日，王信福人生下半場的開始，他忍不住約了許多朋友，一起慶祝新生的自己，與阿華腹中即將新生的孩子。那是一場宴飲的馬拉松，大家先到王信福的「哥登茶行」喝一輪，再到李慶臨的「哥登酒店」喝一輪，然後是蔡淵明的「嘉年華卡拉ＯＫ」。這樣喝到十日清晨，大家還不肯散，決定去洪清一的「船長卡拉ＯＫ」捧場。

他們參與的是臺灣生活史上非常重要的一頁：卡拉ＯＫ崛起，「唱歌」成為臺灣的新興休閒娛樂。一九九〇年，全臺灣有三千萬人次去ＫＴＶ；唱歌已經成為全民運動，王信福就是這弱水三千萬之中的一滴[10]。

他在朋友的歡樂喧鬧之中站上了舞臺：他要唱〈藍與黑〉。

## 2

「毛澤東與甘地改變了亞洲的白天，而井上大佑改變了亞洲的夜晚。[11]」

10　根據ＫＴＶ業者在一九九〇年的估計，全臺灣每年有三千萬人次去ＫＴＶ。陳修賢，〈你所不知道的臺灣第一〉，《天下雜誌》，一九九一年二月一日，頁十二至十八。

11　《時代》雜誌一九九九年將井上大佑選為亞洲風雲人物，見〈Daisuke Inoue〉，文章來源：http://content.time.com/time/world/article/0,8599,2054546,00.html。

舞臺向來屬於那些稟賦特殊的人。直到一九七一年，冒出來一個叫做井上大佑（Daisuke Inoue）的傢伙，改變了這一切。

井上大佑高中念電子科，但志不在此。他喜歡音樂，跑去當鼓手。外出闖蕩一無所得，在二十八歲那年，灰頭土臉地搬回故鄉小鎮的爸媽家。井上大佑改行彈鍵盤，在當地的酒吧伴奏。

酒吧名曰「點心」。那裡常客不少，有一天，有人請他幫個忙。

來人是一家小公司的負責人，需要去大城市裡跟客戶碰面，按照日本商界的習慣，最後一定要喝酒唱歌。這位老闆來「點心」唱歌時，井上大佑會根據他的音域調整曲調，但到了外地就沒有井上大佑了，這要如何是好？老闆要求井上大佑把伴奏錄好，讓他帶著走。

過了幾天，老闆笑容滿面地回來，要求他再多錄幾首。

井上大佑從這裡看見了需求與商機。這玩意只需要播放器、麥克風、喇叭、音箱和伴唱帶就可以了——再加個投幣裝置。可惜電子科畢業的他唸書時不用功，做不出這個機器，輾轉找了一個電器行，做了十一部[12]。它沉甸甸而厚敦敦，龐然大物蹲踞於地，像一頭守護廟門的石獅子。只要麥克風插在它身上，它便忠心耿耿伴奏伴唱，讓任何握著麥克風的人都成為大歌星。

如此，井上大佑發明了卡拉ＯＫ，卡拉ＯＫ發明了唱歌的慾望。機器取代真人樂隊，素人取代專業歌星。會走音的，跟著伴奏唱就不走音了，音樂放大聲一點，走音也聽不出來；高音上不去的可以降調，低音下不去的可以升調；歌詞記不住的，有歌本提詞。引吭成一快，不負少年喉。有了伴唱機，便得壯膽兼遮醜。凡人皆成項羽，指著臺上說：彼可取而代之！我也要唱。

卡拉ＯＫ在大阪發跡，幾年之內席捲全日本，與高爾夫球和麻將並稱上班族的三大必修課[13]。它很快地也出現在臺灣了，但不叫「卡拉ＯＫ」，而叫做「音樂伴奏機」、「歌唱伴奏機」、「電子伴奏機」。那是報禁與戒嚴束縛下的社會，媒體對於語言的變形轉換，容忍度很低。「卡拉ＯＫ」這種日文音譯卻中英夾雜的詞彙，報社編輯臺認為不夠雅馴，必定轉換成規規矩矩的中文才行。

---

12 見〈Voice Hero: The Inventor of Karaoke Speaks〉，文章來源：http://theappendix.net/issues/2013/10/voice-hero-the-inventor-of-karaoke-speaks。

13 劉黎兒，〈同好兩千萬 日本卡拉ＯＫ捲土重來〉，《中國時報》，一九八九年十二月八日，第六十一版。

井上大佑沒有申請專利，臺灣電器廠商很快就加入戰局。到一九八三年，卡拉ＯＫ的目標群眾已遠不只來臺洽商的日本人了。餐廳、酒廊、酒家、茶藝館、咖啡館，大街小巷隨處有之，連臺北市議會都在年底追加預算三萬五千元，買兩臺伴唱機給議員開心[14]。——民意代表嘛，果然是「民之所好好之」。

戒嚴的年代，娛樂也得管制。流行歌曲必須送新聞局審查，沒通過的話，電視就不能播，廣播也不能播，而電視與廣播差不多就是那時僅有的通路了。查禁理由千奇百怪，例如唱「今天不回家」，就有破壞家庭和諧之嫌；唱「秋風起，落葉飄滿地」，則違背當時政府倡導的消除髒亂運動，都要查禁[15]。

一九八五年，俞隆華寫〈舞女〉描述特種行業，審查當然不過。可是這個「陪人客搖來搖去」的歌還是紅了，從中南部一路往北傳唱，傳播的通路是卡帶、唱片行、夜市，以及卡拉ＯＫ[16]。這意味著電視廣播已經不能壟斷流行歌曲的傳播，而卡拉ＯＫ已經具備了通路的潛質，成為戒嚴體制鬆動過程中，一個小小的破口。

「卡拉ＯＫ」起先是指這個助人歌唱的神獸，以新產品之姿出現在產業新聞上。到了八〇年代中後期，「卡拉ＯＫ」多半指的是一個地點了，一個盛產麻煩的地方。各式各樣的打鬥：動刀、動槍、動拳頭；各式各樣的原因：搶麥克風、看不順眼、或者黑道遇到仇家。大眾對卡拉OK的概括印象是「藏污納垢」、「龍蛇雜處」，但同時，去消費的興致卻絲毫不減。

一九九〇年六月，臺灣這個剛剛從戒嚴令底下探出頭來的小島，發生了一件讓人嚇一跳的事情。當時最有權力的軍人郝柏村，被任命為行政院長。民主國家裡，軍方的角色總是限縮的，只有威權政府才用軍人控制社會，因此很少有軍人擔任文職的例子。臺灣在一九八七年由世襲的政治強人蔣經國宣布告別威權走向民主，隔年也度過了強人死去的考驗，由副總統李登輝和平繼位，走上民主常軌。在民主的初學者之中，臺灣交出耀眼的成績單，好像初登場就熟門熟路。沒想到幾年之後大開倒車，郝柏村「脫下軍裝穿西裝」，成為第一個具軍人身份的行政院長。

郝柏村的內閣號稱「治安內閣」，一上任就召開「全國治安會議」，將卡拉OK列為「影響治安的二十項行業與場所」之一[17]。不過，卡拉OK的熱潮並未消退，這個新

---

14 〈滿足市議員娛樂所需 伴唱機預算順利過關〉，《中國時報》，一九八三年十二月二十四日。

15 孫昌華，〈歌壇也吹起了翻案風〉，《新新聞》，第五十六期。

16 《中國時報》，一九八五年十月一日。

17 蒯亮，〈全國治安會議 九月召開 廿項行業場所，將責成主管機關擔負行政責任，使業者自清，不須行賄，

興產業繼續擴張，在都會地區出現了進化版：隔成小包廂互不干擾，以華麗裝潢與貴族想像吸引白領消費者，電腦點歌促進效率，這就是KTV。

「船長卡拉OK」沒有被郝柏村的治安內閣嚇退，也沒有像都會地區站上了科技前緣；它如期開張，還是人工點歌。客人查閱歌本，龍飛鳳舞地寫下要唱的歌，小姐收下客人點歌的紙條，迅速找出正確的卡帶放進機器。這個工作有點像打字員，必須熟記打字盤上每個字的位置。

這一夜，忙中有錯，只能說，合該有事。

## 3

剛開幕的船長卡拉OK，幾乎全員新手。顏淑芳到船長卡拉OK才兩個禮拜。她應徵的是會計，但是實際的工作包括在櫃臺記帳、收帳，並兼放伴唱帶。表定上班時間是晚上十點到凌晨六點，但開幕以來生意興隆，老闆要她八點就來。

八月十日清晨三點多，一張點歌單傳到顏淑芳手上，「藍與黑」。她找到卡帶，推入卡匣。

「藍呀藍　藍是光明的色彩　代表了自由仁愛
當太陽照到大地　你看見那藍藍的青天碧海
黑呀黑　黑是陰暗的妖氛　代表了墮落沉淪
當夜幕罩了宇宙　你小心那黑黑的深淵陷阱
這是個什麼時代　這是個什麼社會
為什麼給了我們藍　還要給我們黑
認清楚藍的珍貴　不要被黑暗迷醉
流出更多血和汗　要把那黑的粉碎」

《藍與黑》是作家王藍的小說，一九六六年拍成電影，由關山、林黛主演，故事是日本侵略中華民國時期的一段曲折愛情。《藍與黑》充滿教忠教孝與愛國情操，向

---

〈不受黑道威脅〉，《聯合報》，一九九〇年六月二十六日，第十一版。

來受到國民黨政府的喜愛，號稱是「四大抗戰小說」之一。電影的主題曲〈藍與黑〉會寫成那麼教條，只能說「不意外」，它忠實反映了作品的主題。意外的是，這麼教條的愛國歌曲，戒嚴時期也被禁了，因為新聞局認為那句「這是個什麼社會」有煽動社會之嫌[18]。解嚴後，〈藍與黑〉才解禁。不過卡拉OK是尚未納管的化外之地，〈舞女〉都唱得，〈藍與黑〉當然也可以。

不料，王信福聽到這歌，大為不滿。他想唱的是新版的〈藍與黑〉，是華視連續劇的主題曲：

「長夜漫漫　默默等待明天
你卻出現　在我的身邊
縱然北風寒冷　也會覺得溫暖
是命運把距離日漸縮短　是關心把痛苦慢慢地沖淡
燃燒吧愛情　讓愛情化作火焰　大地顯出光輝燦爛
是誰在招手　是誰在聲聲呼喚　齊來同赴國難」

新版〈藍與黑〉裡，「愛情」與「國難」的比例調整過了。末尾的「共赴國難」似乎突兀，但這是八〇年代的正典寫法：不管前面說什麼，最後都用「解救大陸苦難同胞」來結尾。

王信福要唱的是「燃燒吧愛情」，一九八五愛情版的〈藍與黑〉，可是顏淑芳放的卻是「流出更多血和汗」，一九六六國難版的〈藍與黑〉。王信福再點一次，沒想到第二次放出來，還是那個陰魂不散的「流出更多血和汗」！

「當時我正忙於放錄影機及替客人選歌，事情發生後我才知道，他們均坐在我視線無法看到的牆角那邊。……我聽到唱歌的人在喊說唱的不爽，就停下來，過不久就發生事情了。」

——「船長卡拉ＯＫ」服務生顏淑芳，二十四歲[19]

18　孫昌華，〈歌壇也吹起了翻案風〉，《新新聞》，第五十六期。

19　嘉義地檢署民國七十九年相字第四八六號卷，頁十一至十二。

「我到船長卡拉ＯＫ上班第一天……我不知道他們為何事起衝突，但我有聽到有人叫『唱歌唱不爽快，不要唱了』，然後就聽到槍聲。」

——「船長卡拉ＯＫ」服務生李麗虹，十八歲[20]

「我第一天上班……當時我在樓下一樓吧檯內隔間的倉庫內整理飲料，未看到外面的情況，但是有聽到兩聲類似玻璃破碎的聲音很大聲，我想一定是客人打架，我就不敢出來看。發生的時候已經是八月十日三點多了。……當時涉嫌行兇的那一桌客人可能喝醉了，講話很大聲，其中有一個人就是從演唱臺走下來，說：我不想唱了，不爽。過了約半個小時，槍擊就發生了。」

——「船長卡拉ＯＫ」服務生賴惠珍，十八歲[21]

「該批客人入店時，林董（林玉鑫）見人多，就吩咐我們將四小桌合成一大桌讓他就坐。由我拿毛巾，蔡宏平拿酒，鄭山川（戴眼鏡者）端菜、招呼客人入坐後，有的在喝酒，有的在講話。而當時洪總（洪清一，也就是林玉鑫的先生）與第一番的兩位警員坐在一起喝酒，當時大桌的那邊有兩人走向洪總的那一桌坐下講話，不久又回原位，再次由一位穿白衣服的人再過去，亦坐在洪總的傍邊也講了一些話，又折回原位。不久又有另一位上衣穿水藍色的年輕人走向第一番，向該兩位警員看了一下，然後走到店門口向一位女子講了一些話，又再返回坐在原位，約過不久就拿槍走近第一番，就朝那兩位警員射擊。打完後就走出店外。」

——「船長卡拉OK」服務生呂美枝，十七歲[22]

「……他們共去船長KTV坐約三十分鐘，並點了一打啤酒與小菜……我是聽到兩聲槍響才從樓上下來，店內服務生才告訴我是槍擊案，然後我才打電話叫救護車，再去長榮派出所報案。」

——「船長卡拉OK」主任蔡宏平，二十三歲[23]

---

20 嘉義地檢署民國七十九年相字第四八六號卷，頁九至十。
21 嘉義地檢署民國七十九年相字第四八六號卷，頁七至八。
22 嘉義地檢署民國七十九年相字第四八六號卷，頁二六至二八。
23 嘉義地檢署民國七十九年相字第四八六號卷，頁十三至十四。

「……忽然這桌之人與第一桌之被害人有認識，部分之人前至第一桌與這兩名被害人喝酒，席間忽有一年輕人口氣很大聲，接著就聽見第一聲槍聲（表情看起來很生氣很不滿的樣子），緊接著又開第二槍，開完槍後約兩、三秒後，轉身往店外側身邊走邊跑離去，在場之人均沒有人上前攔阻，見行兇人離去後，接著在場人也跟著離開。」

——「船長卡拉ＯＫ」領班鄭山川，二十九歲[24]

## 4

被射殺的兩人是嘉義市警局的警察，黃鯤受與吳炳耀，都是二十六歲，這裡是他們的管區。他們下了勤務，換了便服，到「船長卡拉ＯＫ」來吃宵夜。黃鯤受中一槍，子彈從兩唇之間射入，打碎了他的牙齒，卡在後頸。吳炳耀也中一槍，在胸腹部，子彈往上射穿了心臟與肺臟，卡在後頸；彈道方向與服務生的證詞顯示，他當時應該是躺在沙發上，可能在睡覺。

醫院的手術臺上，兩人的昏迷指數都是三，就是最重度的昏迷。急救無效。黃鯤受的哥哥與吳炳耀的父親來認屍。檢察官蔡碧仲告訴他們，屍體必須解剖。「請盡量縮小範圍」，筆錄上記載著家屬的請求。

法醫從吳炳耀後頸夾出一個白灰色彈頭，又從黃鯤受後頸夾出一個黃皮彈頭，可能因為打到牙齒之故，尖端已經破損。

殯儀館外聚了一小群人，嘉義市長張文英帶著慰問金走向他們。那裡的悲痛是乘以二的：吳炳耀的母親哭得站不住，黃鯤受的母親也是；吳炳耀的妻子還不滿二十二歲，黃鯤受的妻子二十六歲，她們的驚慌似乎壓過了哀傷，因為手上還抱著出生未久的小孩。她們必須撐住。

警方在八月十二日查出幾位酒客的身份，並且鎖定其中三位認為嫌疑重大：李慶臨領有出境證，隨時能夠離開國境，王信福與陳榮傑則既無出境證也無護照。不過嘉義市警局第一分局仍然上了公文，呈請地檢署通報入出境管理局，限制他們三人出境。

這也是戒嚴時期留下來的遺跡。戒嚴時期臺灣人不能自由出入國境，必須申請出

24　嘉義地檢署民國七十九年相字第四八六號卷，頁二四至二五。

境證、入境證。入出境管理局雖然在內政部警政署轄下，但實際辦公地點卻在警備總部，局長通常是政戰系統的軍職人員，入出境管制業務實際上也由警總指揮。解嚴以後，入出境的管理權表面上由軍人（警總）轉移到警察（警政署）手上，但實際作法卻是將原來任職於警總的管理者全部移入警察編制——就和郝柏村一樣，「脫下軍裝換西裝」。

對本國人的邊境管制一直持續到一九九〇年六月才解除[25]。不過嘉義市警局第一分局顯然還沒反應過來，還用舊思維辦事。總之，王信福八月八日才還完他的監獄債，八月十二日又重返國家的監管網中了。

幾個月後，王信福一如預期地成為爸爸，但沒有成為一個真正意義下的父親，只因為那一夜，他沒唱到想唱的歌而當眾咆哮，成為眾多酒客中最惹眼的一位，吸引了辦案人員的目光。此後，王信福再也沒能擺脫懷疑的眼光。

25 見一九九〇年六月二十七日的行政院臺（七九）內字一六七〇一號函。林騫順，《臺灣境管機關歷史沿革之研究（一九四九—一九九二）》，碩士論文，國立中央大學，二〇一八年。

第三章

# 隧道視野的起點

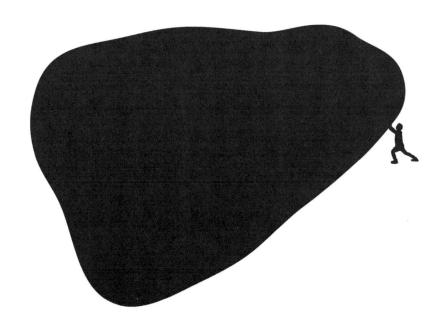

# 1

「他身高約有一七〇公分左右，穿水藍色（淺色）上衣，深藍色褲子，留西裝頭，體瘦。」

「兇手約一七一公分至一七三公分左右，瘦高、長臉、眼睛細長，留浪子頭，前短後長。」

——「船長卡拉ＯＫ」服務生呂美枝[26]

「手持短槍的男子個子瘦瘦，身高約一六九公分左右，年齡約二十七歲左右，留平頭再長一點，穿花衣服像小混混的穿著一樣。」

——「船長卡拉ＯＫ」服務生李麗虹[27]

「行兇人是雙手握槍射擊的，連開兩槍，其長相臉瘦長型，留短髮，身高約一六五公分左右，三十歲左右，穿綠色上衣，面貌平常。」

——「船長卡拉ＯＫ」領班鄭山川[28]

當警方趕到的時候，酒客早已一哄而散，剩下一臉驚慌的服務生。偵訊了一輪以後，收獲不多，矛盾不少。槍手穿的衣服，有說藍色、綠色、花花的；他用的槍，有說黃色、白色、黑色；槍手的年紀則比較一致，三十歲上下。

如何逮捕一個身穿藍綠花色衣服、手持黃白黑色手槍、瘦瘦的三十歲男子？

警察在服務生的證詞裡得到兩個有意義的線索。第一，店主洪清一認識那一桌客人，服務生見到他有過去打招呼。所以洪清一應該知道開槍的人是誰。第二，許多服務生都提到，有人唱歌唱得不爽，大聲叫罵，過了不久，就發生槍擊事件了。

跑得了和尚跑不了廟，警方很快就找到洪清一，做了第一份警詢筆錄，單刀直入。

26 嘉義地檢署民國七十九年相字第四八六號卷，頁二六至二八。
27 嘉義地檢署民國七十九年相字第四八六號卷，頁九至十。
28 嘉義地檢署民國七十九年相字第四八六號卷，頁二四至二五。

問：「案發時你人在何處？」

答：「當時我與被害人同桌。」

問：「槍擊之歹徒是何人？共有幾人？」

答：「我只看到一個綽號叫『阿吉』的年青人開槍而已。」

洪清一說，那天現場有兩桌客人。先來的是管區警察黃鯤受，他下了班，帶一個同事一起來吃點宵夜，就是吳炳耀。他們坐在店裡角落的一號桌，兩人都背牆而坐。到了凌晨將近三點的時候，「阿吉」一行人也陸續進來，包括李慶臨、蔡淵明、王信福與太太等，大約十人。洪清一在一號桌與黃鯤受聊天，蔡淵明也過來坐下，加入談話，然後——

答：「忽然間綽號『阿吉』離開座位面向黃警員衝過來，突然我聽到兩聲槍響，該黃、吳姓警員就倒下去了。『阿吉』行兇後就跑出門外。我即叫櫃臺會計叫救護車，此時與『阿吉』同桌的人即一窩蜂的離開。」

問：「案發時你與被害人同桌，為何未制止？」

答：「當時聽到槍響，我也嚇得不知所措，所以未制止。」

問：「『阿吉』行兇前，在場有何異狀？」

答：「我曾聽到王信福罵『幹你娘』，其他無異狀。」

洪清一在這個案件裡居於樞紐位置：他是店主，認識被害人也認識槍手，事發的時候他就坐在警員對面，是風暴核心裡的目擊證人；而且他做筆錄時，距離案發才七小時。警方迫不及待想知道的是：「阿吉」是誰？

「『阿吉』比我稍矮、瘦，臉長，髮不長，姓名我不知道，惟他好像在忠孝路戈登俱樂部上班，平常與『小李』（李慶臨）在一起。」

這是關於槍手的最初陳述。在後續的調查裡，警方會慢慢發現，「阿吉」應該是「阿傑」，「戈登俱樂部」應該是「哥登酒店」。對警方有價值的情報是：「阿吉」平常都與李慶臨在一起，要抓兇手，就要先找李慶臨，順藤摸瓜。

問：「『阿吉』與黃姓等二位警員有何仇恨？或與『阿吉』同桌的人有仇恨？」

答：「這個我不知道。」

問：「那『阿吉』是由何人教唆行兇？」

答：「我不知道，但案發前有聽到王信福在罵『幹你娘』，惟是否是王信福教唆，我不知道。」

問：「為何原因『阿吉』會行凶槍擊黃、吳姓警員？」

答：「我不知道。」

問：「又為何黃、吳姓警員未與人爭執或口角，僅與你及蔡淵明聊天，而『阿吉』會槍擊他們？」

答：「我也不知道。」

問：「黃、吳姓警員與你及蔡淵明有仇恨否？」

答：「沒有[29]。」

接下來一連串的問題：「阿吉」用的是什麼槍？他如何來如何走？擊發後的彈殼在哪裡？洪清一都不知道。

筆錄末尾，洪清一歪歪斜斜地簽下自己的名字，並捺下指紋，印泥朱紅如血。他不識字，所以即使寫自己的名字，也是顫巍巍的，好像他不確定自己叫什麼名字。

警方把所有洪清一提到的人都當作嫌疑犯，迅速調出李慶臨、蔡淵明與王信福的口卡，讓船長卡拉OK的服務生們指認。這是八月十日下午，日頭赤炎炎，市街上，無論勞心的人還是勞力的人都正在忙碌。洪清一完成了任務，可以回家了嗎？他的卡拉OK徹夜不眠，想必習慣大白天睡覺。

不行。警察並不喜歡聽到那麼多「不知道」。做完這份筆錄以後，洪清一在睏倦中繼續接受偵訊，直到隔天清晨四點才被飭回；長達十五小時的留置偵訊沒有再留下筆錄，只有第一份筆錄後面加了幾行字的「補訊」，問他「阿吉」那一桌還有什麼人。洪清一又多說出幾個名字：蔡振義、李耀昌，與幾個綽號：「大松」、「阿美」、「阿弟仔」。

隔天的《中國時報》說洪清一「雖反覆偵訊但均無所突破」，《聯合報》說他應該有看到事情經過，但卻「吞吞吐吐」；顯然警方對於洪清一仍然不太滿意，懷疑他有

29 洪清一的第一份警詢筆錄，見嘉義地檢署民國七十九年相字第四八六號卷，頁三四至三六。

所隱瞞。

他已經指認了槍手「阿吉」，隱瞞什麼呢？

## 2

警方由於偵查犯罪的職責所在，經常習慣性地假設一定有共犯，這一點無可厚非。不過許多冤案都肇因於「大膽假設」之後，沒有「小心求證」，導致牽連無辜；蘇建和案就是最好的例子。蘇建和案比嘉義雙警命案晚半年發生，社會氛圍相近；案發不久就根據現場的血指紋找到了真兇王文孝。但是警察認為「一定有共犯」，於是王文孝亂咬了僅有一面之緣的、弟弟的三個朋友。蘇建和、劉秉郎、莊林勳三人被汐止分局警察屈打成招，釀成一樁至今仍在訴訟中的悲劇[30]。

洪清一看到「阿吉」一個人衝過來開槍，可是警察卻問誰教唆「阿吉」行兇，可見警察已經預設了「阿吉」背後還有主謀。警方懷疑的眼光彷彿在現場酒客的身上來回掃視，是誰？是誰？

八月十二日，警方查出「阿吉」的真實身份。他叫陳榮傑，當時剛滿十八歲，是個小跟班，所以洪清一不知道他的真名。「阿傑」與「阿吉」的臺語發音是一樣的。

洪清一又到警察局，做了第二份筆錄。這次警察已經有定見了，王信福是主謀。第二份筆錄的主旋律，就是要洪清一承認警方的想法是對的。

洪清一的陳述與上次並沒有不同，他不知道陳榮傑為什麼要槍殺警員。這不是警察想要的答案，於是警察漸漸出現了壓迫性的問話。

問：「你在場，兇嫌陳榮傑就在你身旁，你為何沒有阻止？」

答：「我右邊還坐了蔡淵明，兇嫌陳榮傑突然靠近，連續射擊兩槍，我來不及了。」

問：「開槍者確實有幾人？」

30　蘇建和案始末詳見張娟芬，《無彩青春》，臺北：行人出版社，二〇一三年（初版於二〇〇四年）；蘇友辰、黃怡，《蘇建和案二十一年生死簿》，臺北：前衛出版社，二〇一三年。蘇建和案雖然於二〇一二年無罪定讞，但是汐止雙屍命案的被害人家屬對於蘇建和、劉秉郎、莊林勳三人提起鉅額民事賠償，官司仍在進行中。

答：「一位而已，就是『阿傑』。」

問：「王信福最先進去是和那些人坐什麼車去的？」

答：「我不知道。」

問：「李清泉說你都在場，怎麼不知道？」

答：「確實不知道。」

問：「那經過情形至槍擊黃鯤受二員警致死乙案你將情形再敘述一遍？」

答：「我確實說不出來。」

問：「你怕王信福，小李（指李慶臨），陳榮傑（阿傑）報復才不說嗎？有什麼隱情？」

答：「都沒有，我如果知道我一定講。」

警方的定見，已經清晰浮現了輪廓。警方認定這案子就是王信福、李慶臨、陳榮傑三個人做的，洪清一已經講了陳榮傑開槍、李慶臨跟陳榮傑很熟，可是還沒講到王信福，那就是「有所隱瞞」。從問答中可以看到，警方施壓的力道漸漸地增強。

問：「現場兇嫌坐的酒桌，為何全部收拾乾淨，未保持現場？」

答：「我不是現場負責人，要問服務生才知道誰叫收拾現場。」

問：「那警員黃鯤受坐的那桌為何不收呢？」

答：「是我太太林玉鑫（船長卡拉ＯＫ負責人）叫不要收的。」

問：「你有何前科？」

其實警察做第一份筆錄的時候就已經問過洪清一的前科了，警政系統裡也可以輕易查到他的前科。這個問題與其說是詢問，不如說是提醒。

洪清一有前科，而且還在假釋期間。這表示他比一般人還要怕得罪警察，因為如果再有犯罪紀錄，假釋會被撤銷。

問：「你是故意將有證據現場的桌椅、杯子收拾，沒有證據的桌椅、餐具不收，湮滅證據？」

答：「沒有這意思。」

湮滅證據可處兩年以下的有期徒刑。如果成罪的話，即使判得很輕，例如只判三個月可易科罰金好了——他還是得坐牢，因為他先前的假釋會被撤銷，漫長的殘刑等著他[31]。洪清一已經出獄九年了，都沒惹麻煩，他開一間卡拉OK店，不就證明他已經洗心革面，自食其力嗎？警察這一問看似輕巧，其實正中洪清一的要害。

從這一刻開始，洪清一只有一條路可以走了：與警方配合。

「不正訊問」有很多型態，除了顯而易見的刑求以外，還包括威脅利誘、欺騙、疲勞訊問等等。經歷過警察「不正訊問」的人，經常形容警方偵訊時好像已經有一個「劇本」，硬逼著他們承認。洪清一的第二份筆錄，就可以很清楚地看見，警察的「劇本」已經寫好。他們認為王信福罵三字經是因為洪清一沒有過去敬酒，於是李慶臨與陳榮傑一同出去店外，沒多久就發生了槍擊案：

問：「你應該清楚得很？」

答：「我不知道。我沒有看到他們出去。」

問：「這是案發主因，王信福教唆阿傑（指陳榮傑）、小李（李慶臨）回去拿槍，示意槍殺警員？」

答：「我確實沒有過去向王信福敬酒，我說等一下再來……我上樓，我沒有看見小李、阿傑出去，是否因這句話起禍也不了解。」

第一份筆錄裡，洪清一純粹是依時間先後順序而提及王信福罵三字經，他並不知道王信福在罵誰，也聲明：他不知道這跟後來的槍擊案有沒有關連。但是，第二份筆錄裡，警方完全「超譯」了洪清一的證詞，他們認定王信福是在罵警察，而且把這件事當作王信福的犯罪動機。

王信福在罵誰？好幾位船長卡拉OK的服務生包括顏淑芳、李麗虹、賴惠珍都明確

31 這叫做「微罪撤銷假釋」。當時的刑法第七十八條規定：「假釋中更犯罪，受有期徒刑以上刑之宣告者，撤銷其假釋。」有的人起先犯下重罪，假釋出獄以後改過向善，多年後不小心涉犯某個輕罪，但不論多輕，都必須回去把先前的殘刑服完，造成「情輕法重」的不公平。歷年來，許多更生人都因為這個規定飽嘗痛苦，最有名的是黃明芳。他年輕時被判無期徒刑，假釋出獄後十幾年都沒有犯法，結果與人合夥做生意時發生糾紛，對方告他竊盜，黃明芳被判有罪。依據此時的規定，黃明芳將回到獄中關二十五年，他悲憤之餘，為籌措費用安置家人，而犯下了強盜案件。後來竊盜案件再審獲判無罪，但是黃明芳因為受冤而犯下的強盜案件卻無從彌補，仍須服刑。「微罪撤銷假釋」的情形，直到二〇二〇年釋字第七九六號解釋才由大法官宣告因為違反比例原則而違憲。此後假釋中再犯罪，將視其情節而決定是否撤銷假釋。

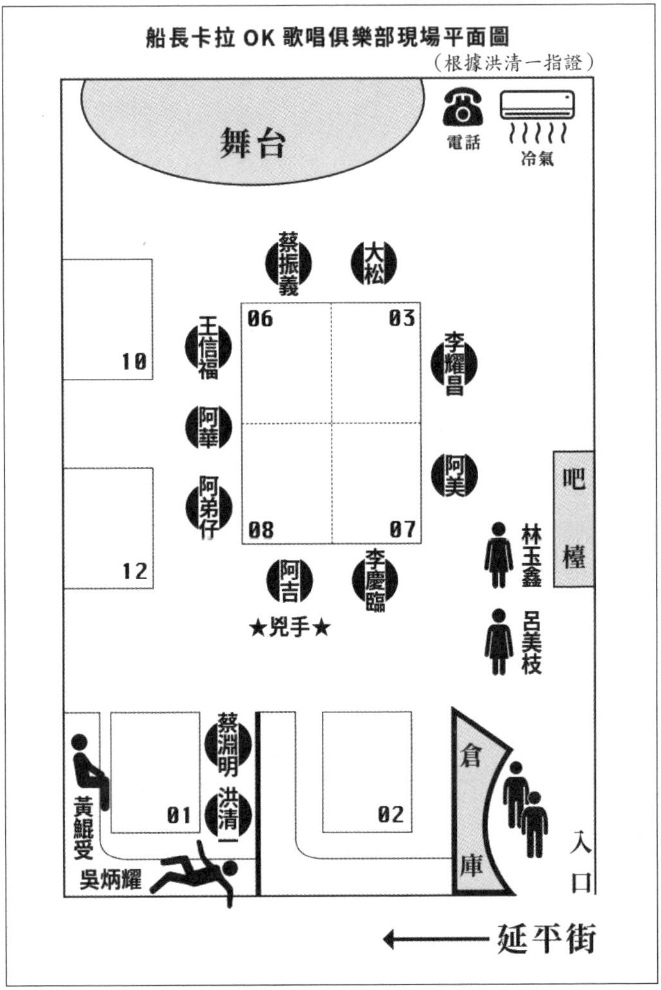


船長卡拉OK現場圖。因卷內原圖字跡不清，故重新繪製。卷內完全沒有留存「船長卡拉OK」現場照片，也沒有註記桌椅尺寸與空間距離；卷內原圖連店裡的每一張桌子都畫得不一樣大，表示應該不是原尺寸，只能顯示相對位置。此外，當天在場的人標示的眾人所坐位置略有出入，這一張是洪清一在八月十日的描述。

指出，當天的酒客是因為唱歌不爽而罵三字經。從現場平面圖可知，船長卡拉ＯＫ的舞臺在最前方，中間是陳榮傑這一桌，後方左邊角落是兩位警察坐的一號桌；右側牆邊設有吧臺，服務生便以那裡為據點，來回穿梭服務。李麗虹與賴惠珍都是第一天上班，都才十八歲，都在第一時間由警方帶回偵訊；她們根本不認識這些酒客，不可能有偏袒誰的企圖。三位服務生都知道叫罵的內容是唱歌不爽，與警察同座的洪清一卻聽不清內容，可見王信福不是罵警察。

警方來回試了很多次，好像用榔頭釘釘子一樣，硬要把「王信福罵警察」塞進洪清一的證詞。下面這段對答，可以看到洪清一在警方的誘導詢問之下，防守得多辛苦，一而再、再而三地澄清他沒有聽到王信福罵警察：

問：「酒蓆中王信福罵『警員有多大？我茶行明天不要開了……』是否與警員黃鯤受二人有口角，怨隙？」

答：「我沒聽到，我可能上二樓陪酒客。但我事後聽服務生呂美枝（住水上鄉大崙村）說王信福也開口罵她三字經……」

問：「王信福開口罵『警員有多大……』是教唆兇嫌陳榮傑向黃鯤受等人開槍的意

思？」

答：「我不在場，不知道這句話是『好意』或是『壞意』，那時候我在樓上[32]。」

怎樣算「誘導詢問」？誘導就是在問題裡面帶答案。例如上面這段對答裡兩次出現「王信福罵警察」的情節，但都不是洪清一說的，而是警察說的；在第二問裡，警察直接把這個情節當作既定的前提，然後問他「這是不是王信福教唆殺人的方式？」誘導詢問很容易造成虛偽證詞，因為這種問法誘使證人把警方的陳述當作事實，例如當洪清一說「我不在場，不知道這句話是『好意』或是『壞意』」，他已經當作「確實有這句話」了——可是他有聽到嗎？沒有！是（人不在現場的）警察一直這樣告訴他，他只好當作真的有這回事。

詢問證人的目的是發現真實，但是誘導的手段，卻恰好與這個目的背道而馳。誘導詢問很容易使得證詞不純淨——證詞不再是證人根據親身見聞的敘述，而是被警方的「劇本」污染過的加工品；失之毫釐，差之千里[33]。

「王信福罵三字經」，是那個熱鬧的晚上，一個偶然的插曲。但是，對於總是在尋找「共犯」的警方，「卡拉ＯＫ」的各種既定印象全部湧上來：龍蛇雜處、唱歌糾紛、罵三字經、加上酒精的催化，對，一定就是這樣！他一定是在罵警察，所以就教唆兇手開槍！

冤案的起點總是微小的，無害的。在王信福案，這個起點就是洪清一的第二份筆錄，警察把「王信福唱歌不爽」扭曲成「王信福罵警察」，如此創造出一個平行宇宙，而王信福就被囚禁在那裡。

這份筆錄是一個見證：最遲在八月十二日，警方已經認定「王信福是案件主謀」，劇本已經寫好了。這時候洪清一想必已經充分意識到幾件事情：第一，自己還在假釋期間，一有差錯就得服無期徒刑；第二，警方可以拿湮滅證據之類的罪來辦他，生殺大權在握；第三，警方要他說王信福的壞話。

32 洪清一的第二份筆錄，見臺灣高等法院臺南分院民國八十年上重更一字第一六〇號卷，頁一一七至一二一。

33 誘導詢問在法理上不必然屬於不正詢問，因此不必然失去證據能力。證人在警局作證，通常是「友性證人」，因此應適用刑事訴訟法第一六六條之一的規定，不得誘導詢問；又因為警詢筆錄通常沒有律師陪偵，難以當場制止，所以法院應認為誘導詢問所得的證詞不具證據能力。見李佳玟，〈警局裡的誘導詢問〉，《程序正義的鋼索》，臺北：元照出版，二〇一四年，頁六七至七〇。除了證據能力的問題之外，我此處的論證主要是關於證明力的：誘導詢問會污染證人的陳述，因此製造出來的證據，證明力較薄弱。

## 3

八月十三日，洪清一被找來做第三份筆錄。經過一天的沉澱、衡量了利害關係以後，洪清一改口了。在第三份筆錄裡，他終於配合警方的劇本，把王信福放進這件殺警案的核心位置。

這次他陳述的案發經過是這樣的：

(1)王信福罵三字經。（沒有指明針對誰）。

(2)王信福要洪清一過來敬酒，但洪清一先去向樓上客人敬酒。

(3)等到洪清一下來，王信福就對他罵三字經。

(4)罵完就從右側後腰抽出一把槍，交給陳榮傑。

(5)陳榮傑拿了槍，快步走到一號桌，向黃鯤受與吳炳耀各開一槍。

這裡有一個很明顯的不合理：王信福生洪清一的氣、罵洪清一，那他應該是殺洪清一，而不是去殺兩位警察。「對洪清一生氣」不能成為「殺警察」的動機，這說不通。

如果回到現場位置，會發現這裡還有一個隱藏的不合理。案發時，洪清一與黃鯤受坐在同一桌，面對面，東西向對坐；陳榮傑與王信福都在他們的側邊。如果陳榮傑向王信福拿了槍，往第一桌走過來向黃鯤受開槍，那應該有五到十秒的時間。洪清一宣稱他看見了這整個過程，他為什麼不閃躲？為什麼不逃跑？為什麼不示警？

如果洪清一能看見，黃鯤受怎麼可能沒看見？依據現場圖，洪清一的右手邊坐了蔡淵明，所以洪清一的視野被蔡淵明遮住了一部分。黃鯤受的視野沒有死角，他與陳榮傑或王信福之間沒有任何遮蔽。洪清一是一個未受訓練的老百姓，黃鯤受卻是受過專業訓練的警察，理應對周遭環境有更敏銳的觀察。如果有交槍、走路、開槍的過程，為什麼黃鯤受不阻止？為什麼不反擊？為什麼不閃避？

事實上，相驗報告寫得很清楚，黃鯤受中槍位置在兩唇間[34]，表示事出突然，他連頭偏一下的本能反應都沒有。至於吳炳耀在案發前就已經半躺在沙發上休息，所以對於現場的一切毫無反應。兩位員警的傷勢顯示，黃鯤受是被突襲的，沒有人能夠預知預見，所以他才會來不及反應。洪清一的原始陳述，才符合黃鯤受中槍的情形：突然有個人衝過來就開槍，所以旁觀者來不及制止，被害者也來不及閃躲，事情在發生的瞬間，

34　嘉義地檢署民國七十九年相字第四八六號卷，頁五三至五五。

**船長卡拉 OK 歌唱俱樂部**
**現場平面圖**

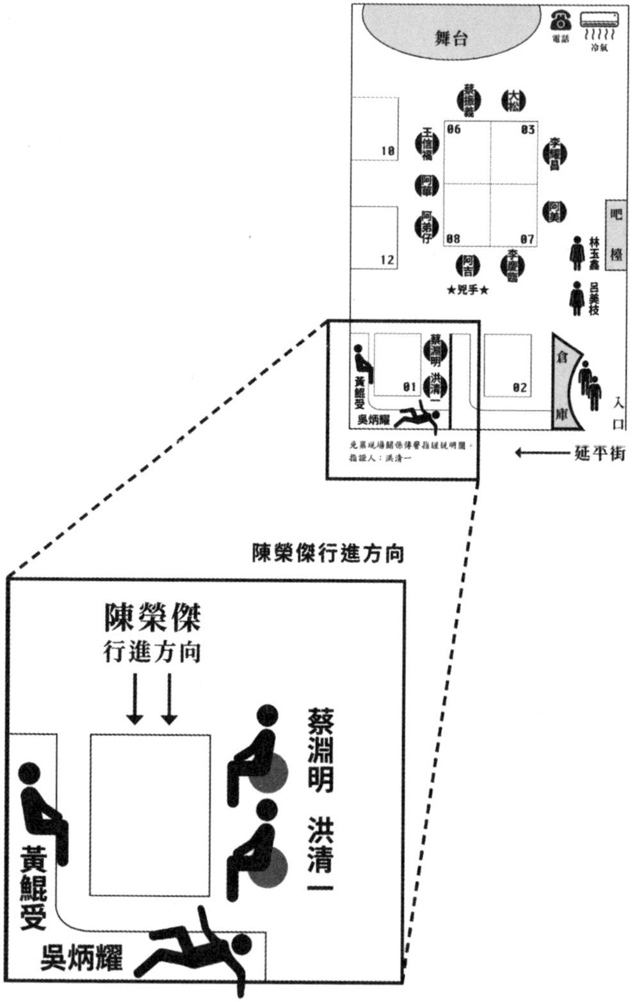

就已經結束。

在第三份筆錄裡，洪清一按照警方的意思，把這起案件說成王信福授意、陳榮傑執行，並且創造了「交槍」的情節。洪清一說王信福「風評不佳、生性殘暴」，「警員他都不看見眼裡，今天才發生這種不幸事件。」這就是第三份筆錄的主旋律：王信福是主謀。

為什麼說的跟以前不一樣呢？在第二份筆錄裡，警方一面施壓，一面提示洪清一，是不是怕報復所以才不說？第三份筆錄，洪清一果然乖順地解釋說：槍擊案發生約十分鐘後，王信福就打電話威脅他，要將他全家殺光。

第三份筆錄裡還有一個新的訊息。警方在前兩次偵訊裡曾經質疑洪清一：「坐那麼近看不見？」現在，洪清一忽然說他有看到凶槍了：「金金的[35]。」

洪清一確實飽受壓力，但到底是誰對他施壓——王信福，還是辦案的警方？洪清一從一開始就已經說出槍手的身份，他如果真的有看到凶槍是「金金的」，從一開始就可以說出來，因為兇手既然可以說，凶槍當然也可以說。如果是王信福威脅洪清一，那洪

35　洪清一的第三份筆錄，見嘉義地檢署民國七十九年偵字第三二七五號卷，頁二六至二七。

清一應該是除了王信福以外的人事物都可以說。洪清一的第三份筆錄完全迎合警方的期待，說明了他的壓力來源恐怕不是王信福，而是在第二份筆錄裡咄咄逼人的警方。

## 4

警方在前兩次偵訊不滿意之處，洪清一在第三次筆錄裡都「配合」了；提點他的，他也乖巧地照著說了。兩天後再做了第四份警詢筆錄，簡短地問他另一位酒客的事情[36]。成為「檢方的證人」以後，洪清一的日子似乎又平靜了下來。他出過一次偵查庭，檢察官問他有沒有在警察的菜裡下藥，他否認，檢察官也不為難他[37]。下一次開偵查庭時，洪清一已經從被告名單上剔除[38]。

幾個月以後，警方又找過洪清一一次，那是陳榮傑落網以後。那個年代不靠科學辦案，而靠自白或證詞，警方辦案的習慣是：案情每有突破，就把重要證人找回來，再做個筆錄，要他把新發現的東西編織進原來的陳述裡。或者各方證詞出現矛盾時也一樣，就大家再做一個筆錄，想辦法「喬」出一個說法來。如此一遍一遍地操作疊加，直到整合出一個最後的版本。這些筆錄透過檢方送進法院，法官面對一大堆筆錄，從中挑選出與判決結論一致的那些，引用做為證據，剩下那些不一致的，則直接略過。法院並不去細究一個證人的證詞有沒有內在邏輯，前後敘事有沒有變化，與其他證人或現場跡證是否矛盾，是否有不正當的外力介入才導致這樣的變化等等；也絕少整體地評估證詞的證明力。筆錄之所以經常出錯，良有以也。

洪清一的第五份警詢筆錄，製作時間是十月十九日的凌晨十二點半。又請他把案發經過再講一遍。這次警察特別問他：「陳榮傑開槍時，王信福在何處？」他說：「當時王信福在陳榮傑後側。」

其實這與他先前的陳述是矛盾的。第三份筆錄他說看到王信福交槍給陳榮傑，陳榮傑就快步走到警員桌開槍，可見陳榮傑開槍時，兩人之間有那「快步走」的距離。這

36 洪清一的第四份筆錄，見臺灣高等法院臺南分院民國八十年上重更一字第一六〇號卷，頁一二六至一二八。

37 民國七十九年八月十七日筆錄，嘉義地檢署民國七十九年偵字第二五八三號卷，頁四至七。

38 嘉義地檢署民國七十九年偵字第二五八三號卷，頁九。後來洪清一沒有被起訴，只有他太太林玉鑫被起訴，見嘉義地檢署檢察官起訴書民國七十九年度偵字第三六二九、三二七五、三二二四、二五八三、二五八二號，七十九年十二月十日。

與其他服務生的證詞也是矛盾的，呂美枝、鄭山川都說一個年輕人走過去開槍，沒有人說一個年輕人身後，還跟著一個中年人。

受到外力脅迫所做的虛假證詞總是如此，千瘡百孔，顧此失彼。然而法院並不細究，而割裂地使用這些證詞。日後，法院引用洪清一的第三份筆錄，「證明」王信福交槍給陳榮傑；再引用第五份筆錄，「證明」陳榮傑開槍時，王信福與他站得很近。但法院對證詞沒有整體評估，不顧前後脈絡拿來就用，「撿到籃子裡就是菜」。

洪清一也指控陳榮傑威脅他：

問：「王信福等同桌的人案發後找過你否？」

答：「在我出庭交保當天晚上一點多，陳榮傑與一年青人到我家裡，因當時我在隔壁坐，我即時發現就避開，而陳找不到我就離開了。其他沒有了[39]。」

但是陳榮傑根本不可能出現在洪清一家裡。陳榮傑八月十日犯案，八月十一日天亮就離開嘉義，從此都在李慶臨的親友安排下躲在臺北，一直到他十月被捕。洪清一只出過一次庭，是八月十七日的偵查庭；他指稱被威脅的八月十八日，陳榮傑根本不在嘉義。

事實證明，洪清一向警方全面繳械以後，已經是一個不可信的證人。他只是一個嘗過牢獄滋味的人，極力自保，以免重溫那不堪的舊夢。

近年的冤案研究經常提到「隧道視野」這個詞。「視野」指的是看的廣度。人類的眼睛長在前側，兩眼的視角加起來將近一百八十度，鳥類的眼睛長在兩側，視野可以達到幾乎三百六十度。但是如果走進了隧道，就沒有「視野」可言了，寬廣的世界裡，只能看見遠方發出光亮的那一小點，其他都看不見。冤案裡的「隧道視野」指的就是有了成見以後，就一頭栽進去，完全忽略其他浮現的證據，不再考慮其他的可能性。

許多冤案都肇因於辦案人員的「隧道視野」。洪清一的五份筆錄，恰好動態地呈現了警方的隧道視野如何生成、鞏固，並且透過反覆的高強度偵訊去影響證人。

起先警方的問話是中性的，沒有預設立場。洪清一也能夠自由地陳述事實：是一個叫做「阿吉」的年輕人開槍。第二份筆錄，雙方對峙，警察毫不掩飾他們的既定立場：王信福是幕後主使，洪清一是怕被王信福報復所以才不敢講。警察節節進逼，提醒洪清一他還在假釋中，並且表現得好像要追究他湮滅證據之罪。於是第三份筆錄開始，

39 洪清一的第五份筆錄，見臺灣高等法院臺南分院民國八十年上重訴字第四四五號卷，頁八三至八五。

洪清一放棄抵抗，改採配合的態度，警察開始攻城掠地。第三、四、五份筆錄都以警方的「隧道視野」為骨架，由洪清一來增添一些血肉，警方的「隧道視野」就這樣變成「證據」了。

與許多冤案一樣，警方會回頭掩飾他們在偵辦過程中的不正當行為。充滿施壓痕跡的第二份筆錄，警方沒有交給檢察官。法官當然也不知道。法官只看到第一份筆錄（洪清一指證陳榮傑開槍）和第三份筆錄（洪清一補充說明，其實王信福才是主謀，他因為怕王信福報復，所以起先不敢講）。於是，法官理所當然地接受了警方的劇本：王信福罵警察，所以交槍給陳榮傑，又命令他開槍；後來再恐嚇洪清一，叫他不能說出去。

法院不知道，他們倚賴的「證據」是強勢的警方製造出來的，也不知道他們沒有看到全部的證據，而只看到警方刻意剪裁過的部分筆錄。法官們從來沒有直接問過洪清一。——是的，一九九〇年的司法就是這樣審理重大刑事案件的，洪清一這個關鍵證人，竟然從來不曾出庭。洪清一留在這個案子裡的樣貌，就是五份警詢筆錄裡面，那個受到恐懼嚙咬而節節敗退的人。

許多冤案都是因為偵辦案件的警察隱匿證據而發生的，遠的如蘇建和案，近的如謝志宏案。這是非常棘手的問題，因為一個案子在偵辦的時候有什麼證據，只有警察知道。就好像一個不開發票的小吃攤，沒人知道它每天究竟收入多少，如果收錢的伙計悄悄藏一點錢在口袋裡，也不會被發現，除非老闆用暴力去掏他的口袋。警察隱匿證據也是如此，而誰能夠用暴力去掏警察的口袋呢？

洪清一的第二份筆錄會出現，並不是有人去掏警察的口袋，而是巧合。這個殺警案除了「殺人」之外，衍生很多周邊的小罪，例如持有槍枝、便利脫逃、藏匿人犯、湮滅證據等等。每個小案子涉及的人不一樣，所以會個別分案審理。更一審的時候，李慶臨的律師要求法院調取嘉義地院關於「藏匿人犯」的案件卷宗[40]，洪清一的第二份筆錄赫然出現。

話雖如此，法院有很驚喜嗎？沒有。驚訝嗎？沒有。驚嚇嗎？沒有。

法院絕少整體地評估證詞的證明力。所以他們並沒有因為這份筆錄的壓迫性語氣而對洪清一後來的可信度起疑，也沒有比對五份筆錄的變遷痕跡。

40　見臺灣高等法院臺南分院民國八十年上重更一字第一六〇號卷，頁一〇五背面。「藏匿人犯」案的案號是嘉義地院民國七十九年訴字第五二〇號。

從卷宗裡，看不出法院有任何反應，很可能他們根本沒有發現這是一個被警察隱匿、現在才出土的珍貴證據。法院對案件的看法沒有任何改變，完全無視第二份筆錄的豐富意涵，繼續引用洪清一的第三份筆錄證明交槍，第五份筆錄證明靠很近。這就是隧道視野的威力：隧道外面的世界即使有磅礡煙火或秀麗野花，你也看不見了。

第四章

# 檢警的心理現場重建

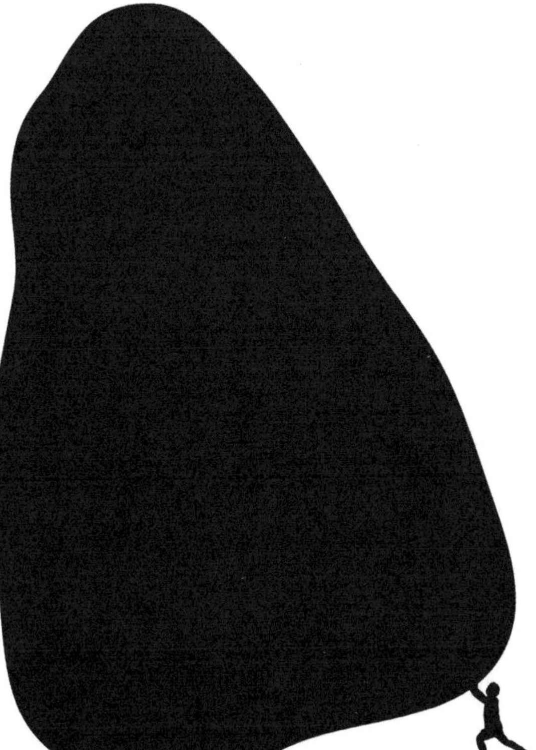

1

接下來幾天，當晚的酒客陸續到案，李慶臨在這個案子裡的角色，也慢慢浮現。有人說，陳榮傑和李慶臨一起走出店外交談，然後陳榮傑一人進來，就向警員開槍了；有人看到槍擊後，李慶臨開車把陳榮傑接走。開槍的陳榮傑是李慶臨的小弟，也是眾所周知的事實。

「後來李慶臨（小李），再叫陳榮傑一起走至店外，然後陳榮傑獨自進到店裡來，李慶臨沒進來，陳榮傑獨自進到店裡來，李慶臨沒進來，陳榮傑進店後，就持槍朝那二名警員開槍射擊、陳榮傑開槍後即往店外逃逸，由李慶臨開車接走。」

——酒客吳俊翰，八月十四日筆錄[41]

「『阿傑』碰李慶臨一下，二人就出去，約十分鐘後，『阿傑』單獨進來，拿一槍對警察開槍，共開二槍。」

——酒客吳俊翰，八月十五日筆錄[42]

「有看到『阿傑』出去，約五至十分再進來。」

——酒客蔡永祥，八月十五日筆錄[43]

「我看到陳榮傑走出店外，我也到黃鯤受、吳炳耀警員該桌與黃警員講話，突然看到陳榮傑雙手持槍對著黃鯤受胸部開了一槍，黃警員當場未吭一聲，就歪躺一邊，緊接著又看到陳榮傑再向躺著的吳炳耀警員開了一槍，吳警員也未吭一聲就倒在座椅上，陳榮傑連開了二槍後，就走出店門外，我和王信福等人也逃散到該店門外。」

「陳榮傑射殺警員後，我與王信福等人逃散到門外時，已不見陳榮傑和李慶臨二人。」

——酒客許天助，八月十六日筆錄[44]

41 嘉義地檢署民國七十九年偵字第三二七五號卷，頁一四至一七。
42 嘉義地檢署民國七十九年相字第四八六號卷，頁七四至七六。
43 嘉義地檢署民國七十九年相字第四八六號卷，頁七六至七八。
44 嘉義地檢署民國七十九年偵字第二五八二號卷，頁五至五（手寫頁碼重複，有兩個第五頁）。

問：「綽號『小李』（李慶臨）及阿傑，在命案未發生前，有否離開現場，妳是否看到？」

答：「我有看到。阿傑約過十分鐘後，就自己一人持槍進來射殺二名警員，而沒有看到綽號『小李』進來。」

——酒客張清梅，八月十六日筆錄[45]

酒客們說的「陳榮傑與李慶臨走出店外、然後進來開槍」，其實有跡可尋。案發當天，服務生呂美枝的證詞就提到，那個開槍的年輕人有走到店門口，「不久後就拿槍去警員桌開槍，然後離開[46]。」

其中，酒客李清泉的證詞尤其清晰。李清泉是騎機車去的，同桌大約有五、六個人是李慶臨開車載去的。李慶臨把車停在船長卡拉OK門口。但他顯然沒停好，因為喝到一半，李清泉聽到外面有計程車按喇叭，一定是擋到人家了。於是李清泉拿了車鑰匙，幫李慶臨把車移開，停到延平街路口的樹下，再把鑰匙還他。

發生槍擊後，李清泉立刻跑出店外要離開，發動機車時，看到那輛車已經調好頭準備接應，而陳榮傑就在路口上了那輛白色富豪轎車，李慶臨的女友「小采」也跟他們一起[47]。這樣說來，李慶臨顯然預知陳榮傑進去店裡就會開槍，所以已經發動車子，準備在最短時間內駛離。那麼，他們兩人是不是有犯意聯絡？陳榮傑是不是與李慶臨一同走出店外，然後銜命進去向警察開槍？

共同涉案者通常會一同逃逸，這是常情。如果三人合謀，李慶臨一定會把王信福也載走。何況那根本不是李慶臨的車——那是王信福的車！李慶臨居然把車主放鴿子，只載了小弟與女友就匆匆離開現場，完全符合「闖了大禍以後趕緊開溜」的情狀。

酒客們的證詞，主要有幾個重點。

第一，許多人都說王信福因為店家放錯歌、洪清一沒來敬酒，而生氣大罵。第二，吳俊翰說看到王信福從腰間抽取「一樣東西」交給陳榮傑。第三，李清泉說陳榮傑開槍時，王信福與他站得很近；吳俊翰和蔡淵明則說，有看到王信福對陳榮傑說悄悄

45　嘉義地檢署民國七十九年相字第四八六號卷，頁九二背面。
46　嘉義地檢署民國七十九年相字第四八六號卷，頁二六至二八。
47　嘉義地檢署民國七十九年偵字第三二七五號卷，頁二八至三〇。

話。日後審判時，法院認為這些酒客的證詞與洪清一一樣，都證明了王信福有罪。第一點證明王信福的殺人動機；第二點證明王信福把槍交給陳榮傑；第三點證明王信福命令陳榮傑開槍。

但是，法院並沒有傳這些酒客到庭作證，除了李清泉。因此，沒有人知道，吳俊翰被警察刑求，從樓梯上滾下去，緊急送醫；而李清泉不僅被長時間偵訊、飽受壓力，後來更指控警詢筆錄內容不實。眾多酒客的筆錄，呈現的未必是證人的所見所聞，而是警方基於「隧道視野」的主觀認定。

這個案子吸引了很大的媒體注意，像連續劇一般，每天大篇幅報導警方今天偵訊了什麼人，他說了什麼，現在的偵辦方向等等。當天一同慶生的酒客們，被警方一一查出真實身分，或通知到案、或直接逮捕，都做了筆錄。這地毯式偵查唯獨出現一個破口，就是李耀昌。

李耀昌是李慶臨的二哥，當天晚上，他也在船長卡拉OK，這是警方第一時間就已掌握的線索。服務生呂美枝案發當天就說，歹徒桌有一個人綽號叫「日本」[48]，洪清一的第一份筆錄也說「日本」就是李耀昌，並指明李耀昌那天在場[49]。媒體報導雙警命案時，都寫出李耀昌在場的事實[50]。警方甚至取得了李耀昌的生活照，讓服務生呂美枝等人指認[51]。奇怪的是，指認完以後就沒了，卷內竟然沒有警詢筆錄，媒體也沒有追問為什麼警方的調查會略過這位酒客。法網恢恢，但是這條大魚一擺尾，便優雅地消失在警方的雷達上。

## 2

被通緝的三人：王信福、李慶臨、陳榮傑，行蹤成謎。新聞版面很快填入了別的事情，每天還是那樣熱鬧喧騰，但是在媒體所不知之處，有一件大事發生了。

十月五日，李慶臨聯絡警方，做了筆錄。但是除了李慶臨自己和警方，沒有人知

48　嘉義地檢署民國七十九年相字第四八六號卷，頁二六至二八。
49　嘉義地檢署民國七十九年相字第四八六號卷，頁三四至三六。
50　〈雙警命案　警方通緝十一嫌全力追兇〉，《聯合晚報》，第七版，一九九〇年八月十二日；〈嘉義雙警命案　主嫌確定〉，《中國時報》，第七版，一九九〇年八月十三日。
51　嘉義地檢署民國七十九年相字第四八六號卷，頁三三。

道。一件鬧上報紙頭條的雙警命案，三名在逃嫌犯中有人出面了，如此大新聞，警方竟然違反其「偵查大公開」的實務習慣，將消息封鎖至滴水不漏，沒有一家媒體報導這件事。

一切似乎全安排好了，但一切都那麼反常。李慶臨做筆錄的地點不在警察局，而在「嘉義市公爵飯店五〇二室」。筆錄一開始便說明李慶臨「向刑事警察局及嘉義縣市警察局〇八一〇雙警命案聯合專案小組投案」，這是非常「內行」的操作。偵破重大刑案可以敘獎，並成為日後升遷的功勳，因此常有多個偵辦單位爭功的情形。如果他只向甲單位投案，甲單位固然可能善待他以「報恩」，但乙單位卻可能記恨而「報仇」。李慶臨的筆錄是中央與地方警政單位聯名，功勞分配很平均；末尾一口氣由四名警察簽名，非常慷慨，統統有獎，包括刑事警察局偵查第三隊副隊長朱宗泰與嘉義市警局副分局長翁榮直。一份筆錄要勞駕副隊長、副分局長來問，也很罕見。

就筆錄內容看來，李慶臨頗受禮遇，完全沒有被當作殺警嫌疑犯來對待；對於案發經過，幾乎讓李慶臨從頭到尾自由陳述。李慶臨說，他那天晚上有去和王信福一起喝酒沒錯，還有他的女友「小采」。但是他沒看到開槍，因為他剛好去上廁所了。那致命的一刻，他幸運地缺席。所以整件事情都跟他沒關係，句點。雖然其他酒客都說，陳榮傑是李慶臨的小弟，但是他否認。他說他不知道那天陳榮傑是怎麼到船長卡拉OK的，也不知道陳榮傑的槍是哪來的、為什麼開槍，以及開槍之後如何離開現場。兩個月以來，他和陳榮傑完全沒有聯絡。總之，他跟這件事情一點關係也沒有。

李慶臨的陳述，與警方的預想完全不同。嘉義市警局十月六日的「刑事案件移送報告書」，把李慶臨、陳榮傑、王信福三人同列為殺人的共同正犯，認為他們有犯意聯絡與行為分擔，李慶臨負責開車接應陳榮傑逃逸[52]。嫌疑人全盤否認，警方問筆錄竟然不追問、不質疑，這太反常了。例如，當洪清一做第二份筆錄的時候，他說他沒看見凶槍是什麼樣子，警察立刻質問他：「坐這麼近看不見？離不到一公尺，且射擊兩槍？」洪清一不知道陳榮傑坐在那裡，警察又質問他：「你在場陪坐、敬酒，上上下下走進走出一個多小時？」洪清一不知道王信福坐什麼車來唱歌，警察說：「李清泉說你在現場，怎麼不知道？」這樣咄咄逼人的警察，到了問李慶臨的時候卻恭敬謙和，判若二人。

李慶臨主動到案後不久，陳榮傑就被抓了。這回警察可不沉默，不僅通知媒體採

52 嘉義地檢署民國七十九年度偵字第三〇六三號卷，頁碼不明。

訪，還安排剛上任的刑事警察局局長盧毓鈞召開記者會，與陳榮傑一起讓記者拍照。有的媒體（如《臺灣新生報》）在報導陳榮傑落網時，還大標題寫著「續追在逃兩名主謀」，渾然不覺李慶臨早已投案收押。兩相對照，警方對李慶臨的禮遇、保護與保密實在非比尋常，完全違反慣例。

陳榮傑落網後，牽動了一長串的人被捕，因為兩個多月以來，有不少人收留過他，拿錢給他逃亡。其中有一個人叫隋薇。

隋薇與洪大峰是夫妻，他們與李慶臨、王信福都是朋友，在那一串以「哥登」為名的生意裡，隋薇與洪大峰經營的是「哥登服飾行」。陳榮傑說，他開槍殺死警察的那天凌晨，李慶臨把陳榮傑送到洪大峰與隋薇家，凶槍就由隋薇取走。

隋薇落網以後，帶著警方去嘉義市彌陀路附近的草叢裡，果然找到她丟棄的一包東西，裡面有一把轉輪手槍，子彈兩顆，彈殼兩個，及草綠色上衣一件。這把槍經過鑑定，確認是凶槍，因為被害人黃鯤受、吳炳耀體內的彈頭，紋痕與這把槍相符[53]。

凶槍有了，兇手也有了。不過，陳榮傑與李慶臨兩人的說法，卻有很大的差異，完全兜不攏。

# 3

警察逮捕嫌疑犯以後，在警局留置不得超過二十四小時，之後就要移送地檢署。警方的習慣是利用時間盡量問，盡量蒐集與案情相關的資訊，所以經常是一份筆錄做完，再做一份筆錄，直到二十四小時期滿。陳榮傑自也不例外。他十月十七日下午三點在臺北落網，晚上八點才做第一份筆錄，可能是開記者會耗掉一些時間。第二份筆錄是十月十八日，沒有註明時間，但從筆錄用紙可以判斷，他已經被送到嘉義市警局了。警方通常不會「浪費時間」讓嫌犯睡覺，不過臺北開到嘉義至少要兩個多小時，如果陳榮傑得以在車上小睡一下的話，就算運氣不錯了。第三份筆錄則是早上十一點半。這樣二十四小時就用掉了。

陳榮傑的三份筆錄，關於李慶臨的部分是穩定而一致的。第一，槍擊前，李慶臨外出去取槍。

53　內政部警政署刑事警察局刑鑑字第四四一八二號，民國七十九年十一月九日，見嘉義地檢署民國七十九年偵字第三〇六三號卷，頁一四七。

「當日三時左右，沒看到李慶臨，我就問李清泉：李慶臨去哪裡？李清泉說李慶臨去拿傢伙（意指槍）。」

——陳榮傑，十月十七日，第一份筆錄[54]

問：「這支槍來源？」

答：「這支槍是我們到達船長卡拉OK時不久，李慶臨出去拿回來的，向誰拿我不清楚。」

問：「還有誰知道李慶臨到船長卡拉OK後又外出拿槍呢？」

答：「還有李清泉告訴我說李慶臨外出拿槍，因為當我們在船長時我和小采聊天，我問李清泉說李慶臨到哪裡去了，李清泉說李慶臨出去拿槍。」

問：「你為什麼知道這支槍是李慶臨所有？」

答：「我們在船長卡拉OK時沒有人帶槍，只有李慶臨出去拿槍，我才有這支槍殺人。以前李慶臨也曾在他住宅拿一支黑星手槍及布、針車油叫我擦拭，所以我認為確實槍是他的沒錯。」

——陳榮傑，十月十八日，第二份筆錄[55]

問：「你如何確信槍是李慶臨自店外帶進來的？」

答：「因為李清泉告訴我的。因當時我沒見李慶臨在店內，我曾問李清泉說他去哪裡（指李慶臨），李清泉說，他回去拿槍。」

——陳榮傑，十月十八日，第三份筆錄[56]

第二，槍擊後，李慶臨接應陳榮傑，將他帶到洪大峰與隋薇家，然後透過隋薇取走凶槍。

54 嘉義地檢署民國七十九年偵字第三〇六三號卷，頁七九至八四。
55 嘉義地檢署民國七十九年偵字第三〇六三號卷，頁八五至八七。
56 嘉義地檢署民國七十九年偵字第三〇六三號卷，頁八八至九〇。

「李慶臨用呼叫器聯絡我，我在咪咪家回他電話，他通知我等他來載。過沒多久他開一輛銀色富豪轎車（王信福所有）來載我，我換一件上衣後與他上車，他即說：『我們一起逃』。即載我到洪大峰家。當時天未亮，在洪大峰家，李慶臨聯絡洪大峰不上，李慶臨即告訴我：『你剛剛打死警察，我會連絡洪大峰』，然後用原車載洪大峰妻『薇薇』離去。」

「我一上車即將該手槍放置在駕駛座旁座位椅下，在洪大峰家，薇薇要向我拿該手槍，且說李慶臨要她拿到她娘家藏放，我即告訴她槍放在車上，薇薇即到車上拿槍，直接拿去藏放。」

——陳榮傑，十月十七日，第一份筆錄[57]

「一上車就將槍藏入椅子下，車上李慶臨對我說我們一起逃亡。我們一起將車開到洪大峰宅，洪太太隋薇在家，李慶臨向洪太太說阿傑打死兩位警察，然後李就和洪太太外出，我等了約二十至三十分鐘，洪太太自己駕車回來，洪太太說李慶臨要拿這枝槍，我就告訴她槍放在這部車右前座椅子下，洪太太就走出去沒再回來，一直到中午十二時左右，洪大峰打電話回來叫我離開，我就去找鍾政陶。」

——陳榮傑，十月十八日，第二份筆錄[58]

「於是留我在洪大峰家，他二人開車出去找，沒過多久微微自己開車回來，向我說李慶臨吩咐她來拿那支槍，我告訴她槍在車前右座的椅子下，於是她就出去找，然後說要拿到她的娘家去，我即見到她騎著腳踏車急忙騎出去，未見再回來。我在家中接到洪大峰電話，他叫我馬上離開他家。」

——陳榮傑，十月十八日，第三份筆錄[59]

第三，逃亡期間，李慶臨與陳榮傑見面，要陳榮傑幫忙串供。

57　嘉義地檢署民國七十九年偵字第三〇六三號卷，頁七九至八四。
58　嘉義地檢署民國七十九年偵字第三〇六三號卷，頁八五至八七。
59　嘉義地檢署民國七十九年偵字第三〇六三號卷，頁八八至九〇。

問：「案發後，你於何時何地和李慶臨、王信福又見面，說些什麼？」

答：「案發後我沒有和王信福見面或通電話，但我在嘉義和李慶臨分手後，隔兩天經程榮明安排，在板橋國王大廈李慶臨藏匿處所見面，李慶臨再三交代不要牽連到我。」

問：「李慶臨還交代你什麼？」

答：「李慶臨交代我說，萬一被抓到，就說案發後沒和我見面，也沒通電話，不可牽連到他。」

——陳榮傑，十月十八日，第二份筆錄 60

「我到臺北後，首先找程榮明（打電話），但他不在，由他哥哥程榮欽坐計程車到我們約定的地點韓香村，接我到程榮欽家，拿了臺幣叁萬伍千元給我，然後帶我到板橋國王大廈的出租公寓六樓與李慶臨會面，李慶臨叫我要一手承擔事情，並特別吩咐，如果有人問案發前從店裡出去幹什麼，就說是要出去找小采，事實他是出去拿槍等情事。」

——陳榮傑，十月十八日，第三份筆錄[61]

陳榮傑談李慶臨的這些證詞，重複陳述時都很穩定，沒有太大的變動。內在邏輯也是順暢的：槍是李慶臨提供的，所以事後當然亟欲取回。陳榮傑的說詞與其他酒客有一點不同，就是其他酒客說陳榮傑直接上了李慶臨的車離開現場，而陳榮傑說他坐計程車先去一個朋友「咪咪」家，接到李慶臨的呼叫才聯絡上。不過，其他人出來已經不見陳榮傑，表示他立刻就上車了，但那是一九九〇年、凌晨三點多、在嘉義的巷弄裡，陳榮傑真的能立刻招到計程車嗎？

法院沒有明確認定到底哪一個才是事實。不過，兩種說法前後的時間差還不到十分鐘[62]，即使有先去「咪咪」家，李慶臨接應陳榮傑的事實仍是成立的。

60 嘉義地檢署民國七十九年偵字第三〇六三號卷，頁八五至八七。

61 嘉義地檢署民國七十九年偵字第三〇六三號卷，頁八八至九〇。

62 更一審時「咪咪」李淑錦出庭，他說陳榮傑在他家不到十分鐘就走了。見臺灣高等法院臺南分院民國八十一年上重更一字第一六〇號卷，頁七九至八〇。

陳榮傑清楚指出了李慶臨在此案的核心角色：提供凶器，接應兇手，湮滅證據，勾串證詞。每一項都是犯罪主使者的必備特徵。

## 4

陳榮傑的筆錄裡關於王信福的部分，卻剛好相反：既不穩定，也不合理，與在場酒客說的互相衝突，也違反現場跡證。他說，李慶臨外出取槍以後：

「過沒多久，李慶臨回到現場，即與王信福、蔡淵明三人一起去向吳炳耀、黃鯤受二人敬酒，然後每個人均回原座位上，王信福即未回座，直接到舞臺上唱歌，唱到一半就向吳炳耀、黃鯤受二人說：『大仔，你們不是要和我一起唱歌嗎？』吳、黃二人均未理他，王信福即氣沖沖地走到吳黃二人前面，向他們很兇地說：『你們不跟我一起唱歌，是什麼意思？』吳、黃二人均無反應，蔡淵明即上前欲勸王信福回座，王信福不理他，且走到我的右後方拍我的肩膀，我即站起來（同時李慶臨及大部分在我們這一桌的人亦站起來），王信福就拿一把銀色的轉輪手槍給我，我用雙手去接，我欲開口講話時，王信福不給我講話，就說『不要問那麼多，均安排好了』，然後王信福托著我的右手肘，帶到吳黃二人那一桌，邊走邊罵著吳黃二人，當時吳黃二人一坐著、一站著，走到吳黃二人坐的桌邊，王信福一手托著我的手，一手指向吳、黃二人說『結（臺語即幹掉的意思）這二人』，我就開槍，第一發不響，第二發打中坐者，第三發打中躺者，開完槍後王信福對吳、黃二人說『有辦法你就抓我王信福去管訓』。」

——陳榮傑，十月十七日，第一份筆錄

陳榮傑創造了一個「王信福與員警衝突」的場景，這是先前不曾出現的。無論服務生、洪清一還是酒客，都沒有這樣說。他說了一連串的行動：質問↓勸架↓拍肩膀↓眾人站起↓交槍↓對話↓托手肘↓邊走邊罵↓托手肘命令↓開槍卡彈↓打中兩位警員。按照他的描述，王信福罵警察、交槍與下令，是在眾目睽睽之下進行的，連其他酒客都站起來了，可見氣氛多緊張！

然而這根本不可能。黃鯤受是正面口唇中槍。如果那天晚上，王信福跑來向他挑釁，之後做了這麼一長串動作，又是掏槍、又是拉人、邊走邊罵，還指著說「結這兩個」，他怎麼可能毫無反應？如果第一槍卡彈未擊發，黃鯤受怎麼可能木然坐在原座位，等著陳榮傑打第二槍？

陳榮傑描述的現場，跟所有其他人都不一樣。服務生說王信福是因為放錯歌不高興，洪清一與酒客則說是對洪清一不高興；只有陳榮傑說是跟警察起衝突。服務生都說，是一個年輕人衝過去開兩槍，洪清一與酒客也這樣說；只有陳榮傑說，王信福與他以「連體嬰」的姿勢開了三槍。

陳榮傑說的「托手肘開槍」，實在聞所未聞，完全違反經驗法則。黑道小弟即使初出茅廬沒開過槍，誰會真的「手把手」教他開槍？這是來混黑道還是來念幼稚園？

而且這個敘述也有時序上的重大矛盾。如果是王信福與警察發生衝突而下令殺警，那李慶臨為什麼能夠未卜先知跑去取槍？

涉案的人想要脫罪卸責，是人之常情。但是陳榮傑年輕天真，實在很不會說謊，把筆錄弄成了黑色荒謬劇。第二份筆錄更令人莞爾：

「七十九年八月十日凌晨三時四十五分許，王信福自己從舞臺唱完歌走下舞臺，右手指吳黃兩人說『大仔，你不是要和我一起唱歌』，然後快步走到我身邊，拿一支白色手槍交給我（當時所有人均站立），左手扶著我的手肘，右手指著大聲說『結掉那兩人』，我要開口問，王信福緊接著說『不要問那麼多』。我沒瞄準，朝坐著那一位以左右手食指合併扣板機（雙手握槍），第一聲咔，沒擊發，第二發砰射出，第三發瞄準躺在沙發上那一位，砰的一聲，王信福才放手。我共擊出二發扣三次板機。然後大聲說：『來抓我王信福去管訓』。」

「但我沒打死人，當時開槍我雙眼緊閉，都是王信福抓我的手瞄準射殺吳黃兩人。」

問：「你對本案有何意見？」
答：「我想槍殺吳黃兩人，並不是我的本意，是王信福、李慶臨指使。」
問：「你說槍殺吳黃兩人不是你的本意，那就是王信福與李慶臨叫你開槍？」
答：「槍是李慶臨的，射殺是王信福抓我的手肘射殺，都不是我的本意。」

——陳榮傑，十月十八日，第二份筆錄

陳榮傑創造「托手肘說」，是為了表明「殺人罪責不在我」，為了脫罪。他沒有瞄準，雙眼緊閉，只有奉命扣扳機，所以「沒有打死人」——這又是一個完全違反經驗法則的故事，原來開槍殺人也有「四手連彈」的？

陳榮傑的用意，到第三份筆錄更清楚。

問：「你因槍擊雙警命案接受警方第一、二次偵訊筆錄，所供是否屬實？」

答：「所說大部分實在，只有開槍部分不實在。」

問：「你如何說開槍的部分是不實在？」

答：「槍是王信福所開的。由李慶臨拿槍給王信福，射擊後將槍拿給我叫我快離開。」

問：「王信福上臺唱歌經過了多久時間？為何會演發槍擊案之發生？」

答：「王信福上臺時曾叫兩位警員一同上臺唱歌，但他二人沒有理他，而王某即下臺不高興說：『二位大哥有什麼了不起，幹你娘。』」

問：「當時兩位警員有沒有與他爭吵？」

答：「我沒見他們有爭執，亦沒有聽到他倆在講話。」

問：「王信福開槍經過情形？」

答：「我座在椅子上聽到第一聲槍響，我即刻站起身，見王信福手上持槍，我轉身過去，王信福將槍交給我，然後用他的手扶著我手肘，後用另一隻手指著另一躺著的警員說：『咭』（幹掉他的意思），我即扣板機，但未擊發，我繼續扣板機擊中躺著的那位警員（事後方知擊中腦部）。」

——陳榮傑，十月十八日，第三份筆錄

這又是一個與所有其他證詞抵觸的說法。服務生、洪清一與酒客都說「一個人開兩槍」，清清楚楚，陳榮傑卻天外飛來一筆，硬拗說一人開一槍。

他在二十四小時之內連做三份筆錄，說法卻一直改變，內容完全違反經驗法則；很明顯，他不是根據事實陳述，而是以脫罪為目的在編故事。第一份筆錄把「下令」之責推給王信福，第二份筆錄把「瞄準」之責推給王信福，第三份筆錄把「第一槍」之責推給王信福。

陳榮傑落網後指證李慶臨涉案，也指證王信福涉案。但是這兩部分的證詞可信度完全不同，應當分別評價。他指證李慶臨的部分，合理、穩定、有其他旁證。指證王信福的部分——也就是「連體嬰殺人法」——卻怪誕、不穩定、與現場跡證有本質性的抵觸。

# 5

警察做完陳榮傑的筆錄以後，煞有介事地「調查」起來了。他們問了李清泉、洪清一與許天助，但是沒有人願意為陳榮傑的「連體嬰殺人法」背書。根本就沒有「邀警察同唱被拒」、「托手肘開槍」、「第一槍未擊發」這些事。其中，許天助找了市議員陪同偵訊，證詞與先前完全一樣。洪清一則說陳榮傑開槍時，王信福站在他後側。這就是他的第五份警詢筆錄，其自相矛盾之處，先前已經分析過；他知道不服從將付出的代價，所以配合警方的「劇本」。至於李清泉，既沒有民意代表保護、又不知「配合」，便成為這一天警方全力猛攻的目標。

他在十月十八日（陳榮傑落網隔天）到警局，做了第一份筆錄[63]，只寫「上午」，沒有記明幾點。這時候，三個嫌疑犯裡，陳榮傑的罪證已經釐清楚，他也自白了；警方要的是確立李慶臨與王信福的罪責。因此，警方第一希望李清泉能夠證實李慶臨外出取槍，第二希望李清泉能夠證實王信福是主謀。可是李清泉的第一份筆錄一點「用處」也沒有，警方的兩個期待都落空了：他知道李慶臨有外出，但否認那是去取槍；警方問他有沒有看到王信福交槍給陳榮傑，他也說沒看到。於是，問完以後，警察把他留下來，繼續做筆錄。

第二份筆錄是中午十二點十分做的。李清泉應該開始知道厲害了，這次他承認看到王信福交槍給陳榮傑，而且陳榮傑開槍時，王信福站在他右側。但是這份筆錄問完以後，他還是沒能走出警察局的大門，而又繼續做筆錄。

第三份筆錄是下午兩點二十分。李清泉指證李慶臨外出拿槍，又指證王信福於陳榮傑開槍時站在他背後；至此，警方所有的願望都滿足了。李清泉仍然不能回家，傍晚五點五十分，他被送到嘉義地檢署接受檢察官偵訊。這是他今天的第四份筆錄了，他今

63 李清泉應該在八月十二日就已經到案。目前卷內的李清泉筆錄最早的是八月十五日，但是那份筆錄開頭就問「先前的筆錄是否實在」，可見那不是第一份筆錄，第一份（或者更多）筆錄仍在隱匿中。這裡所指的是十月十八日做的第一份筆錄。

天做筆錄，從天亮做到天都黑了。

在檢察官面前，李清泉翻供了。

問：「為何警訊中你說，小李去拿傢伙？」

答：「我是說東西。因他即使去拿槍也不會對我講，我是老實人[64]。」

很不幸，筆錄是「凡說過必留下痕跡」的，後來翻供往往無法抹消前面的證詞。日後，法院仍然引用李清泉的證詞認定「取槍」、「交槍」、「緊靠身後」等情節，而不細究警方這種「你不說我就不讓你走」的偵訊方法，是否對李清泉形成了威嚇，逼使他說出警方想要的答案？

## 6

因為陳榮傑落網而起出的槍支是美製柯爾特（Colt）點三八轉輪手槍，經過刑事警察局以試射法鑑定，彈頭有六條左旋來復線，比對與黃鯤受、吳炳耀兩位警員體內的彈頭紋痕相同，因此認為這把槍就是凶槍。檢警主要的偵辦活動，至此差不多告一段落。當年的刑案偵辦習慣總是輕忽現場跡證，在這個雙警命案的相關卷證裡，竟然沒有一張現場照片，手繪的現場圖沒有依照比例繪製，也沒有標示比例尺。

在科學證據有限的狀況下，警察就靠證詞來拼湊事件的原始樣貌。從八月十日案發至十二月三日起訴，警察辦案的心理現場可以大致重建如下：

第一階段是案發的八月十日，證人有店主洪清一與服務生。因為事情剛發生，證詞相對純淨不受污染，都說是陳榮傑一人開兩槍。

第二階段是八月十一至十三日，警方反覆偵訊洪清一，從問話中已經預設了王信福是主謀，洪清一因此提出「交槍說」。由於警方已經有了定見，因此從這一點以下的證詞，都可能受到警方不同程度的施壓或誘導。

第三階段是八月十四至十六日，證人是酒客們。這時，證詞分岔成兩條線，一條是把王信福當作主謀，包括「交槍說」、「身體緊靠密商」，另一條是把李慶臨當作主

64 嘉義地檢署民國七十九年偵字第三〇六三號卷，頁五六至五八。

謀，包括「陳李店外交談」、「李接應陳」。這兩條線並不必然互相排斥。

第四階段是十月五日李慶臨到案，否認一切，但是受到警方禮遇。而他哥哥李耀昌也是唯一沒有被約談的酒客，或者雖有約談但是後來痕跡被抹除了。

第五階段是十月十七至十八日，陳榮傑到案。陳榮傑指證李慶臨「外出取槍」、「藏匿凶槍」、「串供」，這部分證詞穩定合理。他也指證王信福「合唱被拒」、「交槍」、「連體嬰殺人法」，甚至「自己只開一槍」；但情節荒誕，且與現場跡證相抵觸。

第六階段是十月十八至十九日，警方補訊酒客，得到「李慶臨外出取槍」、「陳王身體緊靠」的證詞。

這個線性的回顧可以看出，警察在第二階段過早地鎖定王信福，當第三階段出現新訊息的時候，辦案方向沒有隨之調整；在第四、五、六階段，都忽略了「李慶臨為主謀」的可能性，而一頭鑽進「王信福為主謀」的隧道，一意孤行。「陳李店外交談」與「李接應陳」，如果為真，李慶臨為主謀的可能性便大增；但是警方只在第四階段詢問李慶臨，他否認，警方就算了。後續詢問陳榮傑與其他酒客的時候，竟然只問取槍，而完全不再調查這兩件事。須知取槍事小，主謀事大；因此第六階段的偵辦看似追究李慶臨的責任，其實是幫了李慶臨一個大忙，高高舉起、輕輕放下。

相對的，警察蒐集「王信福為主謀」的證據卻不遺餘力，可是其中最弱的一環，就是犯案動機。王信福沒有犯案動機。他只是唱歌唱得不爽，罵了三字經而已。這麼一個簡單而無關的插曲，在警方的偵辦過程裡不斷增生、蔓延、變形，終於完全走樣。

第一階段，洪清一與服務生都說王信福罵三字經，但他們描述的場景與脈絡看得出來，不是在罵警察。

第二階段，警方偵訊時不斷以「王信福罵警察」來誘導，不過洪清一說，王信福罵的人是他，因為他沒去向王信福敬酒。不是罵警察。

第三階段，酒客們也都說王信福罵洪清一，其中一位酒客蔡淵明又添了一個情節：他說黃鯤受回嘴：「王先生你不要這樣講[65]。」

第四階段，李慶臨說：「王信福唱完歌時返到我們這一桌，站在我對面說：『我

65　嘉義地檢署民國七十九年相字第四八六號卷，頁八三至八五。

王信福要把我送去管訓也沒關係[66]。』」後來警方又使出同樣的誘導手法，在問題裡面帶答案：

問：「那為何這二位警員遭陳榮傑持槍射殺？」
答：「我不知道。」
問：「王信福對著吳黃二位說，有辦法你就抓我王信福去管訓，你聽到嗎？」
答：「這句話我聽到了，之後我就上廁所，槍聲兩響是在廁所聽到的[67]。」

這不僅是誘導，而且是「虛偽誘導」，就是明知某甲記得的是紅花，卻誘導他承認自己記得的是綠葉。李慶臨的記憶裡，那句話是王信福**向同來的酒客們**說的，警方問筆錄時卻加以扭曲，變成**向警察**挑釁的言詞了。

經過一連串加油添醋之後，這件事在檢察官的起訴書裡，變成這樣了：

「因不滿店主洪清一及鄰桌警員黃鯤受、吳炳耀之冷落蔑視及嘲諷，竟共萌殺意……王信福即借酒使性，大罵『幹你娘！大目仔（洪清一）這家店明天起不讓你開了』，並對黃、吳兩警以『警察有多大，警察有什麼了不起』，『我王信福要抓我管訓，也不要緊』等語漫罵不已，為黃鯤受出言頂撞，乃益堅殺意……」

事實上，本案**沒有一個證人**說王信福講這些話是在罵警察！無論「警察有多大」還是「抓我去管訓也不要緊」，都不是在挑釁警察，而是一個醉態可掬的人，對朋友誇口說大話。即使蔡淵明也清楚表示，員警雖然回話，但兩人並沒有爭吵[68]。所以，哪裡來的「冷落蔑視及嘲諷」？既無衝突，又哪裡來的「殺意」？這幾句話漸變為「犯案動機」的過程，動態地呈現了警察的「隧道視野」，如何藉由製作筆錄時對證人施加誘導

66 一九九〇年十月五日李慶臨到案後的第一份筆錄，見嘉義地檢署民國七十九年偵字第三二七五號卷，頁十八至二十。

67 一九九〇年十月十八日李慶臨筆錄，見嘉義地檢署民國七十九年偵字第三〇六三號卷，頁三七至四十。

68 蔡淵明筆錄的原句如下。警察問：「當時王信福在叫罵時，有無與警員發生吵架？」蔡淵明答：「當時王信福以三字經叫罵警察有多大、有什麼了不起之時，黃姓警員有向王信福說，『王先生你不要這樣講』，又沒有發生爭吵。但王信福隨後又說警察看多了，要怎樣都沒關係。」嘉義地檢署民國七十九年相字第四八六號卷，頁八四背面。

或壓力，而將主觀成見一點一點地滲透並呈現為「證詞」，進而成功影響檢方與法院。此後的每一次法院審理，都沿用這個認定——把一個移花接木虛構出來的衝突，當作王信福的犯案動機。

而李慶臨，則從殺人主謀的嫌疑中，金蟬脫殼了。

第五章

# 小弟沒有明天

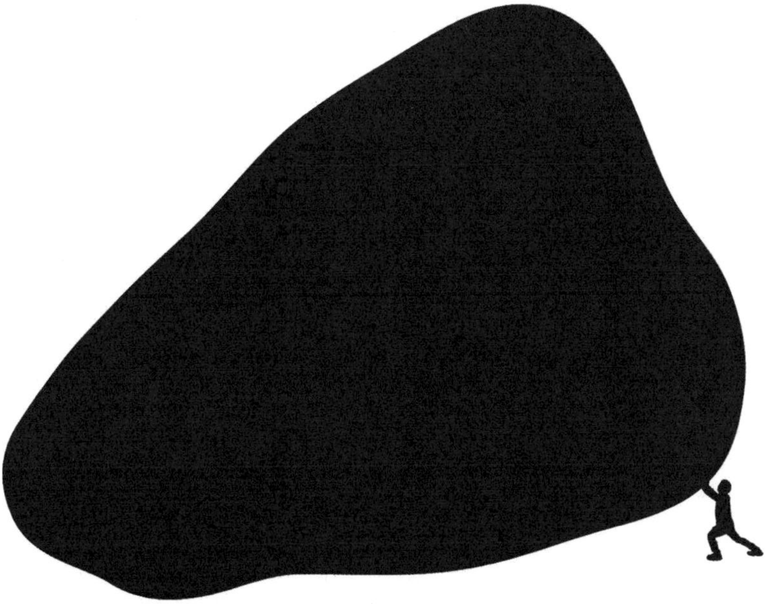

# 1

王信福仍然行蹤不明。嘉義地檢署決定不等了，於一九九〇年十二月三日起訴王信福、李慶臨、陳榮傑三人，從此展開一場王信福缺席的審判。他們三人同被通緝、同被起訴，但是王信福決定不要面對司法，李慶臨決定面對司法，而陳榮傑沒有選擇，被迫面對司法。誰的選擇才是正確的？

一九九〇年的刑事審判制度與今日不同。那時候是「職權主義」，「職權」指的是法官的職權，「職權主義」的意思就是法庭活動由法官主導。當年的法庭不是「法官─檢察官─被告」三足鼎立的三角形，而是法官與檢察官融為一體，以「兩個打一個」的姿態，合力將被告定罪。法官與檢察官長期以同一考試取得資格，一同受訓，根據受訓期別以學長姐／學弟妹相稱，論資排輩；而且可以互相調動。因此，法官角色與檢察官的角色界線非常模糊，審檢不分，一家親。在實務上，檢察官從來不到庭，因此法官自然地「補位」，用檢察官的心態來審理，畢竟他以前可能也當過檢察官啊。

於是，一九九〇年代的法庭風景便是：法官高高在上，被告與律師諾諾在下；被告聲請要調查證據，常被法官忽視甚至斥責。當時沒有交互詰問制度，證人出庭應訊的時候，由法官訊問，如果律師想要發問，法官會要律師說明待證事項，然後還是法官來問。那時的律師公認刑事案件是很好辦的，因為反正法官也不允許你做什麼，所以只要最後寫個辯護狀就結了。律師也公認刑事案件是很挫折的，案子輸了不是因為當事人有罪，不是因為罪證充分，不是因為檢察官很厲害；而是因為制度朝向另一邊傾斜，所以被告從一開始就輸定了[69]。

一九九〇年十二月四日，這個社會矚目的雙警命案，開始審理了。第一次開庭，訊問陳榮傑與李慶臨。第二次開庭，傳訊一位證人王志宏，他是嘉義第一分局刑事組小隊長。因為李慶臨仍然否認外出取槍，而李清泉在警局作證說李慶臨外出取槍，後來檢訊又翻供；那份警局筆錄是王志宏做的，因此法院傳他來說明。王志宏當然說警詢過程沒有施壓啦。

然。後。就。調。查。完。畢。了。第三次開庭就辯論終結，一審在三個月內速審速結，陳榮傑判死刑，李慶臨兩年半。

69　那個年代的刑事辯護實況，參見張娟芬，《無彩青春》。蘇建和案發生於一九九一年，與陳榮傑李慶臨的審判時間接近，因此無論檢警的辦案習慣或法院的審理心態，都高度相似。

真、的、嗎？

真。的。

真。的。

人們對於司法總有深切的期待，但是實際了解司法，才知道那些期待都是自己一廂情願的幻想，而不是事實。人們會幻想，洪清一是這個案子最關鍵的證人，當然要傳他出庭作證，問他為什麼要改變說法，警察有沒有脅迫他。陳榮傑堅持自己只開一槍，人們會幻想，當然要傳現場目擊的服務生與酒客來對質，看誰講的才是真的。李慶臨堅持凶槍跟他沒關係，人們會幻想，可以傳李清泉來對質，而且凶槍不是躺在證物庫裡嗎？拿去驗指紋就好了啊。

然而上述調查，法院一個也沒做。

即使難以置信，但事實就是如此。一樁出現在報紙頭版的刑案，死了兩個警察，結果只傳一個不重要的證人，剩下的都用警詢筆錄去拼湊，明明有證物，也不做科學鑑定——這就是一九九〇年代的司法。

人們會幻想，被誤會的人將在法院獲得清白，所以逃避司法是不應該的。但是當法院不履行調查真相的義務時，逃跑只是無奈的自力救濟。「陳榮傑審判」的卷證證明，王信福所逃離的，正是一個草率至難以置信的司法。

法院調查得很少，卻認定得很多。一審有兩個重點，其一是認定李慶臨有外出取槍。不過不是為了殺警察，而是因為王信福與當天店裡另外一位酒客有點不愉快，所以李慶臨去取槍給王信福備用。

這一點大有玄機。同樣是取槍，如果為殺警而取槍，李慶臨就是共同正犯，殺人罪；但為了別的目的取槍，那就只是非法持有手槍而已，刑期與殺人罪天差地遠。因此法院這一認定，對李慶臨來說，如蒙大赦。

其二，法院沿用了檢方起訴書裡虛構的犯罪動機，認為王信福「對黃、吳兩警以『警察有多大，警察有什麼了不起』，『我王信福要抓我管訓，也不要緊』等語謾罵不已，為黃鯤受出言頂撞」（只改正了檢察官的錯字「漫罵」為正確的「謾罵」）。法院也採信陳榮傑的「連體嬰殺人法」，認定王信福與陳榮傑「身體緊靠密商」，交槍給陳榮傑，然後扶著他的手肘說：「結掉這兩個」，於是陳榮傑連開兩槍。

王信福沒出現，所以沒有判他的罪刑，但是他已經被牢牢地縛在法院認定的犯罪情節中。

## 2

檢辯雙方都上訴，檢方仍然堅持，李慶臨應該也是殺警案的共同正犯，他與王信福、陳榮傑有犯意聯絡，應該論以殺人罪。案子進入二審，一九九一年四月九日，臺南高分院第一次開庭，訊問陳榮傑與李慶臨。四月十六日第二次開庭，還是訊問他們兩人。李慶臨的律師聲請傳訊李清泉、許天助、顏淑香、蔡永祥、蔡淵明與服務生蔡宏平；其中顏淑香就是酒客們提到的「小采」，是李慶臨的女朋友。陳榮傑的律師聲請傳喚服務生鄭山川、李麗虹、呂美枝。四月三十日第三次開庭，僅傳陳榮傑。

這三次開庭是以基本案情來訊問被告，但是受命法官洪佳濱顯然有看卷，並且廣泛地考慮了各種可能，沒有被警察的「隧道視野」所蒙蔽。

問：「事情發生之前，王信福將槍交你，你碰慶臨一下，你們二人出去，一段時間你再進來？」

答：「我聽到槍聲起來，王信福槍交予我，我開槍。」

問：「吳俊翰、張清梅供稱你與慶臨一起出去，有何意見？」

答：「我聽到槍響，王信福將槍予我，我對躺著那一個開槍。」
問：「為何你以前都說二槍都是你開的？」
答：「警員叫我講的。」
問：「開槍後，如何離去？」
答：「搭計程車離開。」
問：「是李慶臨開車載你離開？」
答：「無此事。」

洪佳濱法官顯然在思考「李慶臨是主謀，於店外對陳榮傑下開槍指令，事發後接應陳榮傑離開」這樣的可能性。而陳榮傑很奇怪地答非所問：法官問了他兩次「陳李店外交談」的事情，他兩次都不否認，顧左右而言他。很可惜，書記官字跡漫漶、語句破碎，這個庭訊紀錄想必沒有忠實呈現當場的問答。被告明顯迴避問題，洪法官會如何追查？

很不幸，只查到這裡，就換法官了。據說洪法官被調去民事庭。換了一個法官來，七月九日第四次開庭，傳訊服務生鄭山川。陳榮傑希望鄭山川可以證明他只有開一槍，但鄭山川不能。法院還傳了洪清一與顏淑香，但他們兩個都沒到庭。這樣，又調查完了，八月一日辯論終結，「李慶臨是主謀」的可能性又無人聞問了。唯一的調查既然一無所獲，判決結果自不意外：上訴駁回，一審的判決被維持了。

二審也只花了四個月。凶槍還是靜靜躺在證物庫裡。

# 3

陳榮傑、李慶臨與檢察官三方都提起上訴。檢方仍然認為李慶臨有殺人犯意，不過立場已經軟化。他們接受了李慶臨案發時在上廁所的說詞，只是認為他故意躲到廁所，有殺人的「不確定故意」[70]。

這個退讓，意義重大。「李慶臨在上廁所」的說法，與「陳李店外交談」是互相抵觸的，你接受這一個，就表示否定了另外一個。但是檢方從來都沒有認真調查過「陳李店外交談」這件事，為什麼僅憑李慶臨的否認就接受了？

「李慶臨是主謀」的相關證據在偵查過程中已經出現，警方忽略它，檢方也不重視。一審、二審過去了，只有洪佳濱法官注意到這件事，正打算要調查，就被調走了。現在檢方直接接受「李慶臨在上廁所」的說法，根本是不戰而降。

案件上到最高法院。最高法院認為，有很多證人，二審都沒有傳訊，就直接用他們的警詢筆錄當證據，但那畢竟不是法院直接調查得到的。陳榮傑到底開一槍還是開兩槍，甚至到底是不是他開槍——因為目擊證人描述的年齡都與他不合，應該再深入調查，所以發回更審。

這正是「職權主義」容易出現的怪現象：檢察官本來應該代表國家追訴犯罪，但是他一點也不積極，不蒐集罪證；法官本來應當中立審判，但是檢察官不做為，結果法官只好扮演「明察秋毫」的包青天，自己下場來調查被告的罪證。長期扭曲的結果，法官與檢察官的角色不只混淆，而且根本顛倒了，變成法官要負舉證責任，檢察官不但不覺得舉證是自己的責任，還可以用「應調查而未調查」作為上訴理由，反過來指責法官

---

70 最高法院八十年臺上五三三七號卷，頁十三。「不確定故意」與「確定故意」的差別是犯罪意志的強度有別，例如殺人罪的「確定故意」是「非把他弄死不可」，「不確定故意」則是「我知道我這樣做，他有可能會死，但我還是做了」。「不確定故意」仍有殺人的犯意，只是殺意不那麼堅強。

舉證不夠[71]。然後判決就被撤銷發回了，於是，以後法官只好更積極蒐證，更包青天，比檢察官更檢察官，心態上更與被告為敵⋯⋯。否則判決被發回表示審判績效不佳，影響到法官的考績、升遷與榮譽心啊！

案件回到臺南高分院，更一審。一九九一年十二月十七日第一次開庭，法官把原審判決認定的事實逐段拿來訊問李慶臨，同樣的方法十二月二十六日第二次開庭，訊問陳榮傑，與服務生鄭山川。隔年一月七日第三次開庭，傳了八個人，但只有酒客李清泉到庭。訊問李清泉的重點是：李慶臨有沒有外出取槍？李清泉說那是警察要他說的。一月二十一日第四次開庭，傳了六個人，只有李慶臨的女友「小采」、陳榮傑犯案後去找的「咪咪」到庭。二月十一日第五次開庭，傳洪清一、許天助、吳俊翰，三人都沒到，無功而返。三月十日辯論終結，原訂三月十七日就要宣判了。結果宣判當天，法官宣布再開辯論。

法院從一審時就認定李慶臨有外出取槍，不過只是簡單地說：「席間李慶臨見王信福與綽號『金柱』者似有不愉快，乃驅車外出至不詳地點取未經許可無故持有之轉輪手槍一把，子彈四發並裝上槍膛，回店內後交給亦未經許可而持有之王信福。」然後引用陳榮傑、李清泉與王志宏的證詞作為取槍的證據，並且認定李慶臨找陳榮傑串供，就是因為槍是李慶臨的。二審維持一審判決，所以原文照抄。不過這樣的論據只解釋了「李慶臨真的有去拿槍」，而沒有解釋「他拿槍不是為了殺警察，所以他不是殺人罪」。

更一審法官決定再開辯論，就是為了把這件事情調查清楚。四月十六日第八次開庭，傳「金柱」出庭，但他沒來。奇怪的是，這一次開庭只傳李慶臨而不傳陳榮傑，法官僅聽取李慶臨單方面的說法。四月二十八日再次辯論終結，五月五日宣判。結果與先前並無不同，陳榮傑死刑，李慶臨兩年半。

更一審判決把「李慶臨外出取槍是為了『金柱』」解釋得更詳細，也就是更詳細

71 此處所指的怪現象，直到二〇一二年才在制度面改正。法院的「職權調查」相關規定寫在《刑事訴訟法》第一六三條第二項。二〇〇二年，最高法院刑庭會議決議擴張了職權調查的範圍，直到二〇一二年才又宣布回歸立法理由，此後法院原則上不再主動調查對被告不利的證據。法官本來就不應該與檢察官接力蒐證來將被告定罪，但檢察官對此強烈表達不滿，竟鑽《集會遊行法》的漏洞，由一位檢察官吳巡龍在最高法院前靜坐，其他檢察官排隊輪流向他致意。二〇一二年的爭議可見張娟芬，〈檢察官的自我期許太低了〉，《廢話電子報》，第九期，https://www.taedp.org.tw/story/2272；〈六四之後〉，《廢話電子報》，第十期，https://www.taedp.org.tw/story/2292。此後，檢方不能再以「應調查未調查」作為上訴理由，但是實務上仍然存在「法官與檢察官接力調查」的觀念。

地論證「李慶臨沒有參與殺警案」。這次檢方就沒有再上訴了，李慶臨的部分定讞。把羈押的日子抵掉以後，刑期只剩幾個月了，李慶臨至此大獲全勝。陳榮傑的部分上訴到最高法院，被最高法院駁回，於一九九二年八月六日死刑定讞。距離案發，大約兩年。

那些年的習慣是死刑定讞後就迅速執行。八月二十日凌晨五點半，三聲槍響，陳榮傑得年二十，留下四份遺書。

## 4

一九九〇到一九九二年的這場審判，留下兩個有意義的訊息。其一是李慶臨說謊，其二是陳榮傑被騙。

李慶臨投案的時候，不止一次地說他沒有與陳榮傑或王信福聯絡。

問：「你在逃之期間，如何與王信福、陳榮傑聯絡？他們二人現在何處？」

答：「我都未與他們二人聯絡，也不知他們現在何處。」

——李慶臨，十月五日，警詢筆錄[72]

問：「你在逃亡期間與陳榮傑、王信福二人接觸或連絡電話幾次？」

答：「不曾。」

——李慶臨，十月九日，警詢筆錄[73]

每次都是斬釘截鐵，說的跟真的一樣。其實，李慶臨與陳榮傑至少見過兩次面。陳榮傑連開兩槍以後，如何離開船長卡拉OK，有兩種說法。現場的酒客李清泉與吳俊翰都說陳榮傑是李慶臨接走的，許天助與蔡淵明則說他們出來的時候已經沒看到陳榮傑或李慶臨。另一說法是陳榮傑自己搭計程車離開，李慶臨載女友小采離開；然後李

72　嘉義地檢署七十九年度偵字第三二七五號卷，頁二一至二五。
73　嘉義地檢署七十九年度偵字第三〇六三號卷，頁二四至二七。

慶臨打呼叫器聯絡陳榮傑並前去接應[74]。陳榮傑與李慶臨口徑一致，都採第二種說法。

法院對於陳榮傑如何離開沒有認定，不知道法院相信哪一種說法。但兩種說法差異不大，都有「李慶臨接應陳榮傑」的事實，只是「立刻接應」或「過十分鐘再接應」的差別而已。陳榮傑坐上李慶臨開的車以後，

「一上車就將槍藏入椅子下，車上李慶臨對我說我們一起逃亡。我們一起將車開到洪大峰宅，洪太太隋薇在家，李慶臨向洪太太說阿傑打死兩位警察，然後李就和洪太太外出，我等了約二十至三十分鐘，洪太太自己駕車回來，洪太太說李慶臨要拿這枝槍，我就告訴她槍放在這部車右前座椅子下，洪太太就走出去沒再回來，一直到中午十二時左右，洪大峰打電話回來叫我離開，我就去找鍾政陶[75]。」

這就是犯案後陳榮傑與李慶臨第一次會面。雖然李慶臨對陳榮傑說「我們一起逃亡」，不過事實證明，李慶臨的興趣在槍而不在人。李慶臨要隋薇取走了凶槍之後就沒再出現，把陳榮傑留在洪大峰家，直到洪大峰一通電話把陳榮傑趕走。開槍的小弟成了燙手山芋。

兩天後，李慶臨與陳榮傑又見了一面，在場的還有李慶臨同居女友的兩個哥哥，也就是李的妻舅，程榮欽與程榮明。李慶臨要求陳榮傑「不要牽連到我」，要求他協助串證。

問：「案發後，你於何時何地和李慶臨、王信福又見面，說些什麼？」
答：「案發後我沒有和王信福見面或通電話，但我在嘉義和李慶臨分手後，隔兩天經程榮明安排，在板橋國王大廈李慶臨藏匿處所見面，李慶臨再三交代不要牽連到我。」

問：「李慶臨還交代你什麼？」
答：「李慶臨交代我說，萬一被抓到，就說案發後沒和我見面，也沒通電話，不可

74 陳榮傑證詞見嘉義地檢署七十九年度偵字第三〇六三號卷，頁八二。李慶臨證詞見嘉義地檢署七十九年度偵字第三〇六三號卷，頁三七至四〇。

75 嘉義地檢署七十九年度偵字第三〇六三號卷，頁八五背面。

牽連到他。」

——陳榮傑，十月十八日，第二份筆錄[76]

「我到板橋國王大廈的出租公寓六樓與李慶臨會面，李慶臨叫我要一手承擔事情，並特別吩咐，如果有人問案發前從店裡出去幹什麼，就說是要出去找小采，事實他是出去拿槍」。

——陳榮傑，十月十八日，第三份筆錄[77]

這兩次會面，都可以看出一個「犧牲陳榮傑、保全李慶臨」的布局。這本也是江湖常見的規矩，大哥出事小弟扛。李慶臨布置妥當後就出面投案，完全切割他與陳榮傑的關係。

李慶臨沒有料到，陳榮傑年輕好騙，李慶臨騙得了他，警察也騙得了他。陳榮傑落網後，一不小心就把李慶臨精心編織的謊言戳破了：「被捕後我依照小李的要求而說出，而警方告訴我李慶臨已投案了，叫我不必為隱瞞了。於是把槍枝來源說出來[78]」。所以陳榮傑從警詢開始就老實地說槍是李慶臨外出取回的，也老實說李慶臨找他見面串證。

陳榮傑承認以後，程榮明也承認了。他起先只承認協助陳榮傑逃亡，敘述逃亡安排時，刻意略過了與李慶臨的會面，第二份筆錄才承認：

問：「另陳榮傑供稱你曾給予新臺幣叁萬伍仟元作為逃亡之費用，是否有此事？」

答：「有的，當天陳榮傑到臺北縣土城找我妹妹時曾向我妹妹要錢，當時我大哥程榮欽見狀即外出籌備叁萬伍仟元，交由我轉交給陳榮傑後，我才以機車將陳榮傑載往天津街躲藏。」

問：「你將陳榮傑安置在天津街住處後，是否曾再與他聯繫？」

答：「隔二天後我曾帶香菸及檳榔前往探望陳榮傑，阿傑要我安排與我妹婿李慶臨見面，所以我即以電話連絡李慶臨到板橋國王大廈與陳榮傑見面。」

---

76 嘉義地檢署七十九年度偵字第三〇六三號卷，頁八三至八七。

77 嘉義地檢署七十九年度偵字第三二二四號卷，頁二〇至二一。

78 最高法院刑事八十一年度臺上字第三八二三號卷，頁三〇背面。漏一字「他」（叫我不必為「他」隱瞞了），原文照引。

問：「另李慶臨與陳榮傑見面曾說了些什麼話？」

答：「李某曾問陳榮傑如何開槍，陳榮傑回答說：我第一次按下扳機，沒有擊發，第二次按扳機即射中一人，第三次按扳機又未擊發，第四次按扳機再擊中第二人，另外李慶臨曾對阿傑說，若被逮捕，不要牽連我們[79]。」

這時候，陳榮傑和程榮明都才剛剛被捕，在警局接受偵訊，還沒送到看守所，所以消息還沒傳到李慶臨那裡，他不知道串供已經被警方識破。因此李慶臨在十月十八日呈上一份手寫自白，白紙黑字地第三度說謊：

「本人於躲藏期間絕未與有關本案之涉嫌人及任何在場之目擊證人，有過聯絡或接觸之事宜，故本人在警方偵訊筆錄中所述之一切，均為事實。以上所言，句句俱實，出經肺腑，日月為鑑，尚乞青天大人諒察[80]。」

警方偵訊完陳榮傑之後，借提李慶臨出來問他見面的事，李慶臨才知道大事不妙，立刻要求聯絡律師陪同偵訊。他先前做筆錄時都說不需要律師陪同。李慶臨那邊的後勤支援系統顯然相當完善，一通電話，律師就在十七分鐘內火速趕到[81]。有陳榮傑與程榮明的明確指證，李慶臨終於認了這兩次會面。可見他那兩份筆錄與一份手寫的「肺腑之言」，確確實實是說謊。

李慶臨的大戰略是切割陳榮傑。他初投案時，謊稱當天他開車載其他人去船長卡拉OK，而陳榮傑是自行前往，刻意撇清他與陳榮傑的關係[82]。檢察官訊問時，他也說謊[83]。然而包括陳榮傑在內的其他人都說，陳榮傑是搭李慶臨的車到現場的[84]。到更一審，李慶臨終於承認他載陳榮傑一同前往[85]，可見前面五次陳述，全部都是說謊[86]。

79 嘉義地檢署七十九年度偵字第三〇六三號卷，頁七六至七八。
80 嘉義地檢署七十九年度偵字第三〇六三號卷，原頁碼不清，pdf 檔頁一七五。
81 嘉義地檢署七十九年度偵字第三〇六三號卷，頁三七至四〇。
82 嘉義地檢署七十九年度偵字第三二七五號卷，頁一八。
83 嘉義地檢署七十九年度偵字第三〇六三號卷，頁一八。
84 嘉義地檢署七十九年度偵字第三〇六三號卷，頁六五背面。
85 臺灣高等法院臺南分院八十年度上重更一第一六〇號卷，頁四五背面。
86 包括一九九〇年十月五日第一次警詢、第二次警詢，十月六日檢訊，十月九日警詢，十月十八日手寫自白，共五次。

李慶臨另有許多說詞，均與其他證人的證述相牴觸。大家都說陳榮傑是他的小弟，但他否認。大家都知道陳榮傑住在他家，但他偏說陳榮傑住在王信福的哥登茶行。大家都說陳榮傑跟在他身邊，但他說陳榮傑跟在王信福身邊[87]。換句話說，李慶臨切割陳榮傑的方式，就是拉王信福當替死鬼。

## 5

陳榮傑是個什麼樣的人呢？

他當眾開槍，目擊者眾多，落網的時候也供出了凶槍的下落，他應該知道殺人的事實無法隱瞞。他提出了「連體嬰殺人法」，說王信福托著他的手肘，又說他閉著眼睛、由王信福瞄準，用別人的參與來稀釋自己的罪責。這種心態在許多冤獄案件裡都可以看到，如蘇建和案裡的王文孝，徐自強案裡的黃春棋、陳憶龍，謝志宏案裡的郭俊偉，蘇炳坤案裡的郭中雄……，陳榮傑也不例外。同案被告罪責共享，推一點給別人，就少一點給自己。

特殊的是他一心想脫罪自救，卻不太會說謊。除了「連體嬰殺人法」太荒謬以外，他的自白也不斷變化，從一審開始，陸續增加了各式各樣的情節，包括他喝醉了、他在睡覺、他頭很昏、很想睡、受到驚嚇等等。熟悉刑案的人會知道，以上這些都是要求減刑時常見的理由，因為量刑時要考慮犯罪時的情狀，如果犯罪時神智不清楚，或許法官會判得輕一點。然而，如同抄「情書大全」不太可能獲得愛情一樣，將所有減輕因素如散彈槍打鳥一般輪換擲出，也很難取信於人。

警察還在搜捕陳榮傑時，曾經取得他的照片，放上查緝專刊。那是一個圓臉的小孩子，坐在涼亭裡，看起來大約十三歲，臉上有著出門郊遊的喜悅。他落網時，穿著白上衣、牛仔褲，成為刑事警察局局長盧毓鈞上任後的第一個「政績」，瘦瘦歪歪地站在局長辦公室裡，雙手銬在背後。媒體形容他：「經過兩個多月的逃亡，夜不敢眠，臉上長滿痘痘，狀極狼狽」；盧毓鈞拿著查緝專刊給他看，說：「你看你自己現在這副德性，歹路不能走吧[88]！」

87　嘉義地檢署七十九年度偵字第三〇六三號卷，頁二四至二七。
88　〈嘉市雙警命案主嫌陳榮傑落網〉，《中國時報》，第六版，一九九〇年十月十八日。

落水狗人人可打。這時陳榮傑也不過十八歲，那張涼亭郊遊照，也許就是四、五年前而已。他到底是怎麼回事呢？

他閉口不說。直到更一審被判死刑，這是第三次死刑判決了，他心中巨大的祕密，到這時終於崩裂，呼喊著一個出口。在父親陳成然的鼓勵下，陳榮傑寫下自白[89]，說盡心中無限事。

陳榮傑是新竹人，國中肄業，父親生意失敗，朋友介紹他去嘉義投靠李慶臨，那時他才十七歲。陳榮傑住在李慶臨家裡，不僅認識李慶臨全家人，包括李慶臨的媽媽、姐姐、二哥、四哥、四嫂，還包括四嫂的父親及其友人陳興松、李慶臨女友[90]的兩個哥哥等。

陳榮傑比李慶臨小一輪。李慶臨的姐姐，陳榮傑也叫姐姐；李慶臨的同居女友，陳榮傑就叫大嫂。陳榮傑不僅是李慶臨的小弟，也彷彿真的是李慶臨家裡的小弟弟。

白天，陳榮傑幫著李慶臨的母親做家事，幫李慶臨的姐姐接送小孩。晚上，陳榮傑陪李慶臨出去喝酒應酬，認識他的朋友。對於十七、八歲的陳榮傑來說，這不是工作，而是玩樂。「當時的生活讓我覺得無憂無慮」，陳榮傑寫道[91]。每天晚上，陳榮傑把喝醉的李慶臨載回家泡茶解酒，等他睡著後替他鎖門；兩人關係親近，情誼深厚，可見一斑。李慶臨隨後安排陳榮傑擔任哥登酒店副理，不必每天上班，工資照領[92]。連陳榮傑的哥哥來訪後離開，李慶臨都給他三萬元，出手異常大方[93]。

這種施恩籠絡，是黑道養小弟的慣用手法。陳榮傑的生活、住宿、工作、人脈、金錢來源、社交生活，被李慶臨全面滲透控制；陳榮傑感恩效忠的對象是李慶臨，而且只有李慶臨。

這樣的日子，終結在船長卡拉OK的兩聲槍響，隨之而來的是一連串的逃亡。陳榮傑的逃亡足跡如下：

89 陳榮傑與陳成然父子都稱這兩份文件為「自白」。不過其中充滿了陳榮傑成長與家庭背景的細節，其實更像是陳榮傑短短人生的「自傳」。
90 這位是李慶臨的正牌同居女友，跟船長卡拉OK那位「小釆」不是同一人。
91 最高法院刑事八十一年度臺上字第三八二三號卷，頁二四至二七，錯字照引。
92 陳榮傑手書自白，見最高法院刑事八十一年度臺上字第三八二三號卷，頁二四至二七。
93 見陳榮傑手書自白，最高法院刑事八十一年度臺上字第三八二三號卷，頁二四至二七；李慶臨亦承認此事，見李慶臨十月九日筆錄，嘉義地檢署七十九年度偵字第三〇六三號卷，頁二四背面。

(1) 八月十日案發後，陳榮傑被李慶臨帶去洪大峰家，從清晨待到中午十二點。
(2) 陳榮傑離開洪大峰家，去找朋友鍾政陶。兩人遊蕩到八月十一日早晨，鍾政陶載陳榮傑到西螺交流道去坐遊覽車上臺北。
(3) 陳榮傑到了臺北，與程玉珠、程榮欽、程榮明三人見面。程榮欽付了三萬五千元給陳榮傑當作跑路費，程榮明聯絡朋友甲，收留陳榮傑[94]。這個地點在天津街，陳榮傑被反鎖房內[95]。
(4) 幾天後，程榮明安排陳榮傑與李慶臨見面。程榮明與陳榮傑都指出，這次會面時，李慶臨要求陳榮傑不要牽連到他[96]。
(5) 幾天後，朋友甲改讓陳榮傑住在新生北路。陳榮傑被反鎖房內[97]。
(6) 幾天後，程榮明聯絡朋友乙，收留陳榮傑。這個地點在同安街[98]。
(7) 朋友乙聯絡朋友丙，收留陳榮傑，地點在新生北路。
(8) 朋友乙安排朋友丁收留陳榮傑，地點不詳。
(9) 朋友乙安排朋友戊收留陳榮傑，地點在赤峰街。
(10) 朋友丁把陳榮傑帶回朋友丙的新生北路住處。
(11) 李慶臨出面投案後不久，陳榮傑就被捕。

陳榮傑在自白中回憶，他逃亡中見到李慶臨的情形。

「案發後第三天我由程榮欽載我到板橋國王大廈找李慶臨和他見面。程榮欽載我到那裡後就回去了，我和李慶臨談話時他拿了安非他命給我吸食叫我穩定情緒，而程榮明則躺在床口聽我們說話。我問李慶臨事情，李告訴我王信福管訓的事，然後對我說近期出去投案，把全部承擔起來。問我年滿十八了沒。我說剛滿，李慶臨叫我數一次給他聽。他知道我滿十八歲後就告訴我，我年紀還小不會判太重，

94 程榮明證詞見嘉義地檢署七十九年度偵字第三二二四號卷，頁一九至二一。
95 見程榮明證詞，嘉義地檢署七十九年度偵字第三〇六三號卷，原頁碼不清，pdf 檔頁一〇六。
96 程榮明證詞見嘉義地檢署七十九年度偵字第三〇六三號卷，原頁碼不清，pdf 檔頁一〇六。陳榮傑證詞見嘉義地檢署七十九年度偵字第三〇六三號卷，頁八六。
97 見程榮明證詞，嘉義地檢署七十九年度偵字第三二二四號卷，頁四〇。
98 見臺灣嘉義地方法院檢察署七十九年度偵字第三六二九號、三二七五號、三二二四號、二五八二號、二五八三號起訴書。以下四點亦出自此起訴書。

日後他會和王信福請曾振農出面擺平及支助家人經濟上問題，還教我投案後如果警方問開槍情形就說『我向被害人敬酒，而被害人見我年紀小不理我我才向他們開槍。』及槍枝來源叫『我推給王信福已過世的哥哥，因為他沒有錢吃嗎啡所以把槍拿給我向我借錢。』」

「程榮明叫我寫自白狀時告訴我，王信福和李慶臨交代他說，日後如果我被判極刑，會來劫囚教我不要擔心[99]。」

被捕的一刻終於到來，陳榮傑寫道，

「當我知道是警方時，我站在大門前鎮定自己，然後開門讓警方人員進來[100]。」

這顛沛流離的兩個月，李慶臨透過妻舅程榮明，決定了陳榮傑的逃亡路線，並動用許多人脈，也給予金錢援助。李慶臨不僅掌握陳榮傑的行蹤，也限制陳榮傑的行動，與其說協助逃亡，不如說加以軟禁監控。

等到進了嘉義看守所，李慶臨更是灑下天羅地網，幾乎壟斷了陳榮傑的對外訊息管道。陳榮傑寫道：

「在嘉義看守所時，李慶臨叫我打一張報告可以讓陳興松來會客，並要我打報告時說陳興松是我表哥。當時我父親每一個星期來會客一次，其餘的時間李慶隆陳興松和李慶臨所有家人天天來看，當時李的家人要求我替小李說話，當臨情誼抉擇繼續承擔，而李慶臨的母親（老媽子）和李妻每次看到我就掉眼淚，畢盡他們也把我當作家人看待，更難推辭。而李慶臨之兄李慶隆又主動拿一百萬給我父親，一次八十萬一次二十萬，等官司到一個階段後再為我處理官司[101]。」

從犯案後一直到槍決前，陳榮傑深陷李慶臨家人與朋友的網絡，幾乎沒有其他資

99 最高法院刑事八十一年度臺上字第三八二三號卷，頁二九背面至三一。

100 臺灣高等法院臺南分院八十年度上重更一第一六〇號卷，頁九二。

101 陳榮傑上訴狀見臺灣高等法院臺南分院八十年度上重訴第四四五號卷，頁六至七；同卷有李慶臨自己的上訴卷，字跡相同；同卷頁一三背面，有李慶臨同筆跡的簽名，並註明「自簽」。

訊管道。在串供中扮演重要角色的陳興松，是李慶臨四哥李慶隆的岳父的朋友，關係遠得都快要六度分離了；可見李家動用了多人的一個人際網絡，向陳榮傑施壓。

陳榮傑對李慶臨的信任與依賴，在卷證裡清晰可見。陳榮傑一審的上訴狀就是李慶臨的字跡[102]。

陳榮傑一審時的律師是楊勝夫，二審則請了楊勝夫與鄭和傑兩位律師。陳榮傑的父親陳成然對楊勝夫非常不滿，因為楊勝夫告訴陳榮傑：「你全部承擔無所謂啦……不要去牽連到李慶臨啦，你全部承擔，你地院判死刑也沒關係，高院判死刑也沒關係，到最高法院時我有辦法替你減輕這個罪[103]。」陳成然還說，楊勝夫知道陳榮傑要出庭，竟然不通知陳榮傑家屬，而通知李慶臨家屬到場[104]。

依卷證看來，二審有一次開庭只有提陳榮傑出庭、沒有提李慶臨，但是李慶臨的兩位律師都到了[105]，這可能就是引起陳成然憤怒的那一次，因為他馬上遞狀，解除委任。

從卷證也可以發現，楊勝夫與李慶臨這一邊，確實有某些淵源。當時程榮明因為幫忙安排逃亡的事情，也得打官司，他請了楊勝夫與葉天祐兩位律師一起辯護；而葉天祐，就是李慶臨從一審到定讞的律師。從卷證無法斷定陳成然對楊勝夫的指控是否為真，不過，陳榮傑連自己的辯護律師都沒辦法信任，真的是四面楚歌。

陳成然也指出，他去辦理會見時，陳榮傑問他：「爸爸你房子建好了沒有？」陳成然十分詫異，他窮得只能租個「土角厝」，連廁所都沒有，得去上外面的公廁，現在還得四處借錢幫陳榮傑打官司，哪來的錢建房子？他這才知道，李慶臨欺騙陳榮傑說已經給他們安家費一千萬蓋房子，以換取陳榮傑協助串供[106]。

李慶臨影響陳榮傑的方法包括：金錢（包括實際支付、承諾給予金錢，以及謊稱已經給予金錢）、人情（女性家人情緒勒索）、欺騙（騙他會被輕判，騙他會找政治人物擺平，甚至會去劫囚），目的是讓陳榮傑合作串供。

102 陳榮傑上訴狀見臺灣高等法院臺南分院八十年度上重訴第四四五號卷，頁六至七；同卷有李慶臨自己的上訴卷，字跡相同；同卷頁一三背面，有李慶臨同筆跡的簽名，並註明「自簽」。

103 嘉義地方法院九十五年度重訴緝字第二號卷二，頁一一七。

104 嘉義地方法院九十五年度重訴緝字第二號卷二，頁一二〇。

105 一九九一年四月三十日的開庭。法庭報到單上會記載辯護人出席的情形，但不會記載旁聽民眾的姓名身分，因此李慶臨的家屬是否出席這次開庭，無法從卷證得知。

106 嘉義地方法院九十五年度重訴緝字第二號卷二，頁一一五。

# 6

李慶臨一家金錢、人情與欺騙三路並進的攻勢，收到實效。陳榮傑很快更改供詞以符合李慶臨的利益：他不再說李慶臨外出取槍，而說李慶臨外出是去載女友「小采」[107]。此後從一審到更一審，陳榮傑每次出庭都配合李慶臨的說詞。更一審時，陳榮傑還特地寫狀給法院，說槍不是李慶臨拿來的，並暗示也許王信福本來就有槍[108]，更進一步地替李慶臨開脫。此外，陳榮傑在二審與更一審也改口說，李慶臨找他見面並不是要串證，而是勸他出來投案[109]。

這樣一路配合，到了更一審宣判之後，陳榮傑與李慶臨終於來到命運的分歧點。李慶臨以輕罪定讞了。李家人自此不再接陳成然的電話，父子兩人恍然大悟，他們的利用價值沒了。

下表可以清楚呈現李慶臨如何左右陳榮傑的證詞。很簡單，只要李慶臨沒有施加影響，陳榮傑就說李慶臨出去拿槍、逃亡時要他幫忙串供；在李慶臨影響之下，則說李慶臨去載小采、逃亡時見面是勸他投案。

「如今惱恨不已，更深被家人非常不能諒解，而且更使法庭誤歧自白人，實情陳供反成飾辭，論處極刑，自白人含冤屈辱，忠孝不能兩全。」

一切都太遲了。當陳榮傑寫這份自白時，更一審早已結案，案件上到最高法院，由刑二庭審理；他的自白雖然收入卷宗，但最高法院是法律審，不處理事實認定的問題。也就是說，當陳榮傑終於知道被背叛而開口傾訴，紙頁那一端已經無人聆聽。

表一　陳榮傑證詞變遷：受李慶臨影響

| 時間 | 李慶臨施加影響 | 陳榮傑證詞 |
|---|---|---|
| 落網時 | 無 | 取槍說<br>串供說 |
| 偵查 | 有 | 小采說 |
| 一審 | 有 | 小采說 |
| 二審 | 有 | 小采說<br>投案說 |
| 更一審 | 有 | 小采說<br>投案說 |
| 更一審判決後至定讞 | 無 | 取槍說<br>串供說 |

107 陳榮傑一九九〇年十二月三日的檢訊筆錄，見嘉義地檢署七十九年度偵字第三〇六三號，頁一四五至一四七。
108 臺灣高等法院臺南分院八十年度上重更一第一六〇號卷，頁一四二。
109 臺灣高等法院臺南分院八十年度上重訴第四四五號卷，頁六〇；臺灣高等法院臺南分院八十年度上重更一第一六〇號卷，頁一〇六背面。

第六章

# 十六年前的腦袋

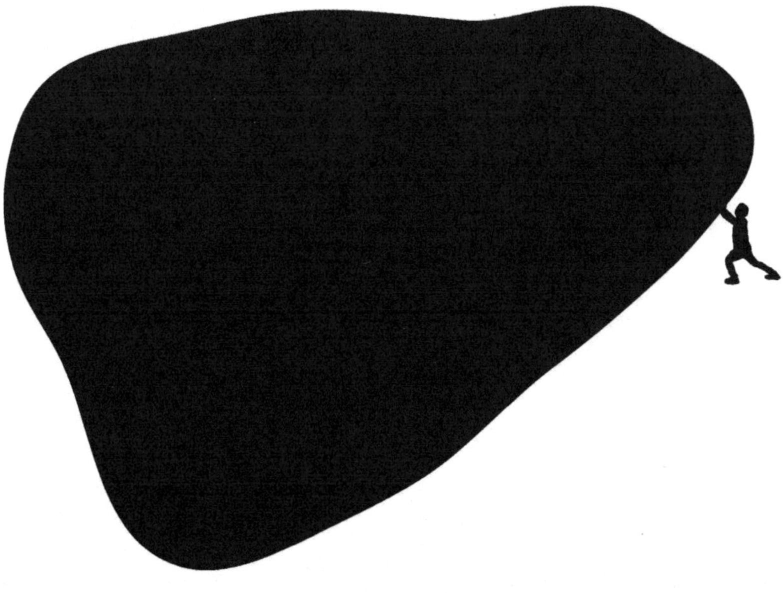

# 1

王信福頹然坐在牢房裡。花襯衫、墨鏡、手錶、佛珠，已經全部被看守所收走，他得到一套囚服，顏色極淺淡，分不清是洗了太多次褪色的，還是原本就這樣。頭髮剃短了，新鮮的頭皮微微泛青。名字也被他們收走了，換來一個編號，二九九一。這樣，王信福與所有其他青青的頭皮看起來一模一樣，再也沒有分別了。

他想，那就好好打官司吧。

只是，逼他回臺灣以身涉險的他的左眼，還在痛，好像腦子裡有一個鬧鐘，時不時的忽然大鬧起來。

多年前王信福在中國出了一場嚴重的車禍，必須摘除左眼。中國醫生為他裝了一個假眼球，但他們的醫療水準不好，手術時可能有傷到神經。眼窩的神經叢連進去就是腦神經了。這假眼球是珊瑚材質，孔隙很多，人體慢慢復原時，微血管長進珊瑚孔隙，就能夠固定假眼球。但珊瑚球的缺點是它表面很粗糙，容易摩擦眼睛內部神經，導致發炎感染。

嘉義看守所曾經派人帶他去朴子醫院，朴子醫院說，你這是神經發炎，如果再不救治，有可能併發腦膜炎，導致失明。但我們小醫院無法處理這個問題，你得去更大的醫院才行。

法院裁定將王信福羈押，律師寫了抗告狀，請求法院讓王信福到大醫院保外就醫。法院不准，阿玉只能在看守所牆外乾著急。她還記得幾年前，屏東縣長伍澤元因為貪污被判刑，聲請保外就醫，但是一出獄就參選立委，然後躲在立法院的保護傘下。任期快要屆滿的時候，立法院出具公函要求法院解除限制出境，讓伍澤元「出國考察」。法院准了，伍澤元搭乘噴射機離去，化做一縷輕煙，從此不回頭。他走後，他的下屬們接受審判，工程弊案一個又一個冒出來，隨便一個，貪污金額都是億來億去的。

「人家真有辦法。」阿玉忿忿地想。三哥信福眼窩深處的神經叢像炸彈引信一樣，一路向著腦子燒進去，卻求不到一個就醫的機會。

阿玉也很受不了媒體。三哥信福被抓的隔天，她把當時主要的四大報都買來仔細地看了。《蘋果日報》寫：「王嫌趁著酒意開槍將吳員、黃員兩人擊斃」，阿玉生氣地叫出來：「胡扯！」從來沒有人說三哥開兩槍，這些人是自己亂編劇情嗎？

《聯合報》寫：「……王信福就用李慶臨帶來的手槍，先朝黃鯤受開一槍，再將槍交給陳榮傑射殺另一名警員吳炳輝，兩人送醫均不治。」《中國時報》寫：「……王信福卻嫌兩警員沒有到他所在的桌子敬酒，認為面子掛不住，向兩警員開第一槍，再叫保鏢陳榮傑開第二槍。」很奇怪，陳榮傑這個「各開一槍」的說法早已被法院否定，一審、二審、更一審都不採信；媒體報導一個已定讞案件，完全不理會法院的判決，卻偏偏要報導一個被法院否定、也被所有目擊者否定的說法。記者根本不知道法院是怎麼認定的吧？

《自由時報》稍微好一點：「外傳是王嫌教唆身邊綽號『阿傑』的陳姓小弟開槍，另一版本則是王嫌抓著『阿傑』的手扣扳機。」

最可笑的是，四報記者都把受害警員「吳炳耀」的名字誤寫成「吳炳輝」，可見四報的消息很可能是同一來源。這個餵新聞給媒體的人根本狀況外，而沒有一個記者拿法院判決來查證。

法院似乎不友善，媒體似乎不在乎，阿玉感到很絕望。她想到戒嚴時期很轟動的美麗島事件。許信良是《美麗島雜誌》的社長，但美麗島大審的時候他在國外，所以沒有接受審判，因此滯留海外多年。到了八〇年代末，許信良決定回臺灣。照理說通緝犯回來，就在機場逮捕他，然後審理他涉及的案件，像王信福這樣。但是如果許信良回來，等於要重新審判美麗島事件。初解嚴的臺灣政府不想面對這件事，於是用盡各種方法防止許信良回來。許信良是禿頭，他有個弟弟許國泰也是禿頭，那段時間許國泰如果出國，入境時總是被詳細檢查，因為政府很怕是許信良假扮的。許信良攻勢凌厲，最後還是偷渡回來，接受審判。但法院並不重新調查，仍用多年前同案被告的不實自白，來判許信良有罪。政治漫畫家CoCo畫一個無頭法官，打開檔案櫃取出美麗島事件的卷宗，已經佈滿了蜘蛛網；法官的腦袋，也放在那個塵封的櫃子裡。站在法庭上的許信良驚呼：「他要用十年前的腦袋來審判我！」

阿玉擔心，法院會不會也用十六年前的腦袋來審判王信福？

某個角落裡，還有一雙眼睛也默默對王信福案投以高度的關注，那就是雙警命案的另一位重要關係人，李慶臨。王信福落網後第七天，李慶臨去戶政單位申請改名，此後，他就叫做「李光臨」了[110]。

110　嘉義地院九十五年度重訴緝字第二號卷，頁九八。很多人惹上官司以後都會改名以求改運，但是李慶臨早在一九九三年就刑滿出獄，卻遲至二〇〇六年才改名。為免繁雜，以下仍然以原名「李慶臨」稱呼。

# 2

王信福離開了許久的故鄉，在刑事訴訟制度上已經進入新紀元。臺灣的刑事訴訟法在二〇〇三年有重大修正，從「職權主義」改為「當事人進行主義」，也就是法庭的主角從法官改成檢辯雙方了。不過和許多改革一樣，舊與新之間有許多折衷與妥協，所以叫做「改良式當事人進行主義」。新制的重大改變是引進「交互詰問」制度，就是英美電影裡演的那樣：檢察官與律師輪番「套話」，看看誰能夠從證人的嘴裡得到自己想要的答案。既然要交互詰問，那檢察官當然必須到庭，過去由法官一人分飾二角的弊端改善了。二〇〇三年是「史前時期」與「歷史時期」的分水嶺，一九九〇至一九九二年的「陳榮傑審判」是史前時期的產物，而王信福卻在歷史時期才站上法庭，他應該有樂觀的理由。他在一個法制比較完備的狀況下接受審判。

不幸地，「王信福審判」卻見證了史前時期的歷史殘渣，依然頑強地主導了訴訟。二〇〇六年十二月十八日，嘉義地方法院開庭進行準備程序，這是王信福案的檢辯雙方第一次在法庭上見面。準備程序是歷史時期才出現的，大致有兩個目的。

其一是讓檢辯雙方各自表明立場，以便聚焦找出案件的爭執點有哪些、不爭執的有哪些。其二是確認證據的範圍，例如哪些新的證據要調查，就在準備程序時提出來；如果對方提出的證據不具證據能力、應該要排除，也在這時候提出來辯論。

在歷史時期進行的「王信福審判」，做為當事人之一的檢方，採取什麼立場呢？代表國家追訴犯罪、負有舉證義務的檢方，提出什麼證據來指控王信福？

根據法庭筆錄，檢察官的起訴要旨是：「嗣王信福見店東洪清一殷勤招待已下勤但仍著警察長褲，上身穿便衣之警員黃鯤受、吳炳耀，而不前往其酒桌敬酒，且警員又不理會其唱歌，致心生不滿，乃大罵『幹你娘！大目仔（洪清一之綽號）這家店明天不讓你開了』，並以『警察有多大，警察有什麼了不起』、『我王信福要抓我管訓也不要緊』等語謾罵黃鯤受、吳炳耀二警員，而未黃鯤受警員出言頂撞，王信福即與陳榮傑身體緊靠密商，共同基於殺人之概括犯意聯絡，將上開上膛之手槍交予亦意圖供自己犯罪之用而未經許可之陳榮傑持有，並扶著陳榮傑手肘指向黃鯤受、吳炳耀二警員稱結掉這二個」；也就是直接剪貼一九九二年「陳榮傑審判」的最後事實審。

在二〇〇六年「王信福審判」伊始，檢察官的立場以三份文件表述。其一是一九九〇年的起訴書，其二是一九九二年的判決書，最後是當庭提出的補充理由書[111]。前兩份文件都是「陳榮傑審判」的殘留，是舊時代的偵查、舊制度的審判成果。那麼補充理由書呢，新時代新制度的檢察官，以什麼證據來起訴王信福？

補充理由書列出了大量的警詢、檢訊或審判筆錄，包括陳榮傑、吳俊翰、蔡淵明、李清泉、鄭山川、呂美枝、張清梅、許天助、顏淑香、蔡永祥[112]；但全部的證據，都是「陳榮傑審判」裡的證據。全部。

換句話說，所謂「補充理由書」並沒有「補充」任何東西，那都是前兩份文件已經涵蓋的範圍。檢方沒有重啟偵查；他們對案件的看法就跟一九九二年的時候一模一樣。

檢方提出的都是供述性證據[113]。「供述」就是人說的話。供述性證據最大的問題是，人可能因為各種理由說謊話或說錯話。史前時期的案件經常依賴供述性證據導致誤判，因此歷史時期對供述性證據的把關就變得比較嚴格，盡可能地減少審判外陳述。例如警詢筆錄就是審判外陳述，證人在警局做筆錄時沒有具結（也就是說謊話也不會怎樣）、不是公開審理（所以不確定警察問的時候有沒有威脅利誘）、沒有經過對質詰問（所以證詞不合理或不穩定時，無法得到進一步的釐清）、也沒有法官直接審理（所以法官缺乏判斷的依據）。

在歷史時期，正確的作法是：即使已經有警詢筆錄，也要把證人傳到法庭來作證。他來作證就要具結（如果說謊就有偽證罪），公開審理（所以證人可以依自由意志說話不受威脅），檢辯雙方交互詰問（真理越辯越明），法官直接審理（可以當庭看到證人回答的情狀，據以判斷證人的可信度）。

那麼有哪些新證據要調查的呢？檢方這邊掛零。檢方並不覺得有必要強化他的證據，也沒有依照歷史時期的規則傳證人出庭，他們覺得有警詢筆錄當證據就夠了。

111 嘉義地檢署九十五年度蒞字第四三二二號，見嘉義地方法院九十五年度重訴緝字第二號卷一，頁一一八。

112 補充理由書中漏列了洪清一的證詞，至二〇〇七年七月三十一日開庭時才口頭補充，見嘉義地方法院九十五年度重訴緝字第二號卷一，頁二二四。

113 檢方的補充理由書裡也提出了被害人的屍體驗斷書，與槍枝的相關鑑定做為證據。這些雖然不是供述性證據，但是這些東西都只能證明陳榮傑殺了警察，而不能證明王信福與此案有任何關連。「陳榮傑殺了警察」並不是本案的爭點，本案的爭點是王信福有沒有命令陳榮傑開槍，而驗斷書或槍枝、鑑定都不是證明王信福有罪所需的證據。

## 3

這是王信福第一次有機會知道，別人是怎麼指控他的。辯護律師很快提出書狀要求調查證據，要求傳張清梅、吳俊翰、李清泉、蔡永祥、許天助、呂美枝、鄭山川、李慶臨等人，目的除了反駁檢方的起訴事實以外，還有非常重要的一點：陳榮傑是否與李慶臨在店外交談，然後才持槍進來行兇？

「陳李店外交談」是偵查中就浮現的證據，服務生呂美枝、酒客吳俊翰、許天助都這樣說。而李慶臨否認。這時警察習慣的作法應該是把大家找回來再問個筆錄，但是警察很反常地，完全不查。完全。——警方甚至不曾問過陳榮傑有沒有這回事，檢方也沒問。等到案子到了法院，法官也不問。唯一打破默契的是二審的洪佳濱法官，他問了陳榮傑兩次，究竟有沒有「店外交談」？陳榮傑兩次都答非所問，然後洪佳濱被調離，這個線索又沉入海底了。等到二審結束時，連檢方的上訴理由都直接否定了「陳李店外交談」的可能性，李慶臨就以持有槍械輕罪定讞，而王信福被當作主謀。

因為當初在法院缺席的緣故，王信福當了十六年的替死鬼。現在，他請求歷史時期的法院，好好地調查吧。王信福指出，李慶臨跟他哥哥李耀昌都是大家樂的組頭，曾有賭博罪的前科，把他們移送法辦的，就是當天在場的兩名員警。李慶臨到了船長卡拉OK，發現仇家在座，才出去拿槍回來，叫小弟下手報仇。所以，除了上面列出來那些已經被調查過的人以外，王信福還要求法院傳訊李耀昌，那個當初警方很奇怪地略過沒有調查的，漏網的大魚。王信福還聲請將凶槍送去驗指紋，他說，他從來沒有摸過那把槍。

王信福的主張，終於為這一樁雙警命案提供了一個比較合理的犯罪動機。這個案子最明顯的疑點就是沒有犯罪動機，無論店主洪清一、服務生還是酒客描述的當天情形，都聽不出為什麼要殺人。即使王信福有嚷嚷叫罵，也不是與警察起衝突，為什麼要殺警察？警方偵辦此案時，一直問現場有何衝突，把酒友間的醉話無限放大，卻從來沒想過，殺警動機可能不是現場產生的，而是過去的仇怨。

賭博罪雖然不重，但大家樂簽賭可獲暴利，因此賭博罪牽涉到巨大的經濟利益。如果李氏兄弟財路受阻，產生尋仇動機，確有可能。這應該是一條值得追查的線索。

# 4

從刑事訴訟的基本設計來說，檢察官代表國家追訴犯罪，準備程序裡應該是檢方主動出擊，而辯方被動防衛才對。實務上則不然，檢方只在偵查階段蒐集證據，等到進了法庭，檢方就認為責任已了了；史前時期如此，歷史時期也是一樣！凶槍早在李慶臨辯稱沒有摸過的時候就應該要驗指紋了，史前時期沒驗，到了歷史時期，檢方還是沒有要驗。李慶臨的嫌疑與犯案動機，在發現他提供凶器、接應兇手、湮滅證據、勾串證詞的時候就應該要查了，史前時期沒查，到了歷史時期，檢方還是沒有要查。王信福這邊上天下地地要求傳證人、送鑑定，檢方那邊毫無動靜，只放了一個塵封十六年的腦袋。難怪刑事訴訟法學者如李佳玟、陳運財都說，我們不是「改良式當事人進行主義」，而是「改良式職權主義」——檢方不舉證，結果還是法官在查，還是法官親自下場來跟被告拚輸贏呀！

時隔多年，許多人都改了新的名字，臺灣民間的習慣是改名可以去晦氣[114]。也有許多人已經過世，如卡拉OK的老闆洪清一，酒客蔡淵明與蔡永祥，當然還有一九九二年就已經被槍決的陳榮傑。

二〇〇六年，「王信福審判」就這樣上路了：制度是新的，腦袋是舊的，證據是殘缺的；但是為雙警命案找到一個比較合理的敘事，似乎露出一線曙光。

法院發出不少傳票，包括最重要的證人李慶臨。傳票都是雙掛號，收信者簽名的回執會回到法院，這樣就可以確保信件確實有送到那人手中。二〇〇七年六月二十九日，李慶臨簽收了法院傳票，上面告訴他，七月三十一日要開庭[115]。

望眼欲穿。

李慶臨沒來。

法院第二次傳李慶臨，就把傳票直接發給管區派出所了，要警察十二月十日開庭之前去拘提。

望。眼。欲。穿。

可惜，人去樓空矣！

無奈的結果，應該誰也不意外。依照法律，證人一定要先傳訊，傳不到才能拘

114 為免繁雜，以下仍然以原名稱呼證人們。

115 嘉義地院九十五年度重訴緝字第二號卷一，頁一八八。

提，所以法院只能這樣做。結果，傳訊李慶臨，倒好像在通知他逃跑一樣。這個關鍵的證人，在「王信福審判」裡的痕跡，就只留下那個傳票上的簽名，如一個空洞的承諾。

法院罰他三萬元，這已經是法律容許的最高額度[116]。

李慶臨不見了，李耀昌會出現嗎？

答案是：不會。更一審的時候法院又試了一次，分別囑託拘提李慶臨與李耀昌，仍然人去樓空，負責拘提的警員只能拍下他們住處門牌，表示到此一拘。

## 5

「王信福審判」的一審算是認真盡責的，傳了許多證人，也做了一些鑑定。雖然鑑定都沒得到有用的結果，但看得出法院探求真相的企圖。二審卻出奇的潦草，準備程序開一次庭、審理程序開一次庭，王信福要求傳的證人都沒來，法院就在當天辯論終結，九天後宣判；總共只花了三個月，跟史前時期陳榮傑的一審一樣草率。此後一共更審三次，傳的證人愈來愈不重要，每個人來出庭都說「不記得了」，或者改口說去上廁所沒看到槍擊現場；審理一無所獲。最後全案在更三審死刑定讞。為免繁雜，以下綜合「王信福審判」從一審到更三審的審理結果，來逐一檢視本案的重要證據。

這場審判裡，王信福真正的對手不是檢察官，而是一九九二年的「陳榮傑審判」所留下來的一切：警詢筆錄、判決與成見。他要對抗「陳榮傑審判」裡的幾項認定：

「保鑣說」：陳榮傑是王信福的保鑣嗎？

「口角說」：王信福有罵警察嗎？

「交槍說」：王信福有把槍交給陳榮傑嗎？

「連體嬰殺人說」：王信福有扶著陳榮傑的手肘開槍嗎？王信福站得離陳榮傑很近嗎？

「命令說」：王信福命令陳榮傑開槍嗎？

奇怪的是這個「保鑣說」——其他認定都在證人們的證詞裡出現過，但是「保鑣說」是哪裡來的？誰說陳榮傑是王信福的保鑣？有什麼證據？

「保鑣說」的起源是李慶臨投案時，撇清自己與陳榮傑的關係，而拉王信福來當

116 嘉義地院九十五年度重訴緝字第二號卷二，頁二一五。

擋箭牌。其他證人都說陳榮傑住在李慶臨家，只有李慶臨說陳榮傑住在哥登茶行，「所以在案發前這段期間，陳榮傑大多跟在王信福身邊[117]。」不過，連李慶臨也沒有說陳榮傑是王信福的「保鑣」。從陳榮傑落網時的照片就知道，他瘦伶伶的像根竹竿。一個人若需要保鑣，想必是水裡來火裡去，誰會找一根竹竿當保鑣？就算幫忙擋子彈，也要找表面積大的啊。

陳榮傑審判的一審判決說王信福和李慶臨都是哥登酒店股東，「陳榮傑受僱於該酒店為副理，平時均緊隨王信福身邊，三人交從甚密。」「保鑣說」出現在二審判決：「陳榮傑受僱於該酒店為副理，平時均緊隨王信福身邊，兼為保鏢。」更一審照抄，就這樣定讞。

這是一個把李慶臨逐步「洗白」的過程。多數證人都說陳榮傑是李慶臨的小弟，可是一審採用李慶臨的孤證，把他們三人綁在一起，好像王信福與李慶臨都可以指揮陳榮傑；二審更進一步把陳榮傑說成是王信福的保鑣，陳榮傑與李慶臨的關係反而不見了，促成了李慶臨的金蟬脫殼。二審並沒有針對陳王關係做任何調查，也沒有出現新的證據，法院竟然憑空「發明」了「保鑣說」為李慶臨脫罪，反正王信福不在這場審判裡，他不知道自己被誣賴了，也不會抗議！這個發明「保鑣說」的二審，也就是洪佳濱忽然被調走、沒有人繼續追查李慶臨的嫌疑、最後連檢察官也棄守的二審。

## 6

當初「陳榮傑審判」全靠供述性證據，因此「王信福審判」別無選擇，也必須與這些警詢筆錄纏鬥。王信福的一審傳了李清泉、許天助、吳俊翰、張清梅、呂美枝、鄭山川等人出庭，他們的證詞全部對王信福有利，全部否定「保鑣說」、「口角說」、「交槍說」、「連體嬰殺人說」、「命令說」。李清泉與吳俊翰更揭露了當初承辦員警施壓、刑求的情形。

李清泉說：「有些警察好像就是設定好，當時大家都很害怕，而且警察的口氣有時候我們也會怕。當時只問『有沒有』、『有沒有』、『看到嗎』的話，有時也罵髒話。」王信福的律師問他：「你的意思是警察恐嚇你，還是你根本沒有講這些話？」李

117　李慶臨一九九〇年十月七日警詢筆錄，嘉義地檢署七十九年度偵字第三〇六三號卷，頁二四至二七。

清泉說：「警察當時是有意誤導，就是說別人都這樣說，你就這樣寫就好。」他明確否認警詢筆錄記載「王信福交槍給陳榮傑」是他說的，檢察官逼問他：「你的意思是作筆錄的員警偽造文書？」李清泉無奈但並不退縮：「有可能喔。」一番交互詰問之後，李清泉做了結論：「我的初供最清楚，後面問的都是設陷阱給我[118]。」

從卷證記錄來看，李清泉警詢筆錄的任意性確實很可疑。他曾經被留置在警局，一份筆錄做完再做一份，再做一份，再做一份……一直到天都黑了；他指證「王信福交槍」，就是被密集反覆偵訊的結果。

另一位大翻供的是吳俊翰。檢察官先主詰問，例行性地問他，當年檢察官訊問他時，是否出於自由意志？吳俊翰答：「不是。」檢察官問：「檢察官是否有恐嚇你？」吳俊翰答：「沒有，但是我之前就被刑求。」

「在我剛到警察局時，警察先問我說蔡永祥（大松）有沒有拿槍，我說沒有，之後我後面有一個警察，就用毛巾把我眼睛矇起來，旁邊有兩個就把我的手抓著，再來就帶我到一輛車子裡面，車子就啟動，警察在裡面跟我說，你若再說『沒有』，等一下你就知道。然後車子就在那邊轉了十幾分鐘，然後說『小心點要下車了』，就下車了，眼睛還是矇著。接著說這裡有樓梯要小心一點，就上階梯，然後我就爬上去，走一下子，就跟我說要下樓梯，走一步而已就被打，我被打就摔下去。那時候我心臟不好，很緊張，呼吸喘不過來，警察就用開水給我喝，還是喘不過來，警察就開車送我去醫院。然後到醫院的時候，醫生就幫我打針，打完針再回去做筆錄，警察又說很多人有去作證，都指說是王信福指使的，叫我最好也這樣講。那時候我很害怕，然後就跟我講說，要我配合他們，要不然我也會有事情，就開始問筆錄，問完的時候就叫我簽名。問的中間，我說王信福沒有的，警察叫我說就這樣配合，然後就問完了，叫我簽名。」

蘇建和案是著名的刑求冤獄，發生在一九九一年。嫌疑犯不承認，可能被刑求；證人如果不「配合」警方的劇本，也可能被刑求，例如鄭性澤案裡的張邦龍就是一例。嘉義雙警命案發生在一九九〇年，與蘇建和案時間相近，警方訊問洪清一與李清泉時都有施壓的痕跡，因此吳俊翰指證警方刑求，就時空背景來說，不無可能。

118　嘉義地方法院九十五年度重訴緝字第二號卷一，頁二二五至二四一。

檢察官問：「照你的說法，警察有刑求你，你當時為何不跟檢察官講？」
吳俊翰答：「我很害怕，因為警察在後面。」
問：「地檢署開庭的時候，警察為何在後面？」
答：「檢察官問我筆錄的時候，警察坐在後面的椅子。」
問：「你是否知道偵查不公開，警察不能坐在後面？」
答：「可是警察當時就是坐在後面。」

檢察官這段問話是唬人的，因為偵查不公開是指案情不對大眾公開，承辦的警察本來就了解案情，不是「偵查不公開」要保密的對象；而且實務上，警察出現在偵查庭也並不罕見，例如鄭性澤案的錄影畫面就可以看到，鄭性澤對檢察官說「我怕」，承辦的刑警就在他身後踱步。吳俊翰說偵查庭裡警察坐在後面，並非不合理。

檢察官問：「你說警察刑求你，警察姓名？」
吳俊翰答：「我不知道名字。眼睛又被矇著，哪個警察也不知道。」

問：「你被刑求為何不跟檢察官說？」

答：「我很害怕，怕都怕死了。」

問：「你既然被刑求，為何不向地檢署報案？」

答：「我那時年少，我不知道有這種管道。」

問：「你常常走法院，為何不知道地檢署這個管道可以報案？」

答：「我真的不知道，那時候只有十幾歲而已。」

問：「你會不會覺得你這個解釋很奇怪？」

答：「不會。」

問：「你的意思是說，你講的都是警察教你講的？」

答：「是的。」

問：「警察教你怎麼講？」

答：「整體內容就是要我推給王信福。」

問：「你有無向檢察官講王信福有拿一個東西給阿傑？」

答：「有，是警察教我這樣說的。」

問：「不講會怎樣？」

答：「我不敢想。十六年來我很難過，我今天只是把真相講出來[119]。」

李清泉與吳俊翰出庭作證，說明了在「史前時代」僅依賴警詢筆錄就下判決，是多麼糟糕的作法。證人真正的意思與書面的警詢筆錄，可能天差地別。

## 7

經歷了兩個重要證人的翻供，法院會不會醒覺，先前的判決可能是基於錯誤的證據而做成的決定？

結果是：不會。法院聽完了他們出庭作證以後，仍然認為他們十六年前的警詢筆錄才是真的，現在翻供是「迴護被告」；李清泉那一句「我的初供最清楚」，從一審開始到最後更三審定讞，都不斷被法官們引用。法官的邏輯是：「雖然李清泉說警詢筆錄是被迫，但是他也有說『我的初供最清楚』；所以我們還是用他的警詢和檢訊筆錄來證明『交槍說』、『連體嬰開槍說』。」

法官的引用完全是斷章取義。當李清泉說「我的初供最清楚，後面問的都是設陷阱給我」，他是在「否定警詢筆錄的真實性」；法院竟然只引前半句，然後扭曲為「肯定警詢筆錄的真實性」！

李清泉的「初供」究竟怎麼說？這是個好問題。直至今日為止，沒有人知道李清泉的「初供」是什麼，因為警察隱匿了李清泉的「初供」。

卷內最早的李清泉筆錄是八月十五日，但是李清泉應該是八月十二日就到案，一定有做筆錄，這有幾個證據。第一，那份八月十五日的筆錄劈頭就說「前幾次警詢筆錄實在[120]」，可見之前就有筆錄，而且不只一份。第二，八月十三日的《中國時報》與《聯合報》都報導李清泉八月十二日凌晨到案，警方已排除他的嫌疑。第三，洪清一在八月十二日做筆錄的時候，警方質問洪清一：「李清泉說你都在場，怎麼不知道？」可見李清泉已經被偵訊過了。

法院不但不深究證詞受到警方隱匿的狀況，也不在乎證人受到警方施壓的事實，

119 嘉義地方法院九十五年度重訴緝字第二號卷一，頁二七一至二九二。
120 嘉義地檢署七十九年度偵字第三二七五號卷，頁二八至三〇。

甚至自己扭曲證人的意思；可想而知，吳俊翰的刑求指控，法院也不接受，理由是：一九九〇年的法院不相信，所以我們也不相信：「上開判決[121]非但完全未提及有證人吳俊翰於本院審理中所稱遭刑求之驗傷單，且認定吳俊翰警詢中之證述可採，是吳俊翰辯稱其曾於警詢中遭刑求云云，即屬無據，而無足採[122]」。法院又說，「承辦員警於案發之初，亦不知係何人開槍，應無可能為故入被告王信福之罪，而刑求吳俊翰，要求其為不利於被告王信福之證述。是吳俊翰於本院審理中之證詞尚難憑採[123]。」這是不負責任的臆測，如果法官曾經比對證詞變遷的過程、重建檢警辦案的心理現場，就會知道警察早在八月十二日就已經認定王信福是主謀，對洪清一軟硬兼施地偵訊，八月十三日洪清一屈服，說了王信福壞話；八月十四日偵訊吳俊翰時，警方早已深陷隧道視野，誰說「不知係何人開槍」？

到了更一審，法院又傳吳俊翰出庭，把刑求過程再講一次，也傳當時製作筆錄的警察余松政、吳振輝出庭，警察說他們沒有刑求，其他都記不得了。更一審判決因此添加新的理由：「且依其所證受刑求之情僅為『警員將我眼睛矇住，打我一下，讓我滾下樓梯，受點擦傷』而已（見本院更一審卷二第一三三至一三四頁），豈會即因此背信忘義，於警詢及偵訊中均為上開對被告王信福不利之證詞[124]！」

都滾下樓梯了，還嫌打得不夠？這令人啼笑皆非的論證從更一審一路複製貼上，更二審、更三審的法官都不覺荒謬，沿用至定讞。

更三審的法官認為，吳俊翰十六年來都沒有說出刑求的事情來為王信福洗清冤屈，現在才講，因此可疑。問題是，法院十六年後才傳喚吳俊翰啊！史前時期的「陳榮傑審判」根本沒傳吳俊翰出庭[125]，歷史時期的「王信福審判」不但不反省法院的草率，反倒怪證人為什麼現在才講！

更三審法官更說：「惟本案除證人吳俊翰為上開證詞外，本案其他相關證人十餘

---

121 這裡指的是嘉義地方法院七十九年度訴字第三六七號刑事判決。法院認為當天在船長卡拉OK，蔡永祥持槍到二樓去把「金柱」叫到樓下來向王信福敬酒，依強制罪判蔡永祥一年六個月。

122 臺灣嘉義地方法院九十五年度重訴緝字第二號刑事判決。

123 同上註。

124 臺灣高等法院臺南分院九十七年度上重更一字第三〇五號刑事判決。

125 「陳榮傑審判」更一審時曾經傳吳俊翰出庭，傳票被退回法院，並註明當時他在獄中，見臺灣高等法院臺南分院八十年度更一審字第一六〇號卷，頁九五。此時法院只需出公文，將吳俊翰由監獄提到法庭即可，再簡單不過，但法官卻沒有這樣做。由此可見，吳俊翰沒有在「陳榮傑審判」中出庭作證，並不是他蓄意躲藏，而是法院草率所致。

人等，於被告王信福被緝獲前從未有其他證人證稱本案於警方詢問過程中有何刑求之情[126]。」這犯的是同樣的錯誤，「陳榮傑審判」傳的證人很少，大部分證人沒有被法庭傳喚，他們要如何告訴法庭「警察刑求我」？

事實上，只有吳俊翰說被警察刑求嗎？不，「王信福審判」更一審傳證人程榮明出庭，他也說自己被警察刑求，進看守所時，滿身是傷[127]。

王信福被捕之前都沒有人說被刑求嗎？不，程榮明早就說了，他當年因為協助藏匿陳榮傑而被起訴、審判，順便「被自白」說他持有槍枝[128]。程榮明也被警察連續偵訊，到第三份警詢筆錄才「說出」他曾向李慶臨借一把黑星手槍；但檢察官訊問時，他立刻翻供。

問：「警詢所述及本署前所述實在？」

答：「有些不實在，其餘實在。」

問：「那些不實在？」

答：「窩藏人犯實在，借用手槍部分不實在。」

問：「警訊你述今年三月間找你妹婿及借槍之事實在否？」

答：「檢察官訊問的才算數，警訊時不算數。」

問：「上述實在？」

答：「實在。」

到了法庭，程榮明便明確告訴法官，他之所以承認莫須有的槍枝罪，是因為警察刑求他的緣故[129]。

「王信福審判」到更三審定讞，所以更三審判決就是定讞判決。但法官錯了！吳

126 臺灣高等法院臺南分院九十九年度上重更三字第二一四號刑事判決。

127 臺灣高等法院臺南分院九十七年度上重更一字第三〇五號卷三，頁二八三。

128 嘉義地檢署七十九年度偵字第三二二四號卷，頁三九至四一。

129 嘉義地方法院七十九年度訴字第五二〇號刑事判決，一九九二年二月七日。判決中說：「被告程榮明雖嗣於偵審中否認，辯稱：係警員刑求等語，惟上開程某供詞綦詳（連貫），且亦自承無何證據可證確係刑求，足懲被告程榮明所為辯解，無非事後推諉避就之詞，委無足採。」這份判決是史前時期的典型思維：除非你能證明被刑求，不然就是你亂說。歷史時期終於認識到刑求舉證不易的問題，因此如果被告宣稱被刑求，則由檢察官舉證警察沒有刑求，舉證的方法通常是調取警詢錄音錄影。不過王信福審判說明了史前時期的思維並未絕跡，歷史時期仍然可能沿用而繼續導致誤判。

俊翰的刑求指控並非孤證，程榮明也說被刑求；他們的指控並不是王信福落網以後才說的，而是當年一脫離警察威脅以後，就告訴法院了。史前時期的法院不相信他們，歷史時期的法院竟然也說：「你幹嘛不早講？」他們明明早就講了，是法官自己沒有詳閱卷證，不求甚解。

CoCo的漫畫好像是對的。蘇建和案從一九九五年獲得各界聲援，一路到二〇〇〇年開啟再審、二〇〇三年第一次被判決無罪，期間有無數新聞報導、紀錄片、座談、遊行、書籍，講述這一起屈打成招的冤案；但「王信福審判」裡的檢察官還在問：「哪一個警察刑求你？叫什麼名字？」法官還在說：「怎麼會因為被刑求就陷害別人？警察跟你們無冤無仇為什麼要刑求？而且警察說沒有刑求啊？」一個塵封在檔案櫃裡的、十六年前的腦袋，就是會這樣想。

## 8

「王信福審判」的一審，除了兩位重要證人翻供以外，還出現一個罕見的證據。

那是一捲電話錄音，時間是一九九二年「陳榮傑審判」的末期，更一審判決已成，案子上到最高法院。對話者是王信福委任的一位鄭律師，與陳榮傑的父親陳成然。陳成然說，一審的時候，李慶臨這邊付給地院法官一百一十萬，果然獲得輕判。到了二審，陳成然也想賄賂法官，帶著八十萬到二審審判長陳老藏家裡，希望能夠改判無期徒刑。陳老藏說，陳榮傑都已經承認了，那就隨便判一判，讓最高法院去決定吧！後來陳老藏把八十萬退回，陳榮傑還是被判死刑。陳成然認為是李慶臨出了更高的價格，陳老藏不能兩邊都拿，才把八十萬退回。

鄭律師：「那你八十萬是拿給哪一庭的？」

陳成然：「是拿給那個陳老藏。」

律：「第一次高等法院時？」

陳：「對。」

律：「那個庭長叫陳老藏喔？」

陳：「結果他沒收，宣判的第二天退給我。」

律：「退給你喔？」

陳：「是。」

律：「你有無側面了解他為何不收？」

陳：「他意思是說一定要一個替死鬼！」

律：「這樣子啊！」

陳：「他沒辦法拿兩邊的啊。他已拿李慶臨的，哪有辦法再拿我的？我看法官是多的先拿，少的他哪敢拿？」

陳成然說，唯一不收錢的就是「洪法官」。

「說到高分院這些法官，只有一個姓洪的法官，去年七月被調到民事那個，每個法官都穿西裝，只有那個法官穿夾克。他講了一句話，他說我從來不收黑錢，這件案子你不要再承擔下去了，我一定要查清楚。結果在去年七月被調到民庭。」

「陳榮傑審判」進行時，李慶臨也在羈押中，但他透過哥哥李慶隆給了陳成然一百萬，希望陳榮傑能翻供，並且承諾會給陳成然八百萬。鄭律師打這通電話時，李慶臨已經輕罪定讞，陳成然在電話中很氣憤的告訴鄭律師，陳榮傑被騙了。

陳：「所以說他就是傻到這情形，李慶臨跟他說不要緊，自白書寫一寫，你一律承擔，家裡的人我照顧，答應說拿八百萬給你。」

律：「這一陣子李慶臨有跟你聯絡嗎？」

陳：「他已經判這麼輕了，哪要跟你聯絡！」

律：「錢就沒有再給你了？」

陳：「沒有啊，哪有！打去給他哥哥李慶隆連接都不接了，哪要跟你聯絡！」

陳成然對李慶臨很不滿。「李慶臨他我最不能諒解。因為他有辦法說買到剩下違反槍砲條例兩年半，為何我兒子他不能幫我買到無期徒刑就好。」其實從李慶臨的角度來想就很簡單，如果他是真正的主謀，當然不希望留著陳榮傑這個活口，哪天陳榮傑把實情說出來怎麼辦？夜長夢多！讓陳榮傑被判死刑、借國家之力來殺人滅口，才符合李慶臨的最大利益，所以他當然不會幫忙「買」個無期徒刑。陳榮傑年輕，天真好騙，但陳成然也沒好到哪裡去，父子倆一樣的單純，看不透李慶臨的心思，被人玩弄於股掌間。任誰都看得出來，陳榮傑和李慶臨有利益衝突，但他們卻以為自己與李慶臨是命運共同體，一嘆！

「要死就死得瀟灑一點……要死乾脆死一整窟[130]！」這是更一審被判死刑以後，陳榮傑與陳成然父子共同的心態。陳成然也指控他請的那些律師，都被李慶臨收買了。

王信福審判的一審與更三審都傳陳成然出庭，一審時他承認當時收了李慶臨一百萬，但不承認錄音帶裡是他的聲音；更三審時連收到一百萬的部分都不承認，甚至主張陳榮傑根本沒開槍。兒子都死了，陳成然已經不想管這件事了；王信福的律師在法庭上問他的時候，他聽起來只有疲倦與蒼涼。

問：「你兒子陳榮傑住在新竹為何跑來嘉義？」

答：「是因為我生到壞兒子，他那麼大了，他要跑我也沒辦法。」

在陳成然眼裡，所謂官司就是一場金錢遊戲，所以他說李慶臨「買」到兩年半刑期說得很順。

陳成然錄音帶出現的時間，距離「陳榮傑審判」已經十四、五年，陳成然所說的二審法官收賄、律師被對造收買等情形是否為真，已經無從查考。不過「陳榮傑審判」的二審確實是一個重要的轉折點：唯一要追查「陳李店外交談」的洪佳濱被調走，判決憑空宣稱陳榮傑是王信福的保鑣（而不是李慶臨的），然後檢察官也不追查「陳李店外交談」的可能，直接認定「李慶臨當時在廁所」。李慶臨能夠在更一審以輕罪定讞，就靠二審打下的基礎。然後，一九九二年草率成形的「陳榮傑審判」，到了二〇〇六年，成為王信福揮之不去的夢魘。

## 9

「王信福審判」的一審，為王信福做了測謊，結果「不能鑑判」，徒勞無功。法官也很想讓吳俊翰測謊，但是調查局回覆說「具體行為」可以測謊（你有沒有做這件事？），「知覺歷程之視覺與聽覺」不宜測謊（你有沒有看到／聽到某件事？），所以

130 以上陳成然錄音帶譯文，見嘉義地方法院九十五年度重訴緝二號卷二，頁一〇七至一二六。

拒絕。法官不死心，再去問刑事警察局，刑事警察局也給了類似的回答，法官吃了兩次閉門羹，只好打消念頭。

本案唯一關鍵證物——凶槍，鑑定也出爐了。「陳榮傑審判」認為王信福有拿過那把槍，王信福說沒有，鑑定結果到底有沒有呢？

鑑定結果說：槍上的指紋都因紋線不清或特徵點不足，無法比對[131]。王信福的律師要求重做鑑定，一審法官拒絕，在判決裡說「衡以案發距今已有十八年，扣案手槍又經多人輾轉持有、接觸，其上縱有指紋，亦應難以辨識，是無再予鑑定之必要」——法官鐵口直斷，再鑑定也不會有結果的啦。更二審判決則說：「衡以案發時間距離鑑定之時已隔十七年之久，扣案手槍又經多人輾轉持有、接觸，其上未能鑑出被告指紋，亦在事理之內。自不能僅以扣案槍枝並未鑑出被告指紋，即否定被告有交槍予陳榮傑之事實」——彷彿無論槍上有或沒有王信福的指紋，結論都一樣：反正就是你！如果有你的指紋那當然是你；如果沒有，就「腦補」說是因為時間過太久、太多人摸過，才不見的。如此欲加之罪，何患無辭？

這就是有罪推定的隧道視野。也可能是因為王信福從來沒有摸過那把槍，所以槍上沒有他的指紋，不是嗎？法官就不考慮這種可能性。更三審判決照抄了這段話，定讞了。

「沒找到證據不表示你沒有做」，這種心態在許多冤案判決裡都可以找到，例如汐止血案現場沒有蘇建和等三人的毛髮，法院也認為那是因為他們很狡猾，把毛髮清乾淨了。鄭性澤案的凶槍上也沒有他的指紋，但法院卻認為他是兇手，判決理由也是，「前開槍枝業因鑑驗時間距案發時間已有相當時日，且於偵查中復未及時作好指紋採取之工作，而未能以指紋部分，就被告是否持有前開槍枝作認定[132]」——翻成白話文就是「凶槍沒有立刻拿去驗，所以才沒有採到鄭性澤的指紋來定他的罪」——好熟悉的句法，類似的有罪推定，結果也就同樣的冤枉別人。

假如法院會有罪推定，被告當然感受到自證無辜的壓力，拼命研究物證、聲請科學鑑定；相對的，檢方則老神在在，以靜制動，彷彿立於不敗之地。結果，即使是歷史時期的法庭，檢辯雙方仍然角色顛倒：卷內都是律師的聲請狀、訴狀，和法官的職權調查；他們拼命蒐證。而真正負有舉證義務的檢方，反倒沒有什麼存在感，開場的時候

131 刑事警察局刑紋字第0960076397號鑑驗書（九十六年五月二十八日），見嘉義地方法院九十六年度重訴緝字第二號卷一，頁一七八。

132 臺灣高等法院臺中分院九十三年度上重更二字第三三號刑事判決。

用「陳榮傑審判」當起訴事實，結辯的時候提一份論告書，還不到三頁、不滿兩千字，「新」的論點只有一個：「本件被告於案發後潛逃大陸已逾十年，果如被告所辯與其無關，何以需逃亡大陸，足見其係畏罪潛逃」，「衡情，如非被告有參與本件之犯行，何須畏罪潛逃十餘年[133]」。果然是「改良式的職權主義」！「王信福審判」的一審進行一年多，檢察官發現的新證據，就是「因為他逃亡，所以他有罪」。

關於本案的唯一物證——凶槍，法院搞了一個烏龍。判決前面寫道：「上開扣案手槍及子彈，經送內政部警政署刑事警察局鑑定結果，則認扣案手槍係屬美製〇．三八吋COLT陸孔右輪手槍……」，到了後面卻變成：「……送鑑左輪手槍一支，其上指紋均因紋線不清或特徵點不足而無法比對。」這個錯誤從一審開始，一路旅行至更三審定讞，都沒被發現；「右輪變左輪」成為本案最大的笑話。

## 10

綜觀來看，「王信福審判」呈現一個非常詭異的態勢，那就是：審理調查所得都對王信福有利，可是判決卻總是扭曲了證據以後，做出不符合證據的錯誤認定。以下就依王信福的三項主張，對照著看法院每一個急轉彎。

(1) 陳榮傑是誰的小弟？

陳榮傑是開槍的人，但他那麼年輕，與被害警員又沒有恩怨；懷疑他背後有指使者，是合理的推測。誰能夠叫得動他，誰就是重要嫌疑人。因此，辨明陳榮傑是誰的小弟，至關重要。

這一點從無疑義：陳榮傑是李慶臨的小弟。「陳榮傑審判」時已經問了一輪，「王信福審判」時又問了一輪；包括證人洪清一[134]、鍾政陶[135]、張清梅[136]、王志

133　嘉義地檢署檢察官論告書，九十六年度蒞字第五二一二號，嘉義地方法院九十五年重訴緝字第二號卷二，頁二八七至二八八。

134　洪清一在警詢時兩度指出陳榮傑跟在李慶臨身邊。第一次是一九九〇年八月十日，見嘉義地檢署七十九年相字第四八六號卷，頁三四至三六，同年八月十二日指出陳榮傑住在李慶臨家，見臺灣高等法院臺南分院八十年度上重更一字第一六〇號卷，頁一一七至一二一。

135　鍾政陶曾在哥登酒店打工。他的證詞見嘉義地檢署七十九年偵字第三〇六三號卷，頁五六至五八。

136　嘉義地檢署七十九年相字第四八六號卷，頁九一至九三。張清梅在「王信福審判」中再度作證，見嘉義地方法院九十五年重訴緝卷一，頁二九八。

宏[137]、李清泉[138]、吳俊翰[139]，都這樣說。陳榮傑在更一審之後的兩份自白，也為他的小弟生涯提供了更多細節。所以法院亦不否認：陳榮傑是李慶臨的小弟。

但「陳榮傑審判」自始就把陳、李與王信福三人綁在一起，二審又空降一個「保鑣說」直到定讞。「王信福審判」則刪掉了「保鑣說」，但仍然認定陳榮傑「受雇於該酒店為副理，平時均緊隨王信福、李慶臨身邊[140]」，彷彿王信福和李慶臨共同享有陳榮傑的控制權似的。陳榮傑任職於哥登酒店雖是事實，但由陳榮傑自白可以清楚看見，是李慶臨給他這個工作，不是王信福。而所謂「酒店副理」的真正工作內容，是貼身服侍李慶臨，因此陳榮傑並未因為工作而成為王信福的下屬；他始終是李慶臨的附屬品。王信福與陳榮傑沒有特殊關係，不具備命令其犯罪的權威性。陳榮傑是李慶臨的小弟，而且只是李慶臨的，不是任何其他人的。

(2) 李氏兄弟有殺警動機嗎？

李慶臨與李耀昌兄弟在一九八九年時是大家樂的組頭，曾經被判賭博罪，就是被在場的這兩位警察抓的，所以李慶臨有犯罪動機。「王信福審判」在更二審時調查發現，李慶臨與李耀昌的賭博罪確有其事，但卷證已銷毀，無法確認當時是不是由遇害員警移送的。賭博罪是輕罪，卷宗不會保存很久。

其實根據現場情狀，這個推測還滿合理的。李慶臨本來沒打算鬧事，所以沒帶槍，到了現場認出警察，才離開去拿槍；拿回來以後，叫年輕的小弟開槍，一方面為自己復仇，一方面讓小弟試膽。賭博罪雖然不重，但財路受阻懷恨在心，狹路相逢衍生殺機，倒也不無可能。

這樣才能解釋現場沒有重大衝突，為什麼會鬧出槍擊警察的事件（因為仇恨不是現場造成）；僅有的口角是對店家不滿，為什麼陳榮傑要殺警察（因為口角根本不是殺警的動機）；為什麼臨時才去拿槍（因為事前不知道會遇到仇人）。警方的劇本裡幾個無法解釋的癥結，全部迎刃而解。

137 員警王志宏在「陳榮傑審判」的一審出庭說：「陳榮傑在七十九年十月十七日下午被逮捕，所以我們當天對李清泉作兩次筆錄，因為李清泉與李慶臨私交很好，所以對這一點多所隱瞞，因為陳榮傑已告訴我們說李清泉已告知他，是李慶臨出去拿槍的，所以我們再追問，並當著陳榮傑的面問李清泉說，陳榮傑是李慶臨的手下，並不會誣賴李慶臨，你就將實際的情形告訴我們」。作證日期是一九九一年一月二十三日。

138 嘉義地方法院九十五年重訴緝卷一，頁二二六。

139 嘉義地方法院九十五年重訴緝卷一，頁二八八。

140 這個認定從一審貫穿到最後更三審定讞。

但是「王信福審判」卻認定，賭博案距離本案已久，因此不可能是犯罪動機：「縱該二名警員確曾查獲移送李耀昌、李慶臨賭博案件，然該二案距本案已久，亦不能即認李慶臨有可能因此而生殺害該二警員之動機」[141]。這是明顯的事實錯誤。李氏兄弟與警方若在一九八九年結怨，一九九〇年巧遇而決定復仇，為何不可能？法官們顯然忘記本案發生於一九九〇年（而非進行審判的二〇一一年），因此錯誤地排除李慶臨的犯罪動機，令人笑掉大牙。多麼不用心！

(3)王信福摸過凶槍嗎？

王信福請的律師，第一份書狀就要求法院去驗那把槍，因為王信福沒摸過那把槍[142]。這是無辜的被告經常會做的事情，蘇建和、劉秉郎、莊林勳、徐自強、鄭性澤、謝志宏都做過一樣的要求，因為當一個人的清白被懷疑時，他唯一能做的就是「自請調查」。

槍上果然沒有王信福的指紋，可是法院卻使出慣用的有罪推定絕技：「就算物證對你有利，我的認定還是對你不利。」

「王信福審判」從二〇〇六年到二〇一一年，一共歷時五年，更審三次。最後的定讞判決罔顧這些對王信福有利的調查結果，而大量使用「陳榮傑審判」裡那些程序與實質都可疑的警詢筆錄來當作定罪證據，可以說是「陳榮傑審判」的借屍還魂，新瓶裝舊酒。「史前時期」／「歷史時期」的分野，至此好像毫無意義——因為根本沒有踐行新制嘛！過去的警詢筆錄沒有具結，沒有對質詰問，也沒有直接審理，卻全部拿來當證據，而且整個有罪判決僅靠這些史前時期的警詢筆錄架構起來。這個判決虛弱不堪，像個瀕臨死亡卻執迷不悟的獨裁者，用他最後一口氣來下達屠殺指令。

表二：王信福審判的三個急轉彎

| 王信福主張 | 法院審理結果 | 「王信福審判」認定 |
|---|---|---|
| (1) 陳榮傑是李慶臨的小弟。 | 陳榮傑是李慶臨的小弟。 | 陳榮傑跟在王信福與李慶臨身邊。 |
| (2) 李慶臨與李耀昌因為賭博罪被抓，與警察有仇。 | 李氏兄弟有賭博前科。 | 李氏兄弟不可能因此向警察復仇。 |
| (3) 王信福沒有摸過凶槍。 | 凶槍上沒有王信福指紋。 | 是因為時間過太久、太多人摸過，才會驗不到王信福的指紋。 |

141 臺灣高等法院臺南分院九十九年度上重更三字第二一四號刑事判決。這個理由是更三才出現的。
142 嘉義地方九十五年度重訴緝字第二號卷一，頁一〇八。

# 11

你沒有做，別人為什麼要說你？

王信福被判死刑的關鍵證據，是陳榮傑的指證。歷審判決反覆引用的是陳榮傑的警詢筆錄，王信福「扶著我的手肘指著大聲說『結掉那二人』」。如果王信福並沒有下令，那陳榮傑為什麼要誣賴王信福？

這個問題應該還是要回到李慶臨，因為陳榮傑的資訊來源與決策，都籠罩在李慶臨的陰影下。

在李慶臨編織的天羅地網之中，王信福是他用來取信於陳榮傑的一尊門神。陳榮傑自白指出，他逃亡中與李慶臨見面的那一次，李慶臨的妻舅程榮明就告訴陳榮傑，王信福已經把事情都推給他，但會找曾振農出面擺平，會照顧陳榮傑家人，「他答應我的事他會辦到。七十九年十月十七日下午警方人員到溫文政住處。當我知道是警方時，我站在大門前鎮定自己，然後開門讓警方人員進來。當我回到嘉義第一分局時，我才知道王信福他們利用我[143]。」偵查階段，陳榮傑告訴檢察官，王信福潛逃至大陸棄他於不顧，所以他要翻供說王信福有開槍[144]。

陳榮傑固然「指證歷歷」，但是他的訊息來源包括：李慶臨、程榮明、溫文政，都是李慶臨的人脈。所以，不是「王信福承諾陳榮傑」，而是李慶臨狐假虎威[145]；不是「王信福背棄陳榮傑」，而是李慶臨嫁禍他人。因為王信福自案發到更一審判決，根本不曾與陳榮傑聯絡，自無從施加任何影響。

陳榮傑在逃亡期間沒有和王信福聯絡過。官司進行期間，依照前述自白，僅有李慶臨一方積極前去看守所會見。王信福初次請律師去接觸陳榮傑，是更一審判了死刑、案件上到最高法院以後。王信福的律師與陳成然的通話錄音顯示，律師說明來意以後，陳成然說：「王信福……我跟你說啦……最近他老婆和岳母才跟我聯絡，有比較慢啦[146]」，可以證明在此之前，王信福一方不曾與陳成然聯絡。隨後律師於通話中表明，

143 臺灣高等法院臺南分院八十年度上重更一第一六〇號卷，頁九二。
144 嘉義地檢署七十九年度偵字第三〇六三號卷，頁一四五至一四七。這個報復性的翻供與事實不符，因為當天所有目擊者包括服務生與酒客，都說只有一人開槍。
145 根據陳榮傑自白，曾振農常到哥登茶行找王信福，見最高法院八十一年度臺上第三八二三號卷，頁三三背面。所以李慶臨把王信福扯進來，可以取信於陳榮傑，讓他相信這件事能擺平。
146 嘉義地方法院九十五年度重訴緝字第二號卷二，頁一一一。

那一天是民國八十一年七月二日[147]。八月六日，陳榮傑即死刑定讞，兩週後槍決；其間，陳榮傑沒有任何更改供詞迴護王信福之舉。

陳榮傑證詞是王信福被判死刑的關鍵證據：他說王信福交槍給他，並命令他「結掉那兩人」，因此開了兩槍（兩槍說）。後來陳榮傑改說王信福先開一槍，他自己只開一槍（各一槍說）。陳榮傑證詞變遷與王信福影響的關係如下表。

表三：陳榮傑證詞變遷：未受王信福影響

| 時間 | 王信福施加影響類型 | 陳榮傑證詞 |
| --- | --- | --- |
| 逃亡期間 | 無聯絡，無影響 | 無 |
| 偵查階段 | 無聯絡，無影響 | 一九九〇年十月十七日<br>兩槍說 |
| | | 一九九〇年十月十八日<br>各一槍說＋雙眼緊閉＋王信福瞄準 |
| | | 一九九〇年十二月三日<br>各一槍說<br>（因為王信福背棄他，所以翻供） |
| 一審 | 無聯絡，無影響 | 各一槍說＋自己喝醉 |
| 二審 | 無聯絡，無影響 | 各一槍說＋自己喝醉＋自己在睡覺＋很怕王信福 |
| 更一審 | 無聯絡，無影響 | 各一槍說＋自己在睡覺＋槍本來就在王信福身上 |
| 更一審判決後至定讞 | 透過律師聯絡陳成然 | 各一槍說＋喝酒＋頭昏＋想睡＋驚嚇中 |

從上表整理中可以發現，陳榮傑的證詞對王信福愈來愈不利。這有三個可能的原因：其一是他聽信李慶臨一方傳來的訊息，因而對王信福不滿；其二是他要為李慶臨脫罪，所以把部分罪責轉嫁給王信福；其三是他要為自己脫罪，所以把部分罪責轉嫁給王信福。

在通話錄音裡，陳成然說，事發之後，李慶臨就承諾要給陳榮傑八百萬，王信福承諾要給一千萬。判決寫道：「另共同被告陳榮傑之父親陳成然雖於原審審理時證稱：曾聽陳榮傑說李慶臨答應要給八百萬元等語；但其亦同時證稱：陳榮傑曾表示被告王信福答應要給他一千萬元，李慶臨沒有要陳榮傑咬王信福等語（見原審重訴緝卷二第二〇六至二〇七頁）。如認李慶臨係因唆使陳榮傑犯案，或令陳榮傑頂罪而給予陳榮傑錢財，則被告王信福又係因何答應給予陳榮傑一千萬元[148]？」法官的意思是：李慶臨和王信福都想收買陳榮傑，所以你們兩個都有涉案。

147　嘉義地方法院九十五年度重訴緝字第二號卷二，頁一二五，說出七月二日。對話中，律師詢問陳榮傑案號，陳成然答一六〇，可知是更一審，因此推知是民國八十一年。

148　這個論證從王信福審判的更一審開始出現，延續到更三定讞。

然而，「王信福答應給一千萬」，這個訊息從何而來？陳成然出庭時告訴法院，這是陳榮傑告訴他的。審判長問：「你兒子為何會跟你說王信福要拿一千萬給你？」陳成然答：「他跟我說他跟李慶臨說過『我死沒關係，但是要幫我照顧我父親』。他說事情發生的時候，王信福和李慶臨就答應他一個要一千萬，一個要八百萬給他[149]。」

自從案發後，王信福（或其代表）就不曾再與陳榮傑有過接觸，這是客觀事實。而陳榮傑從來沒有為王信福脫罪，反而一直把罪責推給王信福，也是客觀事實。可見王信福根本沒有收買陳榮傑，哪有人愈收買愈誣賴的呢？「王信福答應給一千萬」，只是李慶臨用來哄騙陳榮傑的話術。收買陳榮傑的是李慶臨，而且只有李慶臨。

分析至此，李慶臨在殺警案中的角色呼之欲出：

案發前，李慶臨建立了「大哥—小弟」的控制關係，使陳榮傑在生活、工作、人脈、社交各方面，全盤依賴李慶臨。

案發時，李慶臨指揮犯罪如臂使指，提供陳榮傑凶器、帶他離開、藏匿凶槍、協助逃匿，直到犧牲陳榮傑以保全自己。

案發後，李慶臨全面壟斷陳榮傑的對外溝通管道，積極串證，欺瞞誤導，直到王信福受冤、陳榮傑死亡、自己獲判輕罪。

法院判決認為王信福是雙警命案的指使者。然而綜觀卷證，李慶臨有行凶動機，槍手聽命於他，凶槍為他所有，案發後的接應、滅證、逃亡、串證、收買等一連串行為鐵證如山，竟未受適當司法制裁；反是王信福無端被牽累。[149]

## 12

人們心裡可能還有一個未解的疑慮。不是你，你為什麼要逃？

「被告王信福雖於審理時堅詞否認涉有殺人之犯行，惟查：本件被告於案發後潛逃大陸已逾十年，過如被告所辯與其無關，何以需逃亡大陸，足見其係畏罪潛逃」

——臺灣嘉義地方法院檢察署九十六年度蒞字第五二一二檢察官論告書

149 嘉義地方法院九十五年度重訴緝字第二號卷二，頁二〇八。

「被告因本案發生後即逃亡至中國大陸，其畏罪之情，早已顯而易見。又被告自七十九年八月十日案發後至九十五年十月十日入境為警查獲時，歷經十六年。在此期間，兩岸之通訊管道暢通，被告若確未涉及本案，受有冤屈，其本人及親屬有相當暢通之管道，均可向檢、警表示其於本案所辯之情，讓檢、警查明，以釐清事實真象，尤其在案發之初共同正犯陳榮傑接受審理期間，被告應知悉陳榮傑接受審判之進度及法院認定之事實，更有其必要，但被告卻從未為之。迄今陳榮傑早已伏法多年，被告再辯稱係李耀昌或李慶臨指使陳榮傑殺害被害兩名警員云云，其欲將殺人之罪責推給李耀昌及李慶臨之心，亦甚為明顯。」

——臺灣高等法院臺南分院九十九年度上重更三字第二一四號刑事判決

對啊，王信福，你為什麼要逃？

# 第七章
# 沒有主詞的《取締流氓辦法》

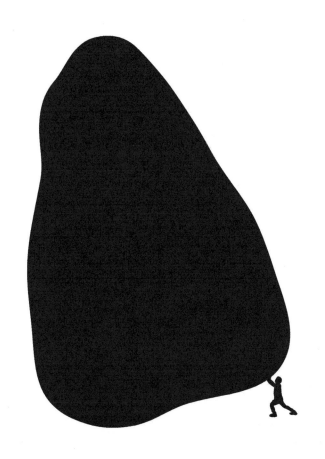

# 1

那異物刺傷他，從他的內在，但要擺脫，談何容易。王信福足足等了十五年才得到恩准，動手術把眼窩裡那顆珊瑚球給挖出來。阿玉接獲通知說三哥信福住院，趕去探視，帶了補品給他。在醫院等了好久，才知道戒護科的人早早為王信福辦了出院，又回到鐵籠裡去了。

人生不相見，動如參與商。受刑人的行蹤保密到家或許有必要，但是既然如此，又何必折騰家屬呢？

阿玉每次探監，都可以感到空氣中瀰漫的貶抑與譴責，從受刑人身上漫流到家屬。這是刑罰的連坐法。你是壞人的家人，你也好不到哪裡去。

「流氓」。「壞人」。這個標籤更為粗礪，更傷人，嵌在王信福生命裡為時更久，更深，更無法擺脫。王信福的判決開篇就是長串的前科。這是過去判決的習慣寫法，司法官訓練所是這麼教的：前科是經過嚴格證明的事實，所以寫在事實欄。但是沒有前科的那些被告，判決卻並不寫他們沒有前科；正所謂有功無賞，打破要賠。沒有前科也是經過嚴格證明的事實，為什麼判決從來不在一開篇就寫某被告沒有前科？

對法院來說，王信福的故事，起點是前科，即使那些前科與本案一點關係也沒有。這樣寫的潛臺詞是：他是壞人，難怪又做壞事了。

## 2

王信福個人的流氓史，是從長頭髮花襯衫開始的。

那時他在木材廠當學徒，也和朋友一起在嘉義車站前為計程車拉客。這段期間可能是王信福最快樂的日子，但是他的生活樂趣，不是六〇、七〇年代的威權體制所能容忍的。例如青少年呼朋引伴的快樂，就十分凶險，因為任何的組織，都足以令威權國家的警鈴大作。那個年代的統治者敵視人民的快樂，他們相信「生於憂患，死於安樂」。

少年王信福留長髮，警察認為這叫奇裝異服，依《違警罰法》，拘留三天。少年王信福穿花襯衫，這也奇裝異服，拘留三天。七〇年代的臺灣認為「奇裝異服」是一件很嚴重的事，很認真地取締。比如臺北市三天之內取締了九百人，警局的「鐵腕」，據說獲得市民的「讚佩」：

「警方這一大刀闊斧的作法，雖有極少部分人士表示反對，但大多數人士認為一個堂堂男子蓄著長髮穿著紅紅綠綠的奇裝怪服，不男不女，實在看起來不順眼，尤其是在『禮義之邦』的我國，絕對不能讓類似『嬉皮』的青年橫行街上[150]。」

從六月到九月，臺北市警局取締了四千三百二十七件[151]。臺中市也很認真，警察成立許多小組，在臺中市的公共場所與大街小巷巡邏取締，刑警隊與保安隊也加入；他們列出五項取締標準：

一、男蓄女髮，男著女裝，男著女鞋，男裝女飾，
二、未成年之青少年蓄髮不剃或已成年之男人滿臉蓄鬚，不加修飾使人厭惡者，
三、兩邊鬢或後頭髮不照通常情形修剪以致蓄留過常類似歐美，嬉皮使人有厭惡之感者，
四、女子穿著過份暴露之衣服使人側目，有傷風化者，
五、穿著「稀奇古怪」非現社會人士所認許之衣服裝飾，致引起一般人士之「驚奇」

「厭惡」者[152]。

那個年代相信，所有微小的跡象都表示後面一定有巨大的問題，所以總是小題大作地禁止這個、取締那個。制式作文經常用到這一類的成語例如「見微知著」、「防微杜漸」、「養癰貽患」之類，看見一隻小貓，就認為他會長成大老虎。嘉義縣政府教育局就說，穿奇裝異服的人「大都是一些心理上有問題的太保太妹，若不加注意，很容易在外惹事生非[153]」。

國境之外的六〇年代是富含反叛精神的，學生運動與民權運動都累積了許多精彩與傳奇，而長髮嬉皮裝扮，是反叛精神的宣示。雖然資訊傳遞不便，許多臺灣的文藝男青年仍然敏銳地接收到空氣中飄來的反叛精神，留起長髮來。日後他們一一成為藝術家、知識分子、教授，記憶裡卻還留著被警察抓去剪頭髮的羞辱經驗。郭英聲被抓了，

150《民聲日報》，一九七〇年六月十一日，第四版。
151《臺北市議會公報》，第一卷第四十七期，頁一七一二。
152《民聲日報》，一九七一年八月十九日，第四版。
153《民聲日報》，一九七一年十一月十四日，第七版。

前一個禮拜，席德進被抓，他之後是許常惠、林懷民；王健壯也曾經在待剪隊伍中，不過他一看這麼多人排隊，趁著警察鞭長莫及就溜了。「抓進警察局剪頭髮」是那個年代文藝男青年的入族式，像當兵一樣，每個人總有一點什麼可說的。

怎麼樣算「長髮」呢？李永熾在回憶錄《邊緣的自由人》裡說，有一天他剛下車，忽然有兩個便衣警察過來，一左一右把他架住。他心想完了，一定是他批評政府惹了禍。只見那人一伸手，咻地插進他的頭髮——那是當時檢測「長髮」的方式：如果頭髮會從指縫間冒出來，就表示太長，就得剪[154]。

警察會破壞性地亂剪他們的頭髮。文藝男青年釋放之後，必然倉皇找個理髮廳，趕快恢復人形。王文興因此生氣去理了一個光頭[155]，戒嚴時期的抗議只能這麼自虐。

警察對臺北的文藝男青年不會動用《違警罰法》，也不會拘留。嘉義就沒有這麼好運了，少年王信福的快樂生活，在此時碰到了邊界。頭髮從警察指縫間竄出來——拘留三天。「奇裝異服」——他只是穿了「黃花格衣服」——再拘留三天[156]。除了這些，王信福還有其他違警紀錄。他說：「那是我跟人家打架，我沒話講啊。」

有一天，他下了工去戲院看布袋戲。散戲時十一點多，回家的路上被警察攔住，說這叫夜間遊蕩，依《違警罰法》，拘留七天。

七天過去，少年王信福再次走出那間他去了很多次的拘留所，但他沒有料到，這次不能回家。警察根據《臺灣省戒嚴時期取締流氓辦法》，沒有讓他通知家人，就直接送到小琉球管訓。

《違警罰法》跟超商的集點制度一樣，集滿三點就可以兌換一個流氓標籤，附贈管訓入場券一張。這一年，王信福滿十八歲了，可以抓去管訓的最低年紀。

那個年代的「法律」經常充滿模糊的字眼。《違警罰法》第二十八條：「因遊蕩或懶惰而有違警行為之習慣者，得加重處罰，並得於執行完畢後，送交相當處所，施以矯正或令其學習生活技能。」怎樣算「遊蕩」、「懶惰」？多頻繁算「習慣」？什麼地方是「相當處所」？任憑有權力的人任意詮釋。

那麼，什麼是流氓？回答這一題之前要先解釋一下「警總」這個組織，因為取締流氓是警總主導的。這一段時間政治變動劇烈，它的名字也不斷改變，如下表。不過

154 李永熾口述、李衣雲撰寫，《邊緣的自由人》，臺北：游擊文化，二〇一九年，頁二六八至二七〇。
155 李永熾口述、李衣雲撰寫，《邊緣的自由人》，臺北：游擊文化，二〇一九年，頁二七〇。
156 民國五十八年嘉義地院易字第一七二二號判決記載，王信福穿「黃花格衣服」被警方認為是奇裝異服而取締。

警總就是警總，一如玫瑰就是玫瑰，所以以下不論什麼時期，都以警總稱之。

《取締流氓辦法》這樣定義流氓[157]：

一、非法擅組幫會，招徒結隊者。
二、逞強持眾，要脅滋事，或佔據碼頭車站及其他場所勒收搬運費與陋規者。
三、橫行鄉里欺壓善良或包攬訴訟者。
四、不務正業，招搖撞騙，敲詐勒索，強迫買賣或包庇賭娼者。
五、曾有擾亂治安之行為，未經自新，或自新後仍企圖不軌者。
六、曾受徒刑或拘役之刑事處分二次以上仍不悛改顯有危害社會治安之虞者。
七、游蕩懶惰邪僻成性而有違警行為之習慣者。

**表四：臺灣警備總司令部名稱變遷**

| 時間 | 名稱 |
|---|---|
| 1945.09～1947.05 | 臺灣省警備總司令部 |
| 1947.05～1949.02 | 臺灣全省警備總司令部 |
| 1949.02～1949.09 | 臺灣省警備總司令部 |
| 1949.09～1958.05 | 臺灣省保安司令部 |
| 1958.05～1992.07 | 臺灣警備總司令部 |

《取締流氓辦法》和《違警罰法》一樣模糊，這七項裡每一個詞都可大可小可寬可嚴，例如第四項「不務正業」就可以捉到很多人了，因為蓬勃的地下經濟如擺地攤、算命，都不是「正業」；第五項、第六項更足以把所有更生人一網打盡，因為「企圖」不軌與有危害治安「之虞」的，都可以被認定是流氓。

那麼，誰來認定流氓呢？《取締流氓辦法》沒有明白說——竟然沒有明白說。主管機關是誰，不是最重要的事情嗎？這也是那個年代的法制特色，短短十一條的《取締流氓辦法》，竟然看不出誰是主管機關、誰認定流氓、誰抓流氓。隱約觸及這個問題的，是下面這兩條。

> 第四條
>
> 本辦法實施後各縣市（局）警察局（所）應隨時舉行轄區流氓總調查，嗣後並每二個月復查一次，各縣市（局）警察局（所）對於所調查之流氓，應隨時注意其

157 這是一九五五年版本的文字。《取締流氓辦法》的每一版本，定義流氓的文字稍有不同，詳見附錄三。

行動，搜集事證造具名冊二份，連同證據分報保安司令部及警務處密存。

當時還有臺灣省政府，所以縣市警局隸屬於臺灣省警務處，而保安司令部就是警總。所以第四條顯示，蒐集流氓資訊的是警察，而警總，好像只是一個保存證據的地點。

第五條

經調查登記審核明確之流氓，應分別為左列處置：

一、觸犯刑法者，依《臺灣省戒嚴時期軍法機關自行審判及交法院審判案件畫分辦法》之規定，分別送交於有關機關審辦。

二、違警者發交該管警察官署偵訊處罰。

這是最有意思的一條：它沒有主詞！第四條的主詞有縣市警察局、警務處與警總，究竟誰來「處置」呢？而且第五條突然冒出來「審核」，誰審核？誰來認定某人是不是流氓？依什麼標準審核？這個核心的問題，恰恰被條文避過去了。

接下來又有驚人之語。這是第六條的前半：

依本辦法逮捕之流氓，合於刑法保安處分之規定者，軍司法機關於裁判時，應併宣付保安處分。

這是命令句。這個隱形的主詞，命令軍法機關與司法機關：「我們抓了流氓送去法院，你就要判他保安處分。」好大的口氣！《取締流氓辦法》名為「辦法」，只不過是行政機關自己擬定的規則而已，沒有經過多數民意的認可，不是「法律」；可是這小小一個「辦法」，卻明白把法院當作下級，當作橡皮圖章。

當然，這個隱形機關就是警總，條文裡提到的「軍法機關」就是它自己，而司法機關則包括高等法院與地方法院。很長一段時間，高院與地院都（完全違反權力分立原則地）在行政院轄下，所以舊檔案經常可見其他行政單位（如法務部）把法院呼來喚去的，行政權完全凌駕司法權，或者說行政權完全「凌虐」司法權。

《取締流氓辦法》有過三個版本，一九五〇、一九五二與一九五五[158]。往前追溯會發現，一九五二年的版本[159]是有主詞的，也把處置流氓的過程說得很清楚。

第五條

經調查登記之流氓由保安司令部審查不法事實明確後，通令各縣市警察局執行逮捕，解回臺灣省警務處轉解保安司令部核辦。

各縣市解送流氓時應填造捕送流氓不法事實指紋冊四份，分送保安司令部及臺灣省警務處，及職業訓導總隊，刑警總隊。

第六條

保安司令部對於被逮捕之流氓，按其情節分別為左列處置：

一、依刑法規定予以保安處分

二、依違警罰法規定施以矯正或令其學習生活技能

三、無不法事實者予以釋放

從條文變遷可知，流氓管訓制度主管機關的隱形、核心問題的模糊，並不是因為立法技術不佳無心造成，而是刻意為之。第五條所描述的過程就是「警總簽發拘票」，是警總僭越檢察官的職權；第六條是警總僭越法院的職權。一九五二的舊版比較老實，是真小人；一九五五年的新版把主管機關隱藏起來，單看條文無法看出警總的越權，是偽君子。

不過，一九五二年版還是有不明之處：流氓送到警總以後哩？假如這個人被「保安處分」，他會去哪裡？假如他被「矯正或令其學習生活技能」，他會去哪裡？這時候就要再往前看一九五〇年的版本，第五條規定：「保安司令部審核流氓名冊，轉飭本省職業訓導總隊妥為擬具訓導就業辦法，報由省政府保安司令部核備。」第七條：「職業訓導總隊應參酌流氓之體力行業技能，分別訓導，并得強制其勞作。」這個版本最嚇人的是第十二條：「本辦法自呈准之日施行」。所以警總自己決定要這樣做就做了，連公

158 更早可能有個《臺灣省各縣市取締流氓暫行辦法》，但是資料散佚無法取得，參見林瑋婷，《臺灣戰後流氓控制（一九四五—二〇〇九）——一個社會學的考察》，碩士論文，國立臺灣大學，二〇一一年。

159 國史館檔案，典藏號 015-020200-0055，卷名「臺灣高等法院令轉臺灣省妨害選舉取締辦法修正案等」，圖檔可見 https://ahonline.drnh.gov.tw/index.php?act=Display/image/486246evQv9-L#6a1J。

布周知都不用；典型的「不教而殺」[160]！

三個版本的《取締流氓辦法》放在一起看就明白了：警察抓流氓，警總審核決定誰是流氓、誰不是，然後把流氓送到職訓總隊去強迫勞動。一九五〇年的版本說得最清楚，一九五二年把職訓總隊隱藏起來，一九五五年連警總也隱藏起來，變成一個沒有主管機關、不知道把人送去哪裡的語言迷魂陣，如施咒一般，「流氓」還搞不清楚發生什麼事，就如一陣輕煙消失了。

《違警罰法》、《取締流氓辦法》是構築流氓管訓制度的主要法規，但它們完全不把憲法放在眼裡，不經正當程序就剝奪人民的人身自由；那個年代的法制錯亂，完全縮影於此。

## 3

王信福的遭遇——奇裝異服被拘留、深夜遊蕩被拘留、送管訓——並不是個案。舊檔案裡可以找到許多類似的案件，例如一位三重地區居民，因為深夜遊蕩被裁決拘留七天[161]，新竹市也有一位母親因為兒子被新竹縣警局以「深夜遊蕩」為理由捕送管訓，而向縣議會陳情。她是一個電器行老闆，兒子在自家店裡做事，卻被警察當作無業遊民。這位母親自謙是「一個寡婦弱女無依無靠」，但卻很有識見地寫道：「……案既移送司法機關，如有保安處分之必要，應由司法機關宣付保安處分，未據司法機關宣付保安處分，逕行執行保安處分捕送管訓，於此昌明法治國家，顯為法所不許[162]。」

從眾多人民之中辨認出「壞分子」，然後把他們集中管理，強迫勞動，希望他們最終成為有正當職業的人——這是「流氓管訓制度」的目的。許多國家都曾經有類似的

160　一九五〇年版確實查不到任何公布的資料。國家檔案逐步開放後，它出現在國防部史政檔案裡，是國防部的內部資料。

161　國防部史政檔案影像調閱系統，總檔案號 00027168，檔號 58_563.5_2323_5_25_00027168，案名「伏妖（取締不良幫派）專案」。

162　新竹縣議會第七屆第六次大會議事錄／第十、十一次臨時大會議事錄，典藏序號 014c-07-06-050900-0077，https://reurl.cc/bXnm0l。

制度或法律，例如英國、荷蘭、德國、法國、丹麥[163]、美國[164]、日本[165]、中華民國[166]。臺灣的「流氓管訓制度」，通常被認為系出日本[167]，因為日治時期就有《臺灣浮浪者取締條例》，被認定為流氓的人會被送到「火燒島」，就是綠島。臺東岩灣也有一個浮浪者收容所，後來沿用為職訓總隊所在地。初解嚴時那一起流氓的「暴動」事件，就發生在綠島與岩灣兩地。

但是，硬體的沿用並不表示制度的延續。例如現在的總統府就是沿用日治時期留下的臺灣總督府，難道我們會說臺灣的政治制度是沿用日本的嗎？許多監獄、學校或車站也沿用，但沒有人會說臺灣的教育或交通等都是延續日本制度。值得一問的是：這個看法從何而來？

中華民國對臺灣的最初印象，可以從接收檔案中一窺端倪。在行政長官公署的工作報告裡，睥睨的態度已經很清楚，「本省民眾以受日本五十年之奴化教育[168]」。警總的〈臺灣省保安司令部取締流氓概況〉則說「臺灣教育在日治時代一般臺人多不能受高等教育，舉動粗魯，各階層多帶有（甚至學生）三分流氓氣概[169]。」這份文件似乎認為流氓是臺灣的特產，它列舉的「流氓產生原因」都是臺灣的特殊狀況：童養媳、娼妓、酒家特多，受到日本統治，二戰時去南洋當兵等等。當時的國民黨政府認為臺灣治安很

163 沈德汶，《日治時期臺灣浮浪者取締制度研究》，碩士論文，國立政治大學，二〇〇八年，頁十八。

164 美國早期有遊蕩法，參見許春金、鄭善印、林東茂等，〈不良幫派處理模式之泛文化比較研究〉，刑事警察局委託研究，一九九三年。紐澤西州於一九三四年亦有類似立法，可將無業或參與幫派或一再犯罪者認定為流氓，處以罰鍰或二十年以下的有期徒刑。此法於一九三九年被聯邦最高法院宣布違憲，參見 Lanzetta v. New Jersey, 306 U.S. 451。

165 沈德汶，《日治時期臺灣浮浪者取締制度研究》，碩士論文，國立政治大學，二〇〇八年，頁十八。王泰升，《臺灣日治時期的法律改革》，臺北：聯經，一九九九年，頁二六一。

166 黃惠貞，《國民黨政權流氓取締制度起源研究（一九二七—一九五五）》，碩士論文，國立臺灣大學，二〇〇九年。

167 如湯文章，《感訓處分之研究》，臺北：司法院，二〇〇二年；翁玉榮，《檢肅流氓條例理論與實務》，臺北：五南圖書，二〇〇一年；李健源，《檢肅流氓條例之研究》，碩士論文，中央警察大學，二〇〇五年。值得一提的是，早期對流氓的處置都稱「管訓」，至《動員戡亂時期檢肅流氓條例》立法時，則改稱「感訓」，將名稱軟化。

168 原文錯字照引。這一段話的前後脈絡是說臺灣人因受「奴化教育」而不諳中文，但他自己就寫錯字。《臺灣省行政長官公署三月來之工作概要》，臺北：臺灣省行政長官公署，一九四六年，頁九九。數位檔可於「臺灣政經資料庫」查詢，系統號 epli2014-bk-ccl_573_932_9217_4_1946。

169 〈臺灣省保安司令部取締流氓概況〉，民國四十年十二月一日，圖檔見本書彩頁圖五。收於國家檔案局，國防部檔案，「臺灣省戒嚴時期取締流氓辦法案」，檔號 A305000000C/0040/1513/2360。

差、流氓橫行，接收的首要之務除了財物的處理以外，有兩件大事：其一是宣導《違警罰法》，用它來建立臺灣社會的秩序，其二是調查無業遊民，抓流氓。

一直有很多人批評流氓管訓制度，有市議員、省議員、監察院、《自由中國》等等，但是他們的言論裡，似乎均不曾認為流氓管訓制度承襲自日治的「浮浪者取締」。以「火燒島」、「浮浪者」、「浪人」為關鍵字搜尋報紙資料庫，發現當時的媒體也沒有這樣的觀點。第一篇相關文章出現在一九五八年，內文裡有一句：「本省之有『流氓』名詞及『幫派』體系，可說溯起自日據時代。」但是說到取締流氓的對策，此文推崇「英美盛行的保護管訓制度」，並且自豪於中華民國於一九三五年便已公布了《保護管束規則》；意思是臺灣當時的流氓管訓制度，沿用自中華民國的先見之明[170]。那麼，「臺灣流氓日本起源論」，究竟從哪裡來？

有一位作者阮華國寫了幾篇關於流氓的文章，包括一九五七年的〈流氓犯罪之取締[171]〉、一九五九年的〈譚流氓的處治[172]〉，與警總一樣採取「流氓是臺灣特產，日本統治的結果」的觀點。近年國家檔案陸續公布，泛黃紙頁才道出一段歷史公案。

阮華國認為，臺灣產生流氓的原因是：

(1)臺灣女侍娼妓特多，而特多之原因源於養女制度，賣淫結果，私生子眾多，此種份子平昔受環境薰染，且多未受教育，成長後易陷不法。(2)前受日人利用到大陸之浪人，經遣返臺灣後，惡性不改，常作不法。(3)前被日人拘禁火燒島之流氓，光復後全部釋放回籍，仍照常犯罪。(4)於二次大戰被徵往南洋服役之臺胞，於光復後返家，妻子離散，家產蕩然，無法為生。(5)日據時代之教育獎勵打鬪，舉動粗野，易養成此種性格。(6)偏僻鄉隅亦有酒家茶室娼館，飲酒享樂，易為流氓集聚之地。(7)治安機關輒常利

170 「臺灣新聞智慧網」、「數位典藏服務網」、「中央通訊社新聞剪報資料庫」、「新聞知識庫」、「聯合新聞網」等資料庫分別收有那個時期的《聯合報》、《中國時報》、《中央日報》、《民聲日報》。如此搜尋所得，第一篇將臺灣流氓追溯到日治時期的文章是《中國時報》（當時稱《徵信新聞》）的「社會之癌—流氓」專題，由該報記者集體採訪，包括〈浪人餘孽化為毒瘤　流氓戕害社會　當局大刀割治　臺北市近九十萬人口中　列卡流氓共有四百餘人〉、〈大法不犯小事不斷　法院牛刀笨重　難起嚇阻作用　流氓最怕送警備部管訓〉，《中國時報》，一九五八年十一月十日，第三版。

171 阮華國，〈流氓犯罪之取締〉，《法令月刊》，第八卷第十二期（一九五七年十二月），頁十八，文轉頁十四。

172 阮華國，〈譚流氓的處治〉，《法律評論》，第二十五卷第一期（一九五九年一月），頁十四至十七。當時「譚」與「談」兩字經常通用。

用流氓為眼線，更足增加彼等之聲勢。(8) 政府對取締流氓缺乏堅決而嚴厲方法，旋捕旋釋，威信蕩然，甚而不良之治安人員與流氓相互勾結，為非作惡[173]。

依阮華國的分析，中華民國的領土上，應該只有臺灣有流氓，其他地方不會有。對照國家檔案可以發現，這與警總的〈臺灣省保安司令部取締流氓概況〉所列舉的流氓產生原因極為相似，連用語都一樣，阮華國只添加了最後的第七、第八點，而這兩點是為了後面的建議鋪路，要政府嚴加取締流氓。這顯然並非巧合。阮華國是誰，他為什麼可以看到警總的內部檔案？

4

答案出現在行政院檔案裡，一段言論自由的激烈攻防。

五〇、六〇年代最重要的雜誌《自由中國》，在一九五八年末，以社論嚴厲地抨擊流氓管訓制度。

「中國地方自治研究會」發起人之一、前為「自治」半月刊、現為「自治研究」半月刊的編輯孫秋源，突然於今年十月二十七日深夜，被特務抓走了。據孫秋源之妻蘇好子說：「孫秋源究竟犯了甚麼罪？又究竟抓到甚麼地方去了？因為當時搜查的人既沒有拿『傳票』出來看，也沒有用口頭說明，所以一點也不清楚。」直至十一月二十八日，臺北各報才登載了一項警備總部發佈的消息，說孫秋源是惡性重大的甲級流氓。其事實真相究竟如何，我們固然不得其詳，但據孫秋源之妻蘇好子最近發出的公開信「請趕快救救我的丈夫孫秋源」中指出：「警備總部說我的丈夫是惡性重大的甲級流氓，這實在是一百個冤枉呀！」又說：「我想來想去，這流氓的罪名是假的，因為他在去年做了『自治』的編輯和『中國地方自治研究會』七十八個發起人之一，而惹下了今天的這場禍是真的[174]。」

173 見阮華國，〈流氓犯罪之取締〉。

174 社論（一），〈從憲法保障人民身體之自由說到取締流氓辦法〉，《自由中國》，第十九卷第十二期（一九五八年十二月十六日），頁三至六。

那時候，一群政治人物有意試探組黨的可能，由李萬居四處奔走，一起籌組了「中國地方自治研究會」，孫秋源就是其中之一，結果被警總當作流氓抓走。《自由中國》社論指出，是不是「流氓」，不該由軍事機關審判，而應由司法機關審判；因此，《取締流氓辦法》把人抓走以後送到警總是違憲的，而且警總也越俎代庖，僭越了警察與法院的職權。文末呼籲當時的行政院長陳誠：「廢止這個違憲、違法、違令的《臺灣省戒嚴時期取締流氓辦法》，免得自由中國的人民有隨時被戴上一頂『黑帽子』，成為官定流氓，遭受非法逮捕拘禁，失卻身體自由之厄。同時，我們更希望立監兩院，對此能加以特別重視，共同促使行政院早日廢止。」不過，這篇社論批判的《取締流氓辦法》是一九五二年版。

警總一看大怒，立刻擬就一份更正函，主要的辯駁是：取締流氓是矯正或命其學習生活技能，並不是審判，所以當然不是軍事審判；而且此時施行的是一九五五年版，《自由中國》批評的一九五二年版已經廢止了[175]。警總稱蘇好子為孫秋源的「姘婦」，末了並附上孫秋源的歷年「劣跡」，要求《自由中國》隱去被害人姓名之後一併刊布。

《自由中國》回覆說，警總來函並非事實的「更正」，而是辯駁《取締流氓辦法》的合法性，因此「碍難發表」。警總再去一函，主張根據出版法，《自由中國》必須刊出更正，至於更正函應採什麼形式，本來就沒有固定。

下一期《自由中國》並沒有刊出警總來函。《自由中國》回覆警總，「更正」指的是事實有出入，「辯駁」則是理論探討，上次的信裡大部分是辯駁，只有一段是更正。如果警總想更正事實請另送「更正函」，如果想爭辯合法性問題請另送「辯駁函」，否則無法刊登。還有，不論更正函或辯駁函，《自由中國》一定是全文照登，所以被害人的名字「未便代為省略，尚希來函時自行省略」。

這種回覆，根本是找碴；但是警總權傾一時，向他找碴，簡直是找死。老鼠戲貓，在卡通裡令人發笑，在戒嚴年代則是英雄行徑，但令人發寒。

再下一期的《自由中國》終於把警總的「更正函」登出來了，同時附加長長的「編者按」予以回應。大意是：孫秋源究竟是不是「流氓」，《自由中國》沒有下結論，但這段時間裡，許多海外雜誌都評論「孫秋源流氓案」是「當權者排除異己，而誣

175　這一點，《自由中國》翻找當時的《中央日報》，主張一九五五年的版本並沒有公布，因此並未生效：「舊辦法已廢止，新辦法未公布，無異說臺灣現無《取締流氓辦法》存在。本來這種既違法又違憲的辦法有亦無效，現既無有，警備總部的逮捕孫秋源更失依據。」不過，一九五五年版公布於《司法專刊》第五十六期，頁二二九四至五，與《臺灣省政府公報》四十五年春字第十二期，頁一一八。因此警總的批評正確。

害無辜」、「不甚高明，亂戴人一頂黑帽了」、「羅織入罪，用左道旁門的伎倆」。警總所列舉的「劣跡」，如果為真，應由法院審判處罰，「有罪當然判罪，不是『管訓』所能了事，無罪當然釋放，更無『管訓』之餘地。」

警總的更正函刊在《自由中國》第二十卷的第二期第十九頁，字體特別小，行距特別窄，好像很不情願似的。《自由中國》的封面就是目錄，更正函與編按都沒有出現在目錄上，不知道是某種臨時決定以致目錄來不及更動，還是另一個老鼠戲貓的淘氣之舉？

阮華國就在這時候出現在行政院的檔案裡。他在出刊後隔日立刻上了一個簽呈，認為警總解釋得不好。這表示阮華國在行政院工作，很可能是秘書處，不過檔案裡沒有顯示他的職稱。公文上有好幾個人簽名表示看過，應該是層層上送，最後有個人用毛筆批示：「意見甚是，可摘要抄送李副總司令參考」。

李副總司令就是警總的李立柏。得到上級賞識後，阮華國擬了一封信給警總，說《自由中國》那篇社論「詆毀政府蔑視人權，並為流氓張目」，後來登的編按「對於臺灣警備總部取締流氓之措施，仍然攻擊體無完膚」，「執意攻訐，用心險惡」；因此建議「政府對本案事實之敘述，法理之審研，尚宜作進一步之論說，以發揮宣傳上之效果。」這是請纓上陣，加入戰局的意思。

得到首肯後，阮華國寫了文章，刊登後連同剪報呈報上級，並附一張便箋：

> 奉
> 諭就流氓問題撰寫專論送請新生報刊登，業已在該報二月一日第四版發表，又職為求能增加宣傳力量，計另撰「譚流氓的處治」蕪文一則，登載於最近期「法律評論」上，一併賫呈
> 察閱。就各方情勢窺之，「流氓」已不僅為犯罪問題、社會問題，進而成為重大之政治問題也。

這就是〈譚流氓的處治〉的由來[176]。那是封建的年代，所以阮華國自稱「職」，這是工作者的卑稱。阮華國那幾篇流氓文章是「奉諭」而寫，目的是「宣傳」，事前請示，事後呈報；因此不應視為學者專論，而應視為那個年代的「置入性行銷」。他為流

176　阮華國呈報上級的文章與便箋，圖檔見本書彩頁圖六。收於國家檔案局，行政院檔案，「取締流氓案」，檔號 AA00000000A/0047/3-7-2-4-2/4。

氓管訓制度擦脂抹粉以後，向上級展示戰功，上級還批「閱」。國民黨政府「流氓是臺灣特產，日本統治的結果」的觀點，能夠散播開來，應算阮華國大功一件。

至於孫秋源呢，在高壓的政治氣氛下幸得《自由中國》奮不顧身搶救，獲得了一點海外的支持與關注，隨後蘇好子向法院聲請提審。提審是人身自由被侵犯時的壓箱法寶，就是要求「我要見法官！」檔案裡可以看到，警總的人大為崩潰，有人識時務地建議放走他，不要把新聞鬧大，以後再找機會抓他[177]。

檔案裡看不出孫秋源何時被釋放，但是三年後，他真的被整了。一九六一年，雲林縣議員蘇東啟等人密謀武裝政變實踐臺獨理想，後來失敗。蘇東啟到臺北來的時候與孫秋源見過一面，據說兩人「曾由反對黨談到推翻政府問題」，孫秋源終於栽在警總手中，被判有罪。不過這次至少不是「流氓」，而是堂堂正正的「叛亂犯」[178]！

## 5

警總式的「臺灣流氓日本起源論」，透過政府的置入性行銷，成為強勢論述，如果不是定論，至少也是通論。絕大多數討論流氓制度、《取締流氓辦法》或後來的《檢肅流氓條例》，都說法制起源是《臺灣浮浪者取締規則》，有說國民政府是「援用」或「沿用」《臺灣浮浪者取締規則》而制訂《取締流氓辦法》的（如高政昇、王泰升[179]），或說《取締流氓辦法》與《臺灣浮浪者取締規則》非常類似（如孔傑榮與陸梅吉[180]）。他們都沒有進一步說明，彷彿那是不證自明之理。然而「援用」之說並無實證，而《取締流氓辦法》與《臺灣浮浪者取締規則》內文則毫無相似之處。

《臺灣浮浪者取締規則》內容如下：

177 這一節《自由中國》「老鼠戲貓」所引發的攻防，均見行政院檔案，「取締流氓案」，國家檔案局，檔號AA00000000A/0047/3-7-2-4-2/4。

178 《口述歷史》，第十期，蘇東啟政治案件專題，臺北：中研院近代史研究所出版，二〇一五年，頁三三〇。

179 例如高政昇，〈修正檢肅流氓條例之芻議〉，《警學叢刊》，第二十七卷第一期（一九九六年七月），頁一〇六至一〇七；王泰升，〈臺灣戰後初期的政權轉替與法律體系的承接（一九四五—一九四九）〉，收於《臺灣法的斷裂與連續》，臺北：元照，二〇〇二年七月，頁八四；王泰升，《臺灣日治時期的法律改革》修訂版，臺北：聯經，二〇一四年，頁四〇四。

180 孔傑榮、陸梅吉，《邁向法治：臺灣「流氓」制度的興廢與中國大陸「勞動教養」的未來》，臺北：元照，二〇一三年；全文見 https://reurl.cc/YjmejO。

第一條　知事或廳長查有不定住處或無生業貽害公安又有傷風敗俗之本島人，得以示諭定住或營生，俾其慎戒。

第二條　知事或廳長如遇有承誡並不改悛者，受臺灣總督認可得令其定住或營生外，可即將此項之人持正押送至所定住處或勒令就業之處。勒令就業應由執行地之地方廳長辦理。勒令就業處所由臺灣總督核定之。

第三條　管轄知事或廳長於依前條被處分之人監視其行狀，認將來無強制之必要，受臺灣總督認可即解除該處分。

第四條　管轄知事或廳長稟經臺灣總督認可，對於受第二條處分之人，得以酌定與監視及其懲戒有關之條規。

第五條　本令內所定各款外，一切緊要條規，由臺灣總督定之。

附則

本令自發布之日起施行[181]。

「知事」或「廳長」是地方首長，約當現在的縣市長。翻成白話文大概是：

第一條　縣市首長發現「浮浪者」時，可以叫他住在固定地方、並且去工作，要乖喔。

第二條　如果「浮浪者」講不聽，縣市首長可以把他抓去某個地方住下來，並且強制工作。這要臺灣總督許可。

第三條　如果情況已改善，縣市首長可以決定讓「浮浪者」重獲自由。這要臺灣總督許可。

第四條　縣市首長執行第二條的工作時，可以定一些相關規則。這要臺灣總督許可。

第五條　其他規定由臺灣總督訂定。

從條文內容一望即知，它跟《取締流氓辦法》毫無相似之處，無論用語、概念、制度設計、主管機關，無一相像。「援用說」或「類似說」，恐怕都是以訛傳訛。

181 沈德汶，《日治時期臺灣浮浪者取締制度研究》，碩士論文，國立政治大學，二〇〇八年，頁六九。

那麼，臺灣的流氓管訓制度究竟系出何門？黃惠貞在她的碩士論文《國民黨政權流氓取締制度起源研究（一九二七—一九五五）》中指出，《臺灣省戒嚴時期取締流氓辦法》真正的淵源，是中華民國於一九二七年施行的《懲治土豪劣紳條例》[182]。

《懲治土豪劣紳條例》第一條就是：「國民政府為發展黨治精神，保障民眾利益，凡屬土豪劣紳，依本條例懲辦之。」非常有訓政時期以黨領政的風格。《懲治土豪劣紳條例》第二條列出十一款應罰行為，其中許多用語與《取締流氓辦法》的七項流氓定義相同或相似[183]。例如《流氓》第二項「逞強恃眾，要挾滋事，或佔據碼頭車站勒收陋規搬運費者」，類似《土豪》的第八款「逞強糾眾妨害地方公益或建設事業者」加上第十款「恃強怙勢，勒買勒賣動產或不動產者」；《流氓》第三項「武斷鄉曲，欺壓善良，或包攬詞訟者」，是《土豪》的第一款「武斷鄉曲，欺壓平民致傷害者」加上第六款「挑撥民刑訴訟，從中包攬詐欺取財者」。就文字來看，《流氓》是《土豪》的承襲與重組。

當然，我們很難認為「流氓」與「土豪劣紳」是同一種人。雖然他們都是社會負面評價的人，但顯然流氓的文化意涵比較暴力、比較藍領，土豪劣紳則頗有金錢與文化資本，兩者的階級屬性不同。《懲治土豪劣紳條例》第二條第九款是「偽造物證指使流氓圖害善良百姓者」，確實把土豪劣紳視為流氓的上級、雇主。既然他們階級不同，擬定《取締流氓辦法》時，怎麼會想到要去參考《懲治土豪劣紳條例》呢？任職於行政院的阮華國，把官方的思路解釋得很清楚：「流氓幫會乃近代都市進入工商業社會的產物。此與農業社會中土豪劣紳同樣為國家社會之茅賊[184]。」

阮華國的說法顯示，「流氓」與「土豪劣紳」都是一種「箭垛式」的人物——一切負面標籤都可以投射在他們身上，至於「名」「實」是否相符，則經常被忽視。當時的政府在使用這些名詞時毫不嚴謹，反正他們都是要逮捕的對象，是群體之中的害蟲，叫做「流氓」與叫做「土豪劣紳」，其實都一樣。黃惠貞在國民政府檔案中更發現，《懲

182 黃惠貞指出此二者的相近，非常有啟發性。黃惠貞在閱覽舊檔案時發現蔣介石批注的公文（下文會提及），因此發現《取締流氓辦法》與《懲治土豪劣紳條例》的承襲關係，並且製表分析《取締流氓辦法》與相關法規的比較，見《國民黨政權流氓取締制度起源研究（一九二七—一九五五）》頁十七至十八。我受惠於他指出的方向，不過下文的分析是我重行比對《流氓》與《土豪》條文的結果。

183 《懲治土豪劣紳條例》原版本是一九二七年公布的，列出十項應罰行為，一九二八年修正，列出十一項。要判斷《取締流氓辦法》是否承襲《懲治土豪劣紳條例》，應該以《土豪》的最新版與《流氓》的最舊版作比較。所以此處用以比較的是一九二八的『土豪』與一九五〇的《流氓》。

184 阮華國，〈流氓犯罪之取締〉，《法令月刊》第八卷第十二期，頁十八。

治土豪劣紳條例》本來的名稱就是《懲治流氓條例》，公文上呈，被蔣介石改為《懲治土豪劣紳條例》[185]。我們可能認為「流氓」與「土豪劣紳」通用很奇怪，但那個年代掌握權力的人就覺得可以隨便通用無所謂。

林瑋婷在《臺灣戰後流氓控制（一九四五—二〇〇九）——一個社會學的考察[186]》中，則指出《取締流氓辦法》裡七款定義的前四款，均有中國的血緣。第一款「擅組團體幫會招收徒眾者」是幫會首領；第二款「逞強恃眾要挾滋事或佔據碼頭車站勒收陋規搬運費者」是幫會徒眾，這些詞語多半用來描述青幫或其他水手幫派；第三款「武斷鄉曲欺壓善良或包攬詞訟者」是土豪劣紳；第四款「不務正業，招搖撞騙，或包庇私娼者」則是因為清代低階官員與兵丁負責取締娼賭，但常狐假虎威收取好處，所以說「招搖撞騙」。這些都是清代文獻中常見的詞彙，用來描述當時擾亂社會秩序的人。

《取締流氓辦法》要捉的人，不是日治時期的「浮浪者」，而是清末民初社會上的「壞分子」。流氓不是臺灣特產，中華民國自己就很多；因此處理的辦法也不假外求，就用中華民國的辦法。

6

國民黨政府認定的「壞分子」有很多不同的名稱，有時候叫做「不良分子」（一九四六年有《加強監管不良分子實施辦法》），有時候叫做「散兵遊民」（一九五〇年有《臺灣省取締散兵遊民辦法》，後來更正為《臺灣省取締遊民辦法》，取締對象中包括「流浪兒童」），有時候叫做「失業軍公」（一九四九年有《取締失業軍公人員及散兵游民辦法》），有時候叫做「不法分子」（一九五五年警總成立過專案，調查了一波）；處理他們的方法是一樣的，捉起來以後分門別類，強制勞動，有的送「職訓總隊」，有的送「遊民收容所」，有的送「臺灣省習藝所」，有的送「臺灣省遊民習藝訓導所」。當時局勢紊亂，多頭馬車，類似的場所可能重複設置，例如臺灣省政府設了「臺灣省習藝所」在新竹，警總另設了「臺灣省遊民習藝

185 國民政府檔，檔案號 0010120320330010120320160l2a，轉引自黃惠貞，頁三一。原檔無法從國史館網站上查到，可能尚未數位化。

186 林瑋婷，《臺灣戰後流氓控制（一九四五—二〇〇九）——一個社會學的考察》，碩士論文，國立臺灣大學，二〇一一年，頁五三至五四。

訓導所」在岩灣。後來，散兵遊民收容所併進職訓總隊，大直的職訓總隊又併進「臺灣省習藝所」。可以這樣互相整併，說明了這些名稱不同的機構，性質都是一樣的，都是流氓管訓制度的一環。

這些收容機構的設置都有中華民國的前例可循：一九三九年中華民國就有「勞動總隊」收容流氓，一九四二年有「游民教養所」收容遊民[187]。以「臺灣省習藝所」為例，可以清楚看到設立的整個思考，都籠罩在中華民國的法令制度與歷史脈絡下。臺灣省政府社會處在一九四七年設立「臺灣省習藝所」，目的是收容竊賊等無業遊民，給予技能訓練。但是，此賊要關多久，視其罪責而定；習藝所要把他關多久，卻是依照他的技藝成就而定，萬一兩者不一致的時候怎麼辦？社會處第四科的報告寫道：「於此有一可參考者。國民政府於民廿三年七月公布《徒刑人犯移墾條例[188]》，幾經修正試辦，至三十年始在四川成立外役監，使徒糜時日之刑犯，得有生產及學習之機會，於法於情，均不偏廢。聞此一制度頗成功，且在全國各地擴充中。」

這個機構在籌備階段的名字是「臺灣省遊民習藝所」，後來決定刪去「遊民」兩字。在討論組織規程時，長官在便箋上批示：「該所雖以遊民為收容對象，但其名稱不必標明遊民字樣，其理與救濟院不標明收容範圍者正同。茲依《社會救濟法》第三十二條及安徽省實例，定名為《臺灣省習藝所組織規程[189]》。」這些討論裡都可以看到，主其事者很自然地以中華民國為參照點。

臺灣戰後的決策階層，絕大多數是中華民國官員，絕少臺灣本地人。中華民國官員對於日本如何治理臺灣一無所知，自然不可能在施政上「延續」日本的制度。這本是事理的當然。國民黨政府在中華民國執政時就抓流氓，戰後當臺灣實質上納入管轄以後，自然沿用習慣的治理方法。這就好像一對夫妻有七個小孩，他們家一向實施打罵教育，現在領養了第八個小孩，怎麼辦？當然照打啊！

若從管理方法來看，日治時期的火燒島，其實比較像「外役監」，也就是自由度比監獄大的地方。那裡沒有高牆，他們從事種田與製炭的工作，人身自由並不受限制，只是沒有交通工具，所以無法回到臺灣本島[190]。「火燒島」並不是軍事管理。但在臺灣

187 黃惠貞，《國民黨政權流氓取締制度起源研究（一九二七—一九五五）》。
188 中華民國政府依據《徒刑人犯移墾條例》，把各省的囚犯帶到新疆去墾荒。
189 檔案管理局，「省習藝所組織規程及所民收容辦法」，頁七八。全宗號：004，卷號：0068，卷典藏號：004-00068，件典藏號：0040121000068001。
190 沈德汶，《日治時期臺灣浮浪者取締制度研究》，頁一五五至一五七。

的制度裡，「職訓總隊」是比監獄更嚴苛的地方，即使「習藝所」名稱聽來比較中性，但「臺灣省游民習藝訓導所」（警總設立的那個）的組織規程與職訓總隊的非常相似，例如第八條就說本所「實行軍事管訓」；它的所長、副所長都由警總遴選派任，所長是少將或上校，副所長是上校，所內有輕機槍兵十二名，步槍兵十名。收容人如果逃亡，會被發布通緝[191]。「臺灣省習藝所」（省政府設立的那個）相較之下稍微帶一點社會救濟的色彩，但也設有「訓導組」，組織規程第十一條還說「本所視事實之需要得聘請治安機關首長為顧問」。那個年代說「治安機關」，常常就是指警總。而檔案資料也顯示，他們確實在設置過程裡「請教」了警備總司令彭孟緝的意見[192]。可知這些管訓機構都帶有軍事色彩，與日治時期的「外役監」截然不同。

士林地院在二〇〇一年判過一個國賠案件，聲請人在一九六〇年被警總送入臺灣省習藝所，強制工作十幾年。法院調查後認為在臺灣省習藝所裡，

「無論入所、出所、告假離所、參加習藝勞動等，均無法以自由意識任意為之，該收容習藝對於人身自由仍有一定程度之拘束，且具有強制工作保安處分之性質。」

「無論其名義為強制工作、管訓或收容習藝，均與憲法第八條保障人身自由之意旨

不符，本不得予以執行[193]。」

法院決定比照冤獄，給予一天三千五百元的賠償。無理由而被關在臺灣省習藝所，和無犯罪卻被關押一樣，都是國家對人身自由的不當侵害，因此法院判賠。這份刑事決定書進一步證明了，連最溫和的「臺灣省習藝所」，也是強制性的[194]。

最後，從管理人員來看，更可以確定臺灣流氓管訓制度是Made in ROC，而不是Made in Japan。在前述所有曾經抓捕流氓的國家裡，只有中華民國是以軍人來抓，其他國家都是用警力；只有中華民國的收置機構是軍人管理，其他國家都是用警察維持。臺

191 見《臺灣全省警備司令部卅六年度工作報告書》卷一，國家檔案館典藏，檔號：B5018230601/0036/109.3/4010/1/001。

192 檔案管理局，「省習藝所組織規程及所民收容辦法」，頁七八。全宗號：004，卷號：00068，卷典藏號：004-00068，件典藏號：0040121000068001。

193 臺灣士林地方法院八十九年度賠字第五十六號刑事決定書。

194 臺灣省立習藝所現在改制為內政部少年之家。現在講述它的歷史都將它視為社會救濟的一環，連國家檔案局的「檔案支援教學網」也是如此，見https://reurl.cc/GbzApG。但根據史料檔案，臺灣省立習藝所很長一段時間都收容「流氓」、「遊民」，它是治安與國安的收容機構，且有某程度的軍事化，見下註。

灣是由警備總部的軍人指揮憲兵、警察一同抓捕流氓，安置機構也是由警總安排軍人管理[195]。換句話說，流氓在其他國家是治安問題，但是在臺灣，流氓是國安問題。

威權政府的眼光是充滿想像力的。流氓會犯罪，犯罪就會製造社會動盪，社會動盪就會引發敵人來犯，可見流氓從一開始就是敵人派來的，是敵人企圖顛覆我政府的奸計，所以我們必須制敵機先，在流氓還沒開始犯罪的時候，就先偵測出他們是誰、躲在哪裡，然後抓起來集中管理，加以改造。

## 7

總之，王信福就這樣變成「流氓」了，在他初初成年、沒有前科的十八歲。

那時候小琉球與臺灣本島之間有汽艇，當地俗稱「運搬」，從屏東東港出發，一天兩班，兩地對開，一共四班，單趟一個多小時。

少年王信福看著那個蘑菇形狀、長滿青苔的花瓶石，黯然地想，連它的頭髮都比我長。好不容易熬到可以寫信回家，他不知道要怎麼告訴媽媽，何時回去？

坐牢有期限，管訓沒有期限。那時候南部人送板橋，北部人送小琉球，中部人送臺東，但王信福不知為何被送到小琉球。這正是王信福在職訓總隊的深刻體會：這裡的規矩很多，但是如果他們不想按照規矩來，倒也隨時可以改變。

所以循規蹈矩好像也沒有多大意義。你這一秒照規矩，下一秒規矩又改變了。

那時候小琉球連環島公路都還沒建。職訓隊員如果犯規受罰，就得抱著大石頭繞圈圈。少年王信福有時也不免遭逢這種厄運。或許應當釋懷，畢竟憲法都被踩在腳底下了，你王信福有比憲法還大嗎？

「她們每天在六月的豔陽下，排成一個圓圈，剷起沙丘的沙，每個俘虜要把她面前的那堆沙剷到她右邊同伴的那堆沙上，有如一個無止盡無意義的旋轉木馬，到最

195 臺灣省政府社會處的「臺灣省習藝所」似乎不是由軍人直接管理，不過，如前所述，它的組織規程與設置過程，都顯示與警總關係密切；而士林地院判賠的個案，就是「匪諜罪」服刑期滿、職訓總隊管訓之後，依《戡亂時期預防匪諜再犯管教辦法》第四條第四款，「加強考核嚴予管教」，被國防部強制安置於「臺灣省習藝所」。可知「臺灣省習藝所」仍然擔負相當程度的「國安任務」，而不是一個純粹的社會救濟收容機構。

後沙子又回到原來在的地方。」

——普利摩．李維，《滅頂與生還》

普利摩．李維說，納粹要集中營的俘虜做苦工，並且擺明了讓俘虜知道這是毫無意義的折磨，「必須是像負重牲畜所做的工作，拖拉扛負重物，在土地上屈膝折腰。」少年王信福被管訓時，普利摩．李維的書還沒寫出來，不過，箇中滋味，他是懂得的。

第八章

# 鹽與火柴的逃亡

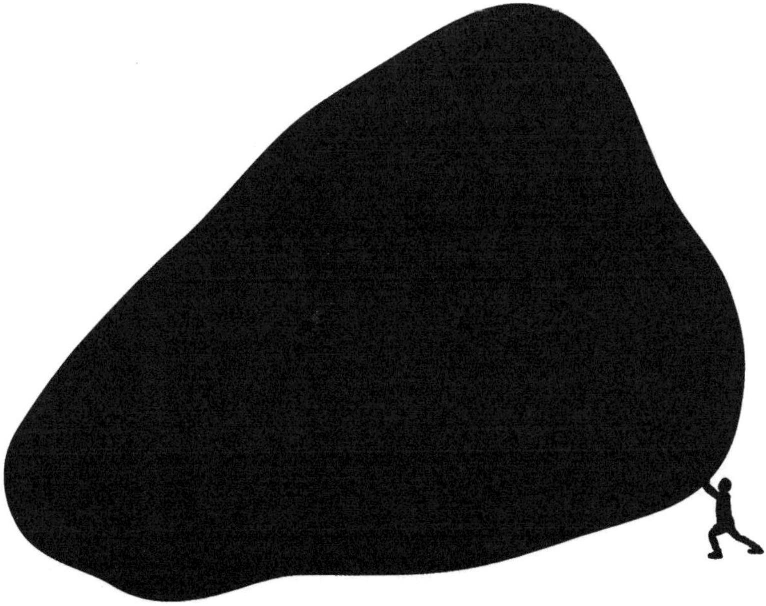

# 1

天空很藍很藍，如果只抬頭望著它，會受騙，以為是春暖花開人間好時節。事實上，冷極了。陽光照耀的時候大約八度，入夜後便陡降到零度以下，大家哆嗦著，但是做工太累，還是睡著了。早上起床，得先把牙刷上的冰塊鑿開，才能洗臉刷牙。這是一九七一年的冬天，王信福頂著光光的一個頭顱，手裡拿著十字鎬，要鑿穿中央山脈。

一九六八年政府決定要興建南部橫貫公路，西起臺南玉井，東到臺東海端。五〇年代建了中橫，六〇年代建了北橫，既然這樣，那南邊也來一橫吧，人類就是食髓知味，得寸進尺。南橫與前面兩橫不同之處是已經有一些大型機具可用，有空壓機和氣鑽，不必全靠人力——除了關山埡口。這裡海拔近三千公尺，地形艱險，大型機具無法進入，像一個攻不破的碉堡，需要一群敢死隊。

中橫、北橫都由「退除役官兵輔導委員會」的榮工處承辦，主要人力是一九四九年跟著軍隊到臺灣來的老兵。他們當初只是從軍，沒想到上船到了一個沒有聽過的島嶼，此後歸鄉無望。他們舉目無親，與臺灣社會格格不入，所以對於退輔會的附著力很強。

法國作家皮耶・勒梅特以一次世界大戰為背景，寫了一本小說叫《天上再見》。他以黑色幽默的筆法指出，戰爭裡最可怕的不是敵人，而是上級，因為小兵往往為了上級的野心與私心而喪命。陰錯陽差來到臺灣的老兵好像也是如此，雖然不上戰場，但是在中橫與山鬥爭，土法煉鋼，死傷不少，兩百多位老兵化為長春祠裡沉默的幽魂。

到了南橫，當局決定調職訓總隊來支援。小琉球職訓第三總隊送了兩百多人到南橫開路，王信福就是其中之一，本是嘉南平原驕陽下奔跑的孩子，竟然莫名其妙被丟到嚴寒的高山。他們領到工作用具，但沒有領到防護器具。和老兵一樣，他們要面對的戰爭裡，最可怕的不是敵人，而是上級。

他們在預定的公路旁邊先架一條便道，崇山峻嶺之中只有這麼一條路。往東的盡頭是警衛，往西的盡頭也是警衛，往上是高聳山壁，往下是萬丈深淵。冬天的寒氣令草木蒙霜，這個場景裡卻有一種金黃色，不時漫天飛揚，那是他們燒的紙錢。

他們與山硬碰硬，帶一、二十箱炸藥，在岩層中埋雷管炸開，有時候炸開的是山，有時候是自己。有時候鬆動了腳下的石頭，有時候震動了上方的石頭，於是死亡便來襲了，來自腳下突然的陷落，來自天空長隕的落石；人類無法與山爭辯死亡，何況原是人類千里迢迢跑來為難這座山。欲辯無言，只能祭以飛舞的紙錢。

每天如此。每天死人，每天燒紙錢。

活著的人除了開路以外，還要幫忙抬屍體。這一天，少年王信福手裡抬的，是他的好朋友黃福來。少年王信福心想，再這樣下去，哪天不就換我被人抬了嗎？他回到隊上，與另外兩位隊員使個眼色，三人帶了點鹽和火柴，逃之夭夭！

## 2

《西遊記》裡面有一對妖怪，叫做金角大王與銀角大王，身邊總帶著一個葫蘆。那是他們的法寶，他喊你的名字，只要你應了，就會颼的一聲被裝進葫蘆裡去，化為血水。孫悟空去他們門外叫陣，騙他：「我叫者行孫。」銀角大王喊他「者行孫！」孫悟空想，假名應該沒關係吧，沒想到仍應聲被葫蘆收進去。

以「名字」為題材的文學作品有很多，勒瑰恩的《地海系列》便是，真名是一個人的核心本質，喊出他的真名就有不可思議的震懾力量。《地海系列》的真名是深刻的知識，是摒除一切表象之後素面相見，直球對決。但是若說名字不論真假都能捉人，那也只有《西遊記》這個葫蘆了。

《取締流氓辦法》說明得很少，很模糊，就像《西遊記》的葫蘆，管你真相假象，不由分說地把人颼一聲吸進去。究竟「官定流氓」如何產生？還得回到國家檔案裡去找尋答案。

如前所述，無論從法規、組織，還是管理方法、管理人員來看，都可以判斷臺灣的流氓管訓制度系出中華民國，而非系出日本。因此，要了解流氓制度的實際操作，應當回到一九四五年，中華民國實質治理臺灣開始。

在戰後的國家檔案裡，「流氓」常與「奸偽」並稱，「為日寇之唯一鷹犬[196]」。「流氓」代表著那個剛剛結束交戰狀態的敵國日本，在臺灣的殘留勢力。因此接收後幾個月之內，國民黨政府就完成流氓調查，掌握了清冊，共二九二二人。籍貫分類僅有臺灣、福建、浙江、日本，其中，臺灣籍占二七九〇人[197]。在百廢待舉之中，警備總司令

196　《臺灣全省警備司令部三十六年度工作報告書卷一》，第三章第二節。國家檔案館典藏，檔號：B5018230601/0036/109.3/4010/1/001。

197　《臺灣省統計要覽第壹期　接收一年來施政情形專號》，臺灣省行政長官公署統計室，一九四六年，頁一三九。數位檔收於「臺灣政經資料庫」。

部已在臺北大直成立「勞働訓導營」，一九四六年六月一日開辦第一梯。

「勞働訓導營」要收容的對象有三類：莠民的首領、盜竊犯不受刑事處分的、以及「所有陰謀組織欲破壞治安者」[198]。「勞働訓導營」將所有人分成三類，有技藝專長並可悔過者管訓三個月，沒有專長、但在此學習後有悔過者，管訓六個月，無悔過希望者則長期拘禁。管訓方法是施加嚴格的軍事訓練，上課科目包括國語、黨義、公民等等，術科則有園藝、工藝、裁縫等項目。

第一屆抓了將近五百人。當時並不避諱，「勞働訓導營」開張的消息不僅廣邀媒體採訪、進入園區參觀，當天晚上還舉行電影放映會[199]。但災情很快陸續傳出：臺北市參議會議員張晴川質詢時指出，許多有為之士竟然被當作「流氓」抓進去，包括：臺中市木炭商吳有、花蓮港參議員鄭根井、埔里前信用組合長施雲釵、嘉義前日領通譯、里長王伯元、臺北第一旅社主人王文虎、林口庄副鄉長陳添秀、嘉義新聞記者、區民代表蔡嘉樹等人[200]。蘇澳也有一位醫師材參標被抓，當地縣參議員、省參議員以及區民代表，共數百人連署，向警總陳情[201]。「流氓」之網大張，標準不明，民眾也人人自危。嘉義市參議會議員林文樹質詢時直白地問，「到底流氓是什麼樣的人[202]？」結果政府進行失業調查時沒人敢承認，怕一承認「無業」，就會被抓進去[203]。

與政府取締流氓同時發生，且平行發展的是「員林事件」，「鹿港施縣參議員被流氓毆打重傷／警察派出所內怪案」，《民報》的標題這樣說[204]。其怪者何？

話說鹿港望族施瑞呈靠食鹽買賣起家，四個兒子都很優秀，他們是施江東、施江西、施江南與施江北。除了施江北學法律以外，前面三個兒子都學醫，在不同的地方開業，都叫做「四方醫院」——這是臺灣最早的「連鎖醫院」。很有計畫的一家人。

198 〈臺灣省警備總司令部勞動訓導營訓導計畫〉，國家檔案局，檔名「臺灣警備總部勞動訓導營組訓案」，一九四六年，檔號：B5018230601/0035/459/4010。

199 《民報》在一九四六年六月一日、二日、三日接連三天都報導勞働訓導營的消息。收容人數於六月一日報導四百九十一人，六月二日刊登警總具名的文稿，稱四百二十五人。這三天的消息都在二版。

200 〈人權與論在哪裡？〉，《民報》，一九四六年七月十二日，第二版。

201 〈醫師當作流氓看　區民代表向上峯陳情〉，《民報》，一九四六年七月二十二日，第二版。當時報紙有很多錯字，「材參標」之名，疑為「林參標」之誤。

202 《嘉義市參議會第一屆第二次大會議事錄》，中華民國地方議會議事錄總庫，典藏序號 020a-01-02-060100-0009，頁二十，見 https://journal.th.gov.tw/display.php?code=101838-Wf-r#20，圖檔字跡很不清楚。

203 〈失業調查甚不佳　市民怕被視為流氓不報〉，《民報》，一九四六年九月十九日，第二版。

204 《民報》，一九四六年六月三日，第二版。當時的臺中縣幅員廣大，包括後來的彰化、南投，而臺中縣政府設在員林。鹿港隸屬於臺中縣員林區，所以稱「員林事件」。

留在鹿港開「四方醫院」的是施江西。他向來熱心公益。日本戰敗，施江西為了協助流落海外的臺灣人回鄉，四處奔走陳情；也選上了臺中縣參議員。這一天傍晚，施江西陪他的牙醫朋友一行三人去鹿港派出所，結果演變成肢體衝突，在場有三名「義警」動手毆打施江西，施江西隨手拿一個煙灰缸以自保，出門時說「你打我，給我記住！」於是「義警」又追打施江西，使他跌落溝中，失去意識。

施江西醒來，發現他斷了三根肋骨，並且被鹿港派出所所長許宗喜與十餘名佩槍的「義警」團團包圍，語帶威脅[205]。大家都知道這些所謂「義警」，其實是流氓。《民報》報導：「聞其原因，流氓們曾結黨持刀，橫行一時，後被黃某買收為心腹薦於許氏為義警」；「鎮民莫不齊動公憤以流氓為義警並嗾使毒毆縣參議員之許專員之橫暴」[206]。臺中縣人民自由保障委員會[207]的調查報告也說，許宗喜「明知義警是流氓，如何採用以為手足，義警打施，而全無制止，又見施傷重而無慰語」。

此一「怪案」引爆了臺灣人的憤怒，許宗喜被調到臺中縣警局，施江西控告許宗喜與三位「義警」傷害罪，結果引發了更大的衝突。許宗喜不出庭，臺中地方法院派人前去拘提，結果警察們與臺中縣長（行政權）共同包庇許宗喜，警察們將臺中地方法院人員（司法權）集中誘捕之後開槍濫射，造成三人傷勢嚴重。

《民報》做出令人心碎的採訪。李喬祿，三十二歲，事發六天了，子彈還在腦子裡拿不出來，因為依當時的醫學水準，醫生沒有把握動這種手術。他無法進食，只能喝牛奶，並且會嘔吐。「他氣息奄奄地說，我們都是為了公務」，《民報》記者寫到這裡，忍不住怒了：「臨死還不忘公務，這種有責任觀念的青年，為什麼要犧牲？」

陳清漢，二十六歲，雖然非常衰弱，但是醫生認為應該可以救活。他說：「我們是執行公務，那時候，他們用武器妨害公務，我們當然可以抵抗，但因受賴典獄長再三指示，所以我們完全沒有抵抗，他們要求舉手，賴典獄長也吩咐舉手，對舉起了雙手的人還要開槍，我想最野蠻之人，對我們也不會這樣，這是什麼心腸？我並沒有要復仇的心念，只為臺灣的社會悲嘆，如以我們的犧牲，能夠換取我們社會的光明，這就是我的祈求，若還有那樣無理非法的公務人員在我國社會，那麼開國民大會實施憲法也沒有用

205 這是臺中縣人民自由保障委員會的調查報告。見《民報》，一九四六年六月十七日，第二版。

206 《民報》，一九四六年六月三日，第二版。

207 當時為了準備行憲，而有一九四六年一月的《和平建國綱領》，在各地設立「人民自由保障委員會」。附記第二條規定：「地方參議會，律師公會及人民團體代表會同組織人民自由保障委員會，經費由政府補助之。」施江西的弟弟施江南，就是臺北市人民自由保障委員會的重要成員之一。

了。」

黃清輝，二十三歲，肚子被打穿了一個洞，子彈險險避開了心臟、肺臟與肋骨，只是仍流了不少血。他的槍傷後進前出，可見他中槍時對開槍者毫無威脅性。他原已準備要結婚，依當時習俗，眠床、鏡臺都備好了[208]。

這起流血衝突的對立兩方，幾乎可以用省籍為軸線，穩穩地切開。雇用流氓當義警的許宗喜是福建人，集體包庇他的高階警官裡，警察局長是浙江人，秘書是浙江人，督察是廣東人，課長是福建人；先開槍的北斗區警察所長林世民是福建人，員警尤洪浪是浙江人。另一方，決定拘提警察的臺中地院推事蘇樹發、代理院長饒維岳、帶隊前去拘提的典獄長賴遠輝，都是臺灣人。

省籍之所以成為切分因素，不是基於出身血統，而是基於在不同政治制度下的生活經驗不同。警察們不知道自己應當接受法院的指揮，這種對司法的無知，在當時的中國是普遍現象。到一九三七年為止，中國還有百分之八十的縣沒有設法院，只在縣設立「司法處[209]」，由行政首長處理司法案件，也就是由縣長來演包青天的意思。這種「縣太爺司法」，到一九四七年，仍有將近七成的普及率[210]。這可以解釋為什麼中國來的警察只聽命於行政上的長官，而不把法院放在眼裡。

當時的輿論也指出員林事件的肇因是外省人歧視臺灣人，如《民報》蔣時欽的特稿：「這次血案發生的根本原因中，有介在外省人對臺灣人之錯誤的優越感一事，幾無容疑問之餘地」。「劉縣長十八日在紀念週中稱：『臺中地方法院有三名臺灣人推事，極為不合理，已向陳長官請求改變』等語，及在報上發表的臺中縣警察局公告均富有挑撥臺灣人與外省人反感之意，可見其錯誤觀念之根深蒂固[211]。」何義麟亦認為，省籍矛

208 〈我們舉起了雙手　我們完全沒抵抗　受傷法警陳清漢談經過〉，《民報》，一九四六年十一月二十日，第三版。

209 中國文化建設協會編，《抗戰前十年之中國》，臺北市：龍田出版社據一九三七年編著者出版之《十年來之中國》影印初版，一九八〇年六月，頁七四至七五；轉引自黃惠貞，《國民黨政權流氓取締制度起源研究（一九二七—一九五五）》，頁二七。

210 司法院秘書處一九七一年出版的《戰時司法紀要》的數據顯示，一九四七年時，有一千三百五十四個縣沒有設法院。轉引自劉恆妏，〈戰後初期臺灣司法接收（一九四五—一九四九）：人事、語言與文化的轉換〉，《臺灣史研究》，第十七卷第四期（二〇一〇年），頁三五。

211 蔣時欽，〈員林血案真相（下）〉，《民報》，一九四六年十一月二十三日，第三版。他指的是當時的臺中縣長劉存忠，他是中國來的陸軍少將。

盾就是在員林事件之中快速地激化[212]。

在這多事的一九四六，如果有一個關心時事的人每天讀報，他將讀到兩條平行線。一條是政府開始取締流氓，另一條是真流氓照樣耍流氓。例如六月三日這一天，「勞働訓導營」盛大開訓，把流氓抓起來集中管訓；同一版面也報導了「員林事件」，流氓竟然可以當義警，還打參議員！再過幾日，他會讀到臺北市參議會張晴川的質詢，他無法理解；雖說偶爾弄錯在所難免，但怎麼可能把參議員、副鄉長、區民代表「誤」當作流氓給抓起來呢？

十一月，兩條平行線又交會在報紙上：民報第三版大幅報導「員林事件」演變成任意開槍的流血衝突，他大受震撼，這些人竟然是警察？即使流氓也不曾看過如此兇狠無法無天的！同一天的版面右下角，「勞働訓導營」盛大結訓了，報上說，受訓隊員最大的三十六歲，最小的十五歲；職業有醫師、地主、店員、司機、軍人等等[213]。他又大受震撼。最小的才十五歲，十五歲也流氓？成員中還有醫師，醫師也流氓？這太荒謬了。警察比流氓還流氓，那關在勞働訓導營裡的到底是誰？

如果他曾經對於新的政府有過期待，流氓問題將令他徹底清醒。

即使民意強烈支持臺中地院、支持司法獨立，高層風向卻恰好相反。高等法院發布消息，將臺中地院代理院長饒維岳降黜為一般法官。

饒維岳是臺灣第一代法律菁英。臺灣第一位法官是黃炎生，一九三一年；饒維岳則從一九三二年開始在臺中地院擔任法官，兩人同樣是京都帝大畢業的[214]。饒維岳的降級引起各界聲援，臺中地院其他法官也醞釀集體辭職，以示抗議[215]；但高等法院仍然將臺中地院饒維岳、蘇樹發、賴遠輝三人送交公懲會，責怪他們沒有預防事件的發生（！？），所以「失職」、「輕率」、「失當」、「措置乖方」[216]。

一九四七年二月十五日，民眾盼來了員林事件的一審宣判，所有高階警官都無罪或免訴，只有開槍的林世民判五年有期徒刑。審判長方石坡表示，判決原因是「不能證

212 轉引自吳俊瑩，〈由「員林事件」看戰後初期臺灣法治的崩壞〉，《國史館館刊》，第三十七期（二〇一三年九月），頁八七。
213 《民報》，一九四六年十一月二十一日，第三版。
214 王泰升，《臺灣日治時期的法律改革》修訂版，臺北：聯經，二〇一四年，頁一七七。
215 《民報》，一九四六年十一月三十日，第四版。
216 「呈復處理臺中警察局員警與臺中地方法院警守衛突一案情形並檢同起訴書備查案」，〈臺灣臺中地院警守與臺中警局警衛衝突經過情形〉，《國史館》，檔案管理局藏，檔號：A202000000A/0035/151/1728/1/003。

明犯罪」，記者追問，他說：「恐將發生誤會，故不能答覆。」

這就是全部的解釋了。群眾的憤怒一時無處宣洩，不過，僅僅十二天以後，臺北市就發生了另一起公權力輕率開槍、草菅人命的事件，隨後釀成大規模武裝衝突與後續的報復性搜捕，是為二二八事件。

## 3

「廢除勞動訓導營」，是臺北市二二八事件處理委員會的重要訴求之一[217]。但重大歷史事件是這樣的，像平地上突然隆起一座山，製造了不可忽視的區分。此後陽光縱然普照，山陰處卻總有龐大的暗影，地貌永遠地被改變了。二二八事件之後，批評的聲音小了，警備總部卻決定進一步加深控制的力道，要「切實督飭憲警，訂頒保安處分辦法，嚴拘莠民，盡雷厲風行之勢」。面對政治動盪，警總祭出的對策是擴大抓捕流氓，這說明了流氓管訓制度實是政治控制很重要的一環。官方對於「後二二八」的時局規畫、以及日後流氓管訓制度的雛形，都在《臺灣全省警備司令部卅六年度工作報告書》

裡。

警總心意已決，一方面設立新的收容機構來容納即將捕獲的流氓（就是岩灣的臺灣省游民習藝訓導所），另一方面則為流氓管訓制度尋找法源依據。警總找了憲兵第四團、臺灣省民政廳、警務處、臺灣高等法院、臺灣高等法院檢察署（當時稱檢察處）、臺北地方法院，來一同開會。警總將流氓管訓制度定位為《刑法》上的「保安處分」，但宣告保安處分是法院與檢察署的職權，怎麼辦？警總擬了一個《臺灣省憲警協助保安處分辦法草案》，賦予自己插手的權力。

這個辦法簡略空洞，一共只有六條，第二條說「應受保安處分的人」由「有權逮捕機關」逮捕——但什麼樣的人應受保安處分？誰來判定？誰是這個「有權逮捕機關」？最重要的事情全都沒說，像一張空白支票，愛填多少金額，就填多少金額。第五條說「本辦法如有未盡事宜得隨時修改之」，所以第二條說不說都沒差了，反正他隨時

217　薛化元、陳翠蓮、吳鯤魯、李福鐘、楊秀菁，《戰後臺灣人權史》，臺北：國家人權紀念館籌備處，二〇〇三年，頁四二至四七。

會改[218]！

雖然名稱裡有「草案」兩字，但可別以為警總只是提出個「草案」來聽聽大家的意見。根據《臺灣全省警備司令部卅六年度工作報告書》，警總一九四七年十月八日、十一日找有關單位開了兩次會，十月十八口就動手抓流氓了。

他說，要有光，就有了光！

並沒有人要求警總的協助。這個辦法的意義就是讓警總的職權進一步擴張到保安處分，而法院與檢察署都為之背書。

根據警總的工作報告，他們是這樣執行的：

「逮捕應付保安處分人犯以經憲警密查確實，報由警備司令部決定頒發之名單（此項名單由情報處負責整理）為根據，於出發前密交各督導組，持赴各縣市臨時召集有關機關，依照本計畫指示執行之。」

所以名單是警總「情報處」提出的（國安規格而非治安），由憲警秘密調查、決定（當事人沒有申辯機會也沒有公開審理），保密到出發前最後一刻。換句話說，除了警總以外的單位都只是執行者，只有警總是決策者。警總對於自己公布的文件，經常毫不客氣地說「頒發」。

這些人抓了以後，送到當地地方法院檢察署「辦理宣告」，然後就送憲兵隊，解送遊民習藝訓導所管訓。如果消息走漏導致名單上的人逃跑，經辦人員便要受懲處。這個流程就是把檢察官當作橡皮圖章的意思，因為要抓誰是警總決定的，檢察署並沒有審核的餘地，純粹只是蓋章背書而已。

那時候審檢一家，法院與檢察署被視為同一個單位。一九四七年這一次行動是由檢察官辦理宣告，但一九四九年的法院公文顯示是由法官宣告[219]，可能後來作法有所改變。一九六三年《保安處分執行法》已明白規定由法官判決或裁定。

警總差不多把法院當作他的下級單位，干涉個案如入無人之境。法院也把警總當作上級單位，例如花蓮地院把某人判兩個月的保安處分，警總嫌太短，就直接發文給高

218 《台灣省憲警協助保安處分辦法草案》，見本書彩頁圖七。收於國家檔案局，《台灣全省警備司令部卅六年度工作報告書》，檔號：B5018230601/0036/109.3/4010/1/001。

219 一九四九年二月十二日的公文，見國家檔案管理局，檔號 A504320000F/0050/ 永檔 /0058/1/002。

等法院：「嗣後宣告保安處分請將期間酌予增長」。高院也乖乖通令各個地院照辦[220]。

這樣「雷厲風行抓流氓」過了兩年，局勢又更壞了。一九四九年五月臺灣戒嚴，六月蔣介石主導成立了「東南軍政長官公署」，國民黨仍在內戰中敗退，年底將中央政府遷到臺灣。這就是《臺灣省戒嚴時期取締流氓辦法》的誕生，由東南軍政長官公署擬定施行；後來研擬修正時，也經過「總裁」蔣介石過目、並且批示「照辦」[221]。流氓管訓制度誕生的過程可知，它自始就是一個高度政治化的統治行為，目的不是「打擊犯罪維護治安」，而是「打擊敵人維護國安」。

## 4

當時較能發揮的政治舞臺是省議會。臺灣省議會的議事錄已經全部數位化，鍵入「流氓」搜尋，能夠看到雖偶有促請當局嚴厲取締流氓的，但大部分都是對流氓管訓制度的質疑與批評，例如一九五一年陳金德質詢時表示：「除軍事犯或政治犯案件送保安司令部之外，其餘應均送司法機關辦理[222]。」其中，系統性地、持續性地關切流氓管訓制度的，是嘉義選出來的省議員許世賢。

許世賢是九州帝國大學醫學博士，也是臺灣第一位女性博士。她從一九五四年開始，當了十五年省議員，而流氓問題是她監督施政的一個重點。許世賢先是要求政府對於「流氓」給予明確的定義；然後詢問流氓管訓制度的細節，例如甲乙丙丁四級如何分類，如果不服，如何能有申訴、救濟的管道；後來她明確標舉憲法對人身自由的保障，要求流氓應經過司法機關審判。但政府顯無改善，一九六〇年，她乾脆要求廢止《取締流氓辦法》。不過那是一個不重視民意的時代，許世賢的質詢，只是促成行政部門開開會、討論一下，增加了一些國家檔案而已。一九六六年，郭雨新邀集了二十五位省議員共同提案，要求政府停止抓捕流氓。提案通過了！隔天《中央日報》以三版頭條刊登臺灣省警務處發言人的反駁[223]，當然沒有要改變的意思，「流氓」送外島管訓的行伍，依然絡繹不絕。此後許世賢及其他省議員還是不時提出質詢，但顯然這些要求全無實效。

220　一九四九年二月十二日的公文，見國家檔案管理局，檔號 A504320000F/0050/ 永檔 /0058/1/002。
221　行政院檔案「取締流氓案」，國家檔案局，檔號 AA00000000A/0047/3-7-2-4-2/4。
222　地方議會議事錄總庫，典藏序號 002-01-01OA-00-6-2-0-00298，https://reurl.cc/Epb7ZK。
223　《中央日報》，一九六六年七月二十一日，第三版。

離開省議會以後，許世賢選上了嘉義市長，清廉認真，人稱「嘉義媽祖婆」。她使盡渾身解數但沒能擋下的《取締流氓辦法》，日後果然絆倒了一些嘉義子弟，例如王信福。

## 5

除了省議會以外，監察院也是一個重要的監督力量。針對《取締流氓辦法》，監察院一九六一年就曾提出糾正，一九六三年又要求行政院改進執行方式，但言者諄諄，聽者藐藐。一九六八年，監察委員陶百川終於彈劾彰化縣警察局局長等三人。

監院調查發現，某甲因為私人恩怨而向警察檢舉某乙是流氓，因為《取締流氓辦法》容許秘密證人檢舉。彰化分局警員毫無查證，便把某乙當作流氓呈報警總，警總也沒有查證，就准了。就這麼簡單，沒有前科的某乙只因某甲一句話就變成「流氓」，被抓去職訓總隊了[224]。

這時候流氓管訓制度已經運行超過二十年了，取締流氓的程序（與一九四七年的警總工作報告書相比）也稍有進步。警局應該先調查事實，告誡當事人並給予辯明機會，然後呈報警總；警總應調查審核，確認無誤，就造冊列管；如果這位「準流氓」再有某種流氓事蹟的話，才逮捕送管訓，所謂「遇案取締」。當許世賢等人在省議會質詢時，臺灣省警務處的官員總是振振有詞地說，取締流氓是經過層層審核，很嚴謹的。然而事實證明那只是講得好聽罷了，實際上根本沒有這樣做。

這也不是個案。一九七〇年，警總執行「伏妖專案」捉拿青幫紅幫，執行要點裡就說明「儘可能」告誡後再取締[225]，表示警總根本沒有約束執行單位一定要先告誡。不告誡的話，當事人怎麼有機會辯解？沒有當事人說法的話，調查不就是檢舉者的片面之詞？

既然說層層審核，那出了錯誤，就表示從警總到警察，每一個環節都出了問題。但即使是陶百川，也只能彈劾警察之後，這樣說上一句：「即警備總司令部及警務處有

224　《監察院第一屆人權保障案件選輯（1950-1971年）》第一冊，彈劾案五十七年度劾字第二號，「彈劾彰化警察分局局長楊光炬、前刑事局員趙俊賢等辦理林炳耀流氓管訓案濫用職權陷害良民案」。

225　國防部史政檔案影像調閱系統，總檔案號00027168，檔號58_563.5_2323_5_25_0027168，案名「伏妖（取締不良幫派）專案」。

關人員亦難辭疏忽之咎。」然後把彈劾案副本送一份給警總與警務處。

監察院的彈劾案，隔天《聯合報》、《中央日報》、《中國時報》（當時叫做《徵信新聞》）都以顯著篇幅報導。一週後，《中國時報》忽然出了一篇社論，〈讓警察有力量對付流氓[226]〉，一字一句都在警告監察委員。文章開頭先百轉千迴一番，肯定流氓管訓制度有法源依據：

「政府幾年來對付流氓主要是依靠取締流氓的治安手段，而非完全依賴法庭的正規行動。這是一項必須容忍的事實。我們無意說治安行動可以永遠代替正規的法律判斷，但就技術上而言，今天治安機關持以與流氓周旋的保安處分權力，也未嘗沒有司法的根據。」

這篇社論不評論個案，但是，

「我們不能不懇切要求，一方面治安當局要以最嚴謹的態度處理流氓事件；另一方面，政府的各部門都要積極的與治安機關合作，使其能發揮鋤暴安良的責任。」

「政府的各部門」所指為何？如果真的還不明白，最後一段挑明了說：

「我們要呼籲監院諸公，處理這一類足以產生極其重大後果的問題，一定要特別慎重，非再三查實有良民受到冤誣，並且確定其絕無任何含糊成分在內時，寧可闕而不論。這樣才能符合大部分國民的利益。」

就這樣，社會各界對於流氓管訓制度的批評從未停歇，但都如狗吠火車。監委陶百川已經是那時候最大隻的「狗」了，火車還是隆隆駛過。不僅如此，從媒體報導會發現，流氓管訓制度網眼愈來愈細，管得愈來愈寬。一九六六年的數字是：一百天之內就查處兩千五百名流氓與慣竊，職訓總隊的收容場所不斷增加[227]。警總仍然是不可說的佛地魔，媒體報導時，只說「臺灣最高治安機關」，而不直呼其名諱。竊案頻傳，小偷送

226 《徵信新聞報》，一九六八年一月二十五日，第二版。
227 《中央日報》，一九六七年四月十九日，第三版。

管訓；電影票難求，黃牛送管訓；色情氾濫，春牛送管訓。到了七〇年代，「管訓」更成為治安的萬靈丹：賭博三次就送外島[228]，謊報火警送外島[229]，偷機車也送外島[230]。少年犯罪增加？好的，臺北市警察局副局長說，「對年滿十八歲而合乎流氓列管條件者，一律送外島管訓[231]。」

每隔一陣子，就有人發明新的取締目標。這個不斷增生的清單上，終於出現了王信福喜歡的物事：「奇裝異服」、「夜間遊蕩」。他的鄉間少年生活，終不免與戒嚴肅殺之國正面對撞。火車來了，王信福的黃花格襯衫在風中獵獵作響。

## 6

「職訓總隊」是什麼樣的地方？

《臺灣警備總司令部職業訓導規則[232]》，洋洋灑灑數十頁。「職訓總隊」用這套規矩刻意營造了一個與「外面」不同的空間、不同的生活，要用這種震撼教育，把「壞人」變成「好人」。

收容在這裡的人通稱「職訓隊員」。初來乍到的幾天，有許多「入族式」，標示重大的轉換：你會知道，過去種種都得留在「外面」了，今後必須遵守「裡面」的規矩。職訓總隊會收走你所有的個人物品集中保管；二十四小時之內必須剃光頭、照相、按指紋。前一件事情使你喪失個人性，那是你在「外面」的生活培養累積出來的個人性，必須剝除。後一件事情賦予你新的個人性，你在這裡頭皮發青的樣子將存入記錄，因此你可以被歸檔、管理、追蹤。如果半途逃跑，就用這些資料通緝你，捉拿歸隊；如果結訓離開，這些資料就跟到你居住地的管區派出所，作為未來繼續監控的依據。

除了身體受管訓，心理也要受管訓。一進來就要寫「自傳」，內容包括這五項：家世及家庭狀況，學經歷及其他，案情概述，反省檢討及入隊感想，結論。職訓總隊的幹部會與隊員個別談話，從這個時候開始，你就被建檔了。你會有一個考核紀錄，談話

228 《民聲日報》，一九七〇年三月十日，第三版。
229 《民聲日報》，一九七〇年二月十八日，第三版。
230 《中央日報》，一九七二年六月十七日，第三版。
231 《聯合報》，一九七〇年五月十四日，第三版。
232 本節資料均來自國防部史政檔案，總檔案號 00027163，檔號 55_563.5_1315_1_3_00027163，「職業訓導規則案」。

內容會收在檔案裡，裡面會註明你的犯罪原因、動機、性格、品行、境遇、學經歷、身心狀況、個人關係。

個別談話每個月至少一次，都要記錄。「為了解隊員之思想言行，才能品德，學習狀況，悔改程度，實施嚴格縝密之考核」，第八十六條。

如果收容期間有你的親友前來會面，你們的談話內容會記錄下來，收在你的檔案裡。如果你寫信寄出去，或者別人寫信寄給你，信件內容也會記錄下來，收在你的檔案裡。你沒有秘密，只有一個非常肥厚的檔案。「檢查隊員來往書信，並記錄其會客資料，以了解其社會關係，家庭狀況，及在訓期間之心理傾向，以資運用」，第九十三條。

你的腦子也是管訓的範圍。「凡書刊均應經由審查後，始可發給閱讀」，第五十四條。

你在職訓總隊的生活，完全圍繞著「考核」。

第八十七條：隊員考核應依據下列原則實施：

一、全面考核：職訓幹部應不分彼此，不論階級職務與單位，隨時隨地對管訓隊員實施考核，確實做到「人人考核」「時時考核」「事事考核」。

二、建立核心：運用可靠隊員，建立情報核心，以掌握隊員動態，加強隊員管理，防範不意事件發生。

三、深入觀察：以直接認識，間接考核，正面觀察與側面調查諸手段，經常實施考核，相互運用，分析比較，以期獲得正確之了解。

四、公正客觀：對隊員考核，態度應公正無私，頭腦要冷靜客觀，切忌意氣用事，固執成見，並注意偽裝，免使蒙蔽，尤應多方求證，獲取正確結論。

每個月，分隊長至少要在你的考核紀錄裡，寫下優劣各兩件事蹟。如果考核的結果很好，你將如期結訓。如果不好，管訓時間會延長，沒有上限。

你不知道考核結果會是好還是不好，所以，你不知道自己在這裡要被關多久。

如果幸運結訓，你必須在離隊之前繳交「結訓心得報告表」，背誦隊員信條與生活公約。你將取回個人物品，但是你進來時上繳的身份證，這時並不發還。他們會把你的身份證寄到你將要居住的轄區警察局，並發給你一張「離隊證明書」。你想回到「外面」的生活取回你那失去了好幾年的個人性，就得帶著「離隊證明書」去警察局報到，領回身份證，此後接受警局監管。這個作法就是確保你離開職訓總隊以後，仍有一雙眼睛接力盯著你。你永遠是待罪之身。

喔還有，你離隊以前，必須找人為你作保。那個人必須簽一張「領據」：

> 茲向
>
> 臺灣警備總司令部職業訓導第　總隊領回結訓隊員＿＿＿＿一名，保證如期向原籍警察局報到，並負保護管束之責。

好像你是一個失物被人領回。

要找到人願意簽這種東西應該不容易吧！簡直是一個「自願受連累聲明」。如果找不到人為你作保，你就不能出去了，可能會被送進某個「習藝所」終老，就像那個士林地院判國賠的案子一樣。

職訓總隊是一個類似軍事監獄的地方。《職業訓導規則》第三條說：「職業訓導工作，應施行軍事管理及品德教育與職業技藝訓練」，然後忘記已經說過了，第六十三條再說一遍：「隊員入隊後，一律施以嚴格之軍事管理」。這裡有政戰與訓導工作，由各級政戰人員主辦，要對職訓隊員「灌輸革命理論」，還要經常實施安全突擊檢查。這是類似軍隊的部分。

類似監獄的部分是：一進來就發給「囚犯補給卡」，接見親友與書信往來比照《行刑累進處遇條例》，押解勤務則比照行政院的《解送人犯辦法》。「不論晝夜，對收訓之隊員，均應嚴密戒備」，第一二八條；「總隊各營區周圍崗哨之配置，應構成警戒網，並經常巡邏，以策週密」，第一三五條；「職訓隊員有脫逃、自裁、暴行、或其他擾亂秩序行為之虞時，得施用戒具」，第一三〇條。

如果你脫逃，幹部必須把你的照片洗三十二張，並備好八份年籍資料表，通知總隊，期限是四小時。然後開會檢討原因，會議紀錄也要交給總隊，期限是隔天。總隊除了報請當地檢察處發布通緝以外，還必須報告總部情報中心，期限是三天，然後每一季要繳一份「脫逃原因檢討分析意見表」。如果旗下沒人脫逃或自殺，長官可得獎勵，反之受懲罰。所以，長官應該會很努力地防止你脫逃。

如果你死掉了，職訓總隊有一個《職訓隊員死亡處理作業規定》，目的是「為貫徹本部：『對民眾要有人情味』之意旨暨配合政策實施」。這表示在職訓總隊裡死亡還蠻常見的吧？就因為三不五時必須處理隊員的死亡，才會乾脆擬了一個標準作業程序，並訂出公定價吧？前來探視的死者家屬，家貧者可得五百元車資，「並優予接待以安撫其情緒」，更窮的再加五百，「以示政府德意。」另有喪葬費用，普通家庭一千元，貧窮家庭兩千，赤貧家庭四千。

「職訓總隊」對外宣傳時，總是強調隊員可接受「職業訓練」。職業訓練的部分是這樣規畫的：先有預備階段三個月，讓新收隊員熟悉團體生活。再來進入第一階段「基本教育」，一年至一年半，合格的話，進入第二階段「習藝教育」，一年半至兩年。最後是「實習考核教育」，半年，如果不合格，可能會被打回「基本教育」階段，重來一次。反正管訓期間沒有上限。

在基本教育階段，「基本教育以高度嚴格之勞動訓練為重點，勞其筋骨，苦其心志，正其儀態，使其生活習慣之巨變，引起生理變化，進而改造其心理，革除其惡性為目的」，第三十九條。「基本訓練階段，以集體行動為原則，管理幹部應隨時隨地，注意監護」，第六十四條。

在習藝教育階段，職一總隊主科是工藝，職二是農業，職三是漁牧。除此之外，開礦、採石、營房建築、國防及地方公益建設，都可以是習藝項目。如果你表現超級優秀，可以越級提前結訓。

在實習考核階段，有可能被送到職訓總隊之外的地方工作，行動上也比較自由。週休半日，就是星期日午後。勞動所產生的盈餘中，至少有百分之十二提撥為隊員的勞作金。這裡禁菸禁酒，每週清潔檢查一次。

職訓總隊裡獎懲分明。隊員如果檢舉其他隊員圖謀脫逃或暴動，或者協助捕獲脫逃隊員，都可獲得獎勵，包括公開表揚、發獎金，或者得到較好的考核成績，不會被延訓。可被懲罰的事項，則有一長串。

> 冒犯長官恣意詆毀不聽管教者。性情粗暴態度傲慢不遵約束者。在營外作業擅取民物者。言行不檢有損團隊榮譽者。違背信條公約說謊欺騙者。私組團體派別圖謀不軌者。作業不力或藉故規避者。故意損壞公物或習藝器材者。浪費習藝材料或擅取公物者。毆人而未至傷害者。擾亂秩序者。其他違反紀律事項。

懲罰的方法和監獄裡一樣，就是進一步限制他僅有的自由，例如不准與親友會面，不准通信，不准戶外活動，增加勞動時數，關禁閉，扣分影響考核，或者報請總部核准延訓。

如此這般，《職業訓導規則》鉅細靡遺，總共一百八十條，於一九六八年修訂，如樹梢間一張細膩但近乎透明的蛛網。再過個幾年，沒前科的少年王信福將一頭撞進來。

## 7

和孫悟空一樣，少年王信福從金角大王銀角大王那個無所不收的葫蘆裡逃走了。他們三人決定往東走，避開甲仙，因為甲仙那裡有「力行總隊」，就是海軍陸戰隊管訓軍人的地方。要是遇上他們，死得更慘。三人一路下切河谷，走無路之路才不容易被抓到，這樣來到了天龍吊橋。

小小的一個吊橋晃呀晃，三人中有一人輕輕前去探路。沒想到橋那邊有職訓總隊的人埋伏，他一過去就被抓了，橋這邊，兩人轉身沒命地跑！

這樣度過提心吊膽的八天七夜，兩人平安下到了臺東。王信福與伙伴道別，攔了一輛卡車，搭便車坐回嘉義。事實證明，鹽和火柴對他們的山中逃亡，一點用處也沒有。

坐回嘉義？

對，他就坐回嘉義。孫悟空會七十二變，王信福一變也不會，他只是個十九歲的孩子。王信福說：「只是想說不要給他關，這樣而已。但是要去哪裡我也不知道，也是只能回家。」

差不多同一時期在美國，也有個不斷逃跑的少年法蘭克，他的事情後來拍成了電影《神鬼交鋒》。法蘭克十六歲就隻身外出闖蕩，製作假支票行騙，手法精緻，是個高明的騙子。經過一番追與逃，終究被鍥而不捨的探員卡爾逮捕，把他帶回美國受審。飛機降落前，法蘭克得知父親過世了，躲進洗手間大哭不肯出來。沒想到他拆了馬桶鑽出機艙，聯邦探員眼睜睜看著他在空曠的機場跑道上狂奔消失。

不過，失去了父親的法蘭克會跑去哪裡，卡爾已經猜到了。警車的閃光一路朝向一戶裝潢溫馨的大房子，法蘭克就在窗邊張望，那是法蘭克的母親，與他父親離婚後另組了家庭，看起來很幸福。法蘭克那麼聰明，他知道卡爾會猜到吧？去看媽媽的代價就是好不容易得來的自由，又要失去了。

但是即使如此，還是要去。

王信福也知道回家的代價吧？但是即使如此，還是要去。

木工自然不可能再去學了，王信福和以前一樣在嘉義火車站前面拉客。一個多月以後，警察來了。

「王信福係臺灣警備總司令部職業訓導第三總隊執行矯正處分之人犯，竟於民國六十一年一月三日自臺東縣關山鄉向陽工地脫逃，潛回嘉義，同年二月十四日中午十二時許，在同市西門街與民族路交叉路口，與綽號『阿雄』、『阿林』、『黑肉崑』等三人，以樸克牌賭博財物時，當場被刑警林英文緝獲，並起出樸克牌一副，案經嘉義警察分局移送本院檢察官偵查起訴。」

——民國六十一年嘉義地院易字第二五一號刑事判決

彷彿聽到「咻」的一聲，王信福又回到葫蘆裡。

這就是王信福的第一個前科：脫逃罪。

脫逃罪的構成要件是「依法逮捕或拘禁之人，用不法行為回復其自由，而脫離公力監督」。一個人從「職訓總隊」逃跑，這樣算脫逃罪嗎？這就等於問，警總抓流氓究竟合不合法？如果合法，脫逃就有罪；如果非法，脫逃就沒罪。這也等於問，《取締流氓辦法》有法律依據嗎？如果有，脫逃就有罪；如果沒有，脫逃就沒罪。

打從《取締流氓辦法》一上路，法律界就一直有異音，只是相當微小。一九五一年的司法官訓練班學員（也就是準法官、準檢察官）質疑此法沒有法源依據[233]，高檢署也同樣有此疑問，寫公文去問法務部（當時稱司法行政部）：「警察局根據戒嚴時期取締流氓辦法管收人民是否適法？」法務部斬釘截鐵地回覆：「查警察局根據臺灣省戒嚴時期取締流氓辦法管訓人民，究與故意妨害他人自由之情形有間[234]」，意思是我們繼續配合吧。是的，在警總設計的流氓管訓制度裡，法官與檢察官很倒楣地扮演著橡皮圖章的角色，起先由檢察官宣付保護管束，後來是法院，難怪他們對於這個問題特別敏感，因為每個被移送的流氓屁股上，都留著他們的鞋印。

等到國家檔案開放後才知，法務部根本就知道《取締流氓辦法》沒有法源依據！

233　準司法官們似乎沒有公開提出質疑，但阮華國在〈譚流氓的處治〉一文中提到這件事，見《法律評論》，第二十五卷第一期，一九五九年一月，頁一四至一七。

234　《司法專刊》，第一期（一九五一年四月），頁三一。

司訓班與高檢署表示疑慮之後，國防部召集各相關部門來開會，因為「無論軍法或司法機關均感欠缺法律上之依據」，所以請大家來談談如何修正《取締流氓辦法》。這個內部會議上，警總依舊主張流氓管訓是刑法的「保安處分」，法務部則不以為然：

「凡有關人民權利義務的法規，必應經立法程序。該辦法內容如第三條第六條等，均屬有關人民權利義務，然未經立法程序，法律上的根據當屬欠缺。至保安司令部所提書面意見略以：取締流氓係屬保安處分之一種，並非無法律依據云云。惟查保安處分有一定之條件，且需隨主刑而判處，而此兩點已與取締流氓辦法的內容不盡相合，則取締流氓辦法尚難謂係屬保安處分之一種。此外該辦法在戒嚴法中，亦無根據可援[235]。」

這是法治的基本概念，原不需高深的法學素養，也不是解嚴後才冒出來的後見之明；他們當初就都知道了。只是這件事情背後有蔣介石的政治意志，執行上則有集軍事、行政、國安、情報、偵查、審判各種權力於一身的警總，大家不好說，又不敢不從。類似意見在後續的檢討會議裡不時出現，不過，只要警總出來說「取締流氓係一種政策，必須推行」、「該辦法要旨係在加強保安處分之運用，實不容偏廢」，會議就結束了。

法律人只能在一次又一次的司法座談會裡，繼續微弱地提出討論，然後被權力碾壓。

一九五七年，花蓮地檢處的司法座談會，一方認為管訓沒有經過法院宣告，所以不算脫逃，另一方認為有《違警罰法》為法律依據，所以算脫逃罪；「脫逃」的一方勝出[236]。

一九六三年，臺中地檢處的司法座談會，一方認為依據憲法第二十三條，合法拘禁必須依據「法律」，《臺灣省戒嚴時期取締流氓辦法》的位階只是行政命令，所以管訓不是合法拘禁，逃走也不算脫逃；另一方認為還是算脫逃罪。會議結論是「算脫逃」，但研究結果卻是「不算脫逃」[237]。

235 高檢署的發問與法務部在內部會議上的發言，同樣是一九五一年。內部會議記錄見國防部史政檔案，「研議臺灣省戒嚴時期取締流氓辦法案」，檔案號00050047。

236《司法專刊》第七十七期，頁三三六五。

237《司法專刊》，第一六六期，頁七五四一至七五四二。

一九六七年，嘉義地院司法座談會的結論是，如果依《違警罰法》送管訓的人脫逃就算脫逃罪，依《臺灣省戒嚴時期取締流氓辦法》送管訓的脫逃不算脫逃罪，因為前者是法律，後者只是行政命令[238]。

其間還夾著許多「管訓時請假逾期不歸算不算脫逃」、「管訓時保外就醫脫逃算不算脫逃」之類的疑難雜症。不同時間、不同地方的研討，結論不盡相同，但這問題一再提出，顯示「流氓管訓制度」的合法性，一直受到質疑。

那些年的法院真的很沒有尊嚴。比如一九六九年，警總發文給法務部，抱怨說一九六六年有一件職訓隊員殺害管理人員的案件，由花蓮地院偵辦，但「久懸未決，不特未收儆戒震懾作用，嚴重影響管理幹部心理，且無形助長戾氣」，因此要求法務部通令各級法院與檢察處，「嗣後遇有職訓總隊隊員不服幹部善意管教，或抗拒、暴行等不法案件，移請法辦時，請從嚴懲處，並儘速結案，以利職訓工作之執行。」警總不但要求司法負起「儆戒震懾作用」，還干預個案的審判進度與量刑輕重！

結果法務部怎麼辦呢？法務部乖乖的發文各級法院，抄錄警總原文，並要求今後從重量刑並盡速辦理[239]。

這樣一直到了解嚴後的一九八九年，又有八位職訓隊員脫逃。這時各級法院已經隸屬司法院，不再扭曲地、委屈地隸屬法務部了。司法院拿出立場來了，直接告訴警總，職訓隊員不是「逃犯」，不能發布通緝。警總碰了一個釘子，最後只好發函給各地警察局協尋，然後把人抓回職訓總隊[240]。

回歸正常法律秩序以後，「從職訓總隊逃走不算脫逃」塵埃落定。

那麼，累積三次違警紀錄就依《違警罰法》送管訓，合乎憲法嗎？臺東有一位被管訓的「流氓」認為不合憲法，因為憲法第八條保障人民的人身自由，《違警罰法》怎麼可以不經法院審判就把人關那麼久？他提起釋憲。一九九〇年，大法官公布釋字第二五一號解釋，承認《違警罰法》第二十八條違憲。而且，一九八〇年釋字第一六六號解釋已經宣告《違警罰法》另一些條文違憲，但立法權與行政權卻虛度十年毫無作為，所以這次大法官給立法院大約一年半的時間去訂定新法，否則屆期失效。

為時晚矣！戒嚴的鐵蹄已經在王信福年輕的屁股上狠狠踢了一腳，烙印已成。

238 《司法專刊》，第二〇四期，頁四八。
239 《司法專刊》，第二一八期，頁一六。
240 《聯合晚報》，一九八九年八月十四日，第一版。

「流氓」！「前科」！「壞人」！

假以時日，外來的烙印將內化成少年王信福的一部分，就像那顆假眼珠被增生的微血管團團裹住，不辨原來面目。也像那顆假眼珠，表面平靜但內裡化膿，最終驅使王信福不得不回到臺灣，回到命運的原點。

## 8

把流氓抓去開橫貫公路，是蔣介石的點子[241]。

一九五五年，蔣介石敗走臺灣第六年，在年度軍事會議上仍然威風凜凜。他認為失學失業青年已經構成嚴重的問題，因此主張全面清查，然後把失學失業的人抓去管訓或當兵。誰來做這件事呢？他在軍事會議上這樣說，就是要軍隊來做的意思。當時臺灣有臺北、臺中、臺南、臺東四個「師管區」，轄下各有「團管區」，師團管區主要的任務是後備軍人的動員與管理。

這位蔣總統是徹底認為「全民皆兵」的，所以在他的腦子裡，叫軍人去抓老百姓，並沒有什麼大不了。群臣苦惱了，國防部、總統府秘書長、甚至警總都委婉地勸阻，可是老總統堅持。法務部替老總統的奇想找了一個法律依據，說要用《國家總動員法》徵召人力；國防部法規司司長王善祥表示反對：「《國家總動員法》之對象係一般人民，而列舉之總動員業務亦無『管訓』字樣，則『管訓』名稱在現行法律上尚乏依據，事極顯明。」

話鋒一轉，王善祥接下來為老總統的奇想獻上一計：

「但為維持地方治安並免使人力無謂浪費，似可設立動員時期職業訓練機構，擬定辦法，以徵雇名義號召失業遊蕩青年從事於國家總動員業務，前往該處接受訓練。至如何號召以達成徵雇為名而行管訓之實，則屬技術運用問題。」

「至如何號召以達成徵雇為名而行管訓之實，則屬技術運用問題」！王善祥是忠貞

241　這一節的資料來自國防部史政檔案，「失業遊蕩青年調查與輔導案」，總檔案號00041326、00041327；「研擬失學失業青年輔導就業及散兵遊民與流氓收容處理辦法」，總檔案號00043141。

國民黨員，革命實踐研究院第十期學員，民國二十二年司法官考試及格，當過法官、檢察官[242]；他雖是正統法律人，但他建議的這一招，卻完全是「請君入甕」的特務手法。

第二次會議，國防部擬好了「臺灣省失業遊蕩青年管訓計畫大綱」，「流氓」自然也是其中一種管訓對象，底下加註：「已犯罪及未犯罪者」。是的，對外宣傳要取締流氓時，都說他們做了多少壞事，只有內部資料裡才誠實承認：未犯罪的也是「流氓」。

群臣商議了一圈，最後國防部提議，由省政府在各縣市設一個委員會來處理這件事如何？蔣介石批覆如下，語氣有點不甘心，好像知道底下的人想糊弄他：

「如擬。但須具體規定該組織之職責，並令其切實擬定實施辦法，方能期其有效，否則含糊設置必定一事無成也。余仍以為失學失業之青年應設法強制其服兵役或勞役（如橫斷公路等）。」

這時候，中部橫貫公路正在開鑿，工程由老總統的兒子蔣經國負責，他是退輔會主委。老總統的突發奇想雖不受群臣支持，但他的兒子終究貫徹了他的意志，此後橫跨十幾年的時間，從中橫、北橫到南橫，凡工程艱困之處，就把職訓總隊的流氓抓來支援。少年王信福，那個「未犯罪」的流氓，不幸地趕上這一波，在南橫經歷了畢生見到最多屍體的一段時光。

## 9

服完「脫逃罪」刑期之後，王信福回到職訓總隊，被送到採石場工作。《職業訓導規則》第一七四條：「總隊得與適當之公、民營廠（場）商合作或承攬其工作，實施隊員習藝生產訓練」。

採石場在屏東里港。每天早上軍車把他們載到現場，發給每人一支鑿子、一支掃把和一個畚箕，與五立方公尺的一個大石頭。一天之內他們必須把石頭鑿碎。明天再

242　習賢德，《聯合報企業文化的形成與傳承》，臺北：秀威資訊，二〇〇六年，頁六二六。「忠貞國民黨員」一語是王善祥的自述。

來，再一個五立方。採石場的石頭是拿去賣錢的，所以他們完全在做廉價勞工。王信福又想逃了。

這次他們有四個人。軍車沿著一段河道前行，會經過一大片麻草，與人等高，適合躲藏。警衛都配五七步槍。王信福和朋友們說好，河邊有一個地方會有婦女在洗衣服，那裡不能跑，因為警衛一定會開槍。等到過了有人的地方，王信福等四個人從車上跳下，四散狂奔。警衛果然開槍！

「不是朝地上開槍，是朝頭的高度開槍；沒有要讓我們活呢。」四十年後回憶起來，王信福的語氣幾乎是哀傷的。

跑去哪裡呢？還是回嘉義平等街老家。每次逃跑都回家，王信福實有負「流氓」的名聲：離了家他根本無處可去，何「流」之有？

這回在家裡住了兩個月以後被抓。抓回去以後才知道，「咦，你也回來了？」原來全員無傷，逃跑的四人在職訓總隊又重逢了。

不久，王信福被送到蘭嶼。在蘭嶼就沒辦法跑了。最後媽媽帶阿玉來接他的那一次，可能是一九七七年左右，距離他「夜間遊蕩」被直送小琉球，大約六、七年。他在媽媽身邊沒多久，很快接了兵單，然後在當兵期間，王信福為了探視生病虛弱的母親，逃了第三次。

時代的無情在於，新的時代並不打算匡正舊時代的不義，而傾向於繼承它。不知道從什麼時候開始，王信福接受了。他笑笑的，不太去想那些事了。

他的淡色囚服說不出是什麼顏色，那可以是任何顏色，刷淡百分之二十的網底；真正出於選擇佩在身上的，只有一串佛珠。連他也不去為那個孩子辯解了，青春的風神與自在，已經冰存在南橫的深山裡。

年近七十，他已經沒有花襯衫，不能留長髮，更不可能夜間遊蕩了；而且，現在誰能想像這些行為可以成為長期管訓的理由呢？

什麼都是錯的。當時代錯誤的時候，什麼都不可能對。

## 10

法國新浪潮導演楚浮拍過一部自傳式的電影《四百擊》。十二歲的少年安端在學校有點調皮，家裡有一個小祕密：他是媽媽未婚懷孕生下來的。這個爸爸不是他的生父，但願意和他媽媽結婚，對安端也不錯。所以其實也不是什麼大問題。

但是，這裡一點、那裡一點的，甜美的童年發酸了。安端在學校一直為了小事受罰，他逃學，卻在街上撞見媽媽有外遇。媽媽對安端原本就有一點冷淡，也許這不是她期待的孩子，也許她為了這孩子才和並不愛的人結婚？媽媽怕安端告密，心裡有了疙瘩，最終導致安端因偷竊被扭送警局時，父母兩人雙手一攤，表示此孩無法管教，要送感化院就送吧。

安端被父母放棄了。他被推到身高標尺前面站好，只見畫面外伸進一隻粗暴的大手，像章魚一樣吸附在他臉上，把他的頭轉向側面拍照，再粗暴地拉他的手來按指紋。

在感化院，安端趁機逃了。他身形幼小，俐落地鑽過一個鐵絲網的縫隙，管理人員追趕不及。跑呀！踩出一腳土石，鑽過一個路牌，背景從鐵絲網、樹林變成房舍、磚牆，有牛，在晾曬的衣物下吃草。這樣終於來到一個無人的海邊，沙灘上略有幾行足跡。

他自由了，但忽然轉過臉來直面鏡頭，好像在說：「你追我幹嘛？」電影就在這裡定格，結束。

楚浮自己真的進過少年感化院，但後來他遇到影評人安德列巴贊，發現自己喜歡電影，也有天分，就此逆轉了人生。這是勵志版。電影裡的安端凍結在這一刻，未來可好可壞可生可死可逃可囚，這是藝術版。《四百擊》完成於一九五九年，算起來，安端長王信福四歲。如果安端被送進臺灣的職訓總隊受「基本教育」、「習藝教育」、「實習考核教育」，「勞其筋骨，苦其心志，正其儀態，使其生活習慣之巨變，引起生理變化，進而改造其心理，革除其惡性」呢？在第幾年，他會來到那個臨界點，接受外在環境對他的定義，接下命運分派給他的那杯苦酒，不再掙扎，一飲而盡？

或者，如果王信福也可以凍結在逃獄的一刻：帶著鹽和火柴在山間奔跑、匍匐在高高的麻草叢中靜待槍聲停歇……。

第九章

# 外面的人都不是這樣想

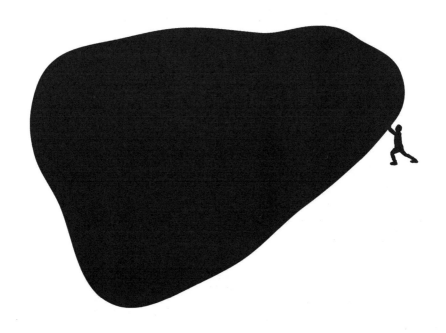

# 1

「你那時候為什麼決定要逃走？」

「我也知道我前科這麼多，看起來就很醜啊。」

自從二〇一九年一位八十四歲的死刑犯人郭旗山病故以後，王信福已晉升為現存年紀最大的死刑犯人了。關久了的人都渾身是病，就監所的標準來說，王信福的精神體力都算不錯。死刑犯人不被允許去工場工作，不過他們還有一個機會可以離開舍房，就是去上課。

王信福選擇去上繪畫課。老師每個月會來兩次，在看守所裡的佛堂上課，每次教兩個多小時，回到舍房以後還可以自行練習。宣紙的紙質很重要，不能買太便宜的，太便宜的，線條會暈開。臺南看守所共有三、四位死刑犯人一同上這課，所以這也是一點點社交的機會。

老師教他們畫佛像。監所裡相信宗教力量可以使人平靜。畫佛像要工筆，很多細節，很傷眼力。而且舍房採光不佳，好天氣時才能偷得一點光線，陰天和雨天時就沒辦法了，只能和天氣一同陰鬱。他的老花眼已經三百五十度了，而且眼睛是他的弱項。若不是那顆左眼，他根本不會在這裡！唉，若不是那顆左眼。

「臺灣無辜者行動聯盟」從二〇一九年開始持續探視王信福。兩人一組，包括芷嫻、雅伶、佳螢與唯一的男生小毛，累積了深厚的情誼，與許多感人的垃圾話。

「要不是監所醫生說必須外醫，我還真不想去外面看醫生。手腳都銬著，只能坐輪椅給人推，旁邊又站二個，出來還要一層一層的檢查，很麻煩！」

「這樣是不是很像大爺？出來還有保鑣。」

「不是，是像病得很重、要死了的病人那樣。」

他已經去臺南市立醫院戒護就醫好幾次，因為左眼反覆發炎化膿，每天要點三次眼藥水，睡前還要點藥膏。醫生說眼睛跟腦之間只有一層薄的膜，如果感染了，那層膜破掉，就會影響到腦。手術不只有風險，動刀也需要花錢，雅伶擔心，錢怎麼辦？

「錢你不用擔心啦，我從來不跟朋友拿錢的。」

「我們不是朋友啊。」雅伶鬧他。

王信福毫不猶豫地回答：「我們是家人。」

雅伶聽到，眼淚就掉下來。王信福有點不知所措，直說：「其實裡面的人比我自己更怕死啦，上次我是不想去看醫生的，是管理人員叫我要去看的。」這位七十歲的白髮老先生不知道該怎麼應付一個年輕女孩的眼淚。

## 2

就目前的司法體制而言，雖然有些人已獲得救濟平反，但畢竟仍局限於少數，監獄裡究竟還有多少人引領期盼著等待不知道，而我呢？人生已剩殘存的日子又有多少可以等待呢？

年輕時，不可否認的，我確時輕狂，但還不到那等喪心病狂神精病的胡亂殺人地步。這件案子僅管當時我在現場，又對當時卡拉OK負責人不滿（警方人員單方面說詞）但我們是認識的朋友。跟當時在場的警察被害人八竿子打不著沾不上絲毫關係，又怎麼會去殺害他們？況且殺人兇手已證實並非我的小弟，何以會聽從我的指使？反倒是本案中，中途離席到外頭取槍之人「李慶臨」是該兇手的老大，在本案幾次審理時，我也都有指明兇殺被害人應和李慶臨有重大關係，法院又屢傳不到。我人關在裡面都曾聽聞有人見著李慶臨，法官卻是一句傳不到他也沒辦法。這樣的司法，妳說當年要非有人告訴我，要我先跑，今天還會有我的存在嗎？恐怕骨頭早能當鼓棒了吧！

法官還有更好笑的，他說我若有冤屈，依現今資訊發達，我可以透過管道澄清，真是天荒夜譚，我小學都沒念完，科技產品別說沒有，就算有，也不會用，真要本人出面，恐怕如同前述，早已抱著冤屈到另一個世界報到去了。

心裡實在有好多抱怨的話，真的不知向誰說去，打官司以我一個小學未完成學業的智識程度之人也只有表達自己沒有涉案，僅管也提出一些看法，但法官仍以其自認高知識份子能辨事非、用其自己想像理想的說法來判我的罪。難道我還得自己去找什麼證明？然而我也找了，我認為本案和李慶臨絕對有關係，法官不去查，卻說就算李慶臨來了他也不會承認，同時我也舉了證被害人和李慶臨有仇，法官不查，查不到都算？還說就算李慶臨和被害人有仇事隔一年多李慶臨應該〇〇〇〇（我忘了你自己補上）。總之看了自己的判決書，除了傻眼、無奈，真不知道該哭還該笑，哭的是自己就是沒犯案為什麼一定要冤枉我，笑的是，原來自己想怎樣就怎樣，操人生殺大權的就叫法官，管他有沒有，我說了算的就叫法官。

不好意思一時情緒發洩，然而卻只是一小部分，也許以後有機會說，也許我再也不想說，看心情啦，畢竟……啊人生苦短，何不快樂自在得好。

——王信福寫給無辜盟的信

## 3

王信福為什麼要逃？即使他一生受夠了國家的強力壓制與不公平對待，被貼上流氓標籤、被流放外島，但那畢竟是戒嚴時期。一九九〇年，已經解嚴了，他為什麼還不信任司法？

其實初解嚴的臺灣，在很多事情上都沒有走出那個法制紊亂的戒嚴狀態。例如吹響司法改革第一聲號角的檢察官高新武，堅持偵辦司法院高官吳天惠的關說案，結果吳天惠無罪，高新武被移送公懲會[243]，然後法務部與司法院的反應不是思考如何防弊，而是禁止法官與檢察官對外發言[244]。行政院提出《危害治安治罪暫行條例》草案，十三則條文裡有十四個死刑罰則[245]，被譏為「死刑大全」，後來灰頭土臉地撤回。更荒謬的是最高法院。花蓮有一個女子割斷電話線，被依《戰時交通電業設備及器材防護條例》起訴，但一審與二審都認為解嚴後就不是「戰時」了，割斷電話線的行為只不過是毀損。最高法院竟說「動員戡亂時期」還沒終止，所以那些戰時法律都仍然適用[246]！

治安與國安的混淆、行政對司法的逼壓，在一九九〇年仍是現在進行式。郝柏村當行政院長時，只不過是查緝走私，竟然動用軍人與憲兵，並且讓警總復出擔任督

243 童清峰，〈蕭天讚到底站在哪條線上？〉，《新新聞》，第一二六期，一九八九年八月七日，頁五八。

244 董孟郎，〈紅衛兵嚇壞老官僚，司法院封殺大嘴巴！〉，《新新聞》，第一二〇期，一九八九年六月二十六日，頁七二至七三。

245 條文見《中國時報》，一九八九年十一月十七日，第九版。一九九〇年為了這部法案，朝野有激烈的攻防，最後一九九三年行政院決定撤回。

246 童清峰，〈司法突然緊縮，民主大開倒車〉，《新新聞》，第一二一期，一九八九年七月三日，頁二八。

導[247]。他跑去臺北地方法院突襲視察[248]，完全不知道行政權應當尊重司法權，不可以這樣侵門踏戶！郝柏村還在治安會報上跟警政署說，如果警察機關對司法判決不滿，可以由警政署發公文給法院，讓法院檢討。而司法院也真的把警政署來函轉給各級法院[249]！郝柏村種種把法院當行政院下級機關的行徑，實在盡得警總真傳。

更不要說，一九九〇年的「民意機關」裡，仍然是長年不改選的老立委、老國代占據九成的席位在「代表」民意！

解嚴不是魔法，輕輕一點即照亮整個城市。初解嚴的那幾年，輿論裡是滿滿的「治亂世用重典」，沒有人在談「無罪推定原則」。每遇重大刑案，內政部長就下令「限期破案」以平民怨，於是基層員警說什麼也得抓個人交差。媒體報導，有一起計程車司機連續搶劫強姦殺人案件，從案發到起訴只花了四天，因為外界要求「速審速結[250]」。法庭還是職權主義，從偵查到審判都不重視科學證據，開庭只是一個將被告定罪的過場而已。

一九九〇年的司法值得信任嗎？看陳榮傑審判就知道了。有凶槍不驗，有證人不傳，用警詢筆錄就拼湊定罪；如果王信福沒有逃，他的下場恐怕和陳榮傑一樣——草率判處死刑，迅速執行死刑。

二〇一六年，浩鼎公司研究開發的乳癌新藥解盲失敗，股價大跌。檢方懷疑當時擔任中研院院長的翁啟惠涉嫌貪污與內線交易，將他起訴，並且在偵辦過程中不斷洩漏案情，引導輿論方向。翁啟惠恰好應邀到以色列演講，然後轉往美國開會，原訂三月三十一日回國，立法院排定翁啟惠到場報告。沒想到翁啟惠沒有回來，並且打電話給總統馬英九表明要辭職，理由是身體不好，不能坐飛機。所以這意思除了是「不當中研院院長」以外，也是「不回來接受調查」。馬英九沒准他的辭呈，並且要他早日回來說 4

247 方仰忠，〈民主在南寮的海裡淪陷了〉，《新新聞》，第一七〇期，一九九〇年六月十一日，頁五〇。南方朔，〈警總復辟，三軍瓦解〉，《新新聞》，第一七五期，一九九〇年七月十六日，頁一四至一七。

248 陳東豪，〈郝院長是不是該說一聲抱歉呢？〉，《新新聞》，第一七八期，一九九〇年八月六日，頁五五至五七。

249 陳東豪，〈這一封密函來路不明〉，《新新聞》，第一八〇期，一九九〇年八月二十日，頁六二。原文未註明作者，但依《新新聞》慣例，方塊文字的作者與主報導應為同一人。

250 童清峰，〈速審速決不是萬靈丹〉，《新新聞》，第一二五期，一九八九年七月三十一日，頁五三。

明。

立法院沸騰了，立委把話說得很難聽，國民黨團書記長林德福說翁啟惠像是「畏罪逃亡」，民進黨立委黃國書說，翁啟惠在備詢前請辭，「崩解了翁的崇高學術道德形象」。檢方則直接說：如果傳拘不到，就發布通緝。

辭職不成，翁啟惠改請假，每一天都充滿懸疑：他到底會不會回來？中研院院長是全國最崇高的學術角色，但這段時間裡媒體的猜測與攻訐，說「斯文掃地」實不為過。最後他足足滯美十五天才回來。

兩年後，士林地院判翁啟惠貪污部分無罪，檢方研究卷證以後決定不上訴，無罪定讞。翁啟惠發表聲明：「二〇一六年三月爆發浩鼎案，我墜入五里霧中，第一時間不知道發生何事，原以為自己坦蕩真誠無需害怕；直到檢察官的起訴書出現，才驚覺當中有許多錯植誤解，這些錯誤會讓一個人一生的努力完全白費，清譽一夕崩盤。當時的社會情緒需要出口，我在各種聲音全面攻擊下，以錯誤資訊建構起來的起訴書竟然變成合理了。」

二〇二一年年初，臺灣高等法院判翁啟惠內線交易部分也無罪。檢方也不上訴，他無罪定讞了。法院的調查顯示，兩項指控都是莫須有的，檢方甚至犯下低級錯誤，把英文「fourfold」（四倍）誤為「四折」，然後指控翁啟惠以「四折」價錢賤賣專利，其實他是為國家談了一個「四倍」的好價錢啊！

翁啟惠後來在研究對抗新冠病毒的疫苗，頗有所成，已經在美國申請臨時專利。他是國際級的頂尖科學家、中研院院長，明明沒有做壞事，但是在二〇一六年面對錯誤的指控時，仍覺百口莫辯，幾乎不想回來面對審判。那麼，王信福，一個十八歲就被貼上流氓標籤的人，終其一生感受著國家的敵視與壓制，在一九九〇年面對不實的指控時，想到自己的前科一定會招來法官的偏見，因此決定逃走，不是很合理嗎？

## 5

來信已有收到，您說對了，我的確不太會為我自己辯解，「壞人」的烙印，當然不會是我自己給貫上的，承如您所說的確是早年威權時代所賦予給我的，從莫名其妙的被管訓起，即已被點上記號了。

即便恢復自由之身時，儘管仍算年輕，惟當時之時空背景，是容不下有前科記錄之人成為良民，何況是管訓回來之人，甚至想找個工作都是困難重重，與其四處碰壁，真不如混跡江湖，是當年時勢之所趨，可能是我自以為是，當然也是我自尊心做遂，一方面不想低身下氣求人，一方面又不願意委屈自己，所以只能武裝自己不受人欺負，而流連江湖。然事實上我也沒真去欺壓過善良，有的只是江湖恩怨，所產生的報復行為，當然就造成了打鬥而對治安方面有所影響，卻止於當時道上之行為，但在世人眼中早已成為流氓、壞人的代名詞，而且早已被烙在榜單上，那我又何須辯解？

——王信福寫給無辜盟的信

## 6

左眼的假眼球後來由成大醫院取出來了，至今癒後良好。不過他還有膝蓋骨刺的問題，這又是另一個緩慢綿長的折磨。醫生說現在還不算很嚴重，等到很嚴重的時候再開刀就好了。長骨刺的人腳要盡量伸直，避免蹲姿或盤腿，但是看守所裡的廁所是蹲式的，所以很難避免。

他每天花三十分鐘的時間規律的運動。因為膝蓋不好，他做伏地挺身與滾輪來保持體力。偶爾運動過量，導致眼睛血壓變高，左眼周圍的微血管破裂，左眼會出血，那時就只能做些和緩的甩手動作了。

「那你有沒有腹肌？」

「這個年紀不會有腹肌了啦。」

每次有新的志工來探視，都會發現略微緊張的王信福不斷轉動著手上的佛珠。混熟以後，他就變成輕鬆和藹的老先生了。

那串佛珠他戴了八、九年了，是一個同學留給他的。「同學」，是看守所裡的互稱。死刑犯人臨刑前都會把隨身物品分送給大家，生不帶來死不帶去。那個場面應該非常傷感，尤其受贈者知道，很可能有一天，自己又會把這串佛珠在同樣的狀況下轉送出去。

王信福不是一個會講故事的人，也不是一個會辯解的人。他只是默默轉動他的佛珠。

有一回芷嫻問他：「你是一個什麼樣的人？」

他想也不想就說：「壞人。」笑嘻嘻的。「有誰會相信一個『罪大惡極』的人說的話呢？」

芷嫻說：「過去已經過去了，我們相信現在這個案件，信福大哥真的是被冤枉的。」

「那是我們自己在這邊講人權，外面的人都不是這樣想的。」還是笑嘻嘻的。

## 7

除了跟妳們說聲謝謝之外，我真的不知道如何表達內心的感激之情，身體上的小毛病勞煩妳們如此的在意與大費周章的為我準備保健食品，真的除了謝謝之外，不知道還能說什麼。

其實妳們只需要給我一些正確的資訊就好，畢竟我去看醫生，他也不會告訴我可以嚐試什麼保健食品或有什麼建言，頂多開些健保給付的藥品而已，只要有妳們正確的資訊，購買這方面，目前我有能力自行自費，妳們無需多花費這種額外的支出。

然而這回妳們既已買了，那我也只能不好意思的接受，所以隨信附上包裹單，讓妳們能順利寄入。我不曉得妳們有無寄入監獄包裹的經驗？但還是簡單說明一下免得被退得妳們莫名其妙。妳們收到的包裹單，必須貼於包裹包裝外，供監所辨示，倘無該單據，監所就會直接退回。

這一次的保健食品，我也就不好意思的收下了，倘若使用後，效果好，我就自行請所方代購就可以了，請妳們不要再購買，但對於妳們的勞心勞力最後還是跟妳們說聲謝謝。

——王信福寫給無辜盟的信

# 8

妳信上寫的真的還不夠讓人生氣，因為也許妳尚不太了解我的官司，我的官司從起訴到高等法院判決，都根據已被槍決的兇手說我有開槍或握他的手開槍殺人而認定，但訴訟期間我找了在場證人，每個人都說只有兇手一人開槍殺人，這下按理應該可以洗脫我殺人罪名了吧！但事與願違，承辦法官卻再根據一些當年舊供詞，沒有更進一步確認是否真實？當然包括一些已無法查證的，但都有其矛盾之所在的供詞，用法官自恃的天資聰穎，改稱我是教唆或嚇令兇手殺人真的XXX很想罵髒話，第一兇手不是我的小弟，第二凶槍是兇手的大哥帶去的，第三兇手的大哥又沒把槍交給我，就說我交槍給兇手，第四兇手既不是我的小弟，他會聽命於我嗎？我能叫得動他犯下這種殺人重罪嗎？……總之欲加之罪何患無辭的函意總算讓我體會到了，妳說可惡的是誰呢？憑他自以為是的幾句話就定了人生死，害人也無須動刀動槍的人，有時他們比黑道更可怕，卻又叫人拿他奈何，有時真的想罵髒話但罵又能怎樣？沒有的事被硬拗到有，是人試問這口氣如何吞下？

——王信福寫給無辜盟的信

# 9

新冠肺炎他不擔心，監所裡人員流動很少。流行性感冒才是大威脅。每年監所都會讓受刑人自願登記施打疫苗，但王信福這兩年才開始施打疫苗。他早已符合公費疫苗的資格，所以，為什麼以前不打呢？

「認識妳們之後才開始打的。」王信福有點靦腆的說。

雅伶跟他開玩笑：「原來我們是一種感冒！」

王信福立刻說：「妳們是我的感冒藥啦。」

然而終需一別。雅伶要離職了，家裡需要她回去幫忙。雅伶忍不住又哭了，她說以後沒辦法那麼常來探望，但還是會寫信。

「沒關係啦，就遇到了。我不會講好聽話。」王信福又不知所措了，低頭轉動他的佛珠。

## 10

照片來信已收，妳們信裡帶著濃濃的關心，讓我感到好窩心，尤其提到與我妹話家常的點點滴滴，讓我好似重溫往昔，以往的片段與溫馨藉由妳們的闡述，猶如身歷其境，已有好久沒有這種感覺，對於妳們的細心與用心，我真的很感謝妳倆位。活了大半輩子，若說有什麼遺憾的事，就是沒有能夠參加我妹的婚禮，對於我妹來說結婚是她一生最重要的事，而我這個做哥哥的卻缺席了，這點是我耿耿於懷的，希望我妹他能夠原諒我這個做哥哥的。

——王信福寫給無辜盟的信

## 11

在這裡一個禮拜有四天早上是吃粥，對我來說醃漬類的食品，是我這個老人最棒的菜餚，配粥最是對味。妳們特地為我準備的醃蘿蔔，滋味真的不錯更有點

## 12

古早味的味道，配飯吃也很好，清淡又不油膩，味道真好。想不到沒做幾次，味道就這麼好，那多做幾次，就可以增加一個副業囉。我可真幸運第一個品嘗者。

——王信福寫給無辜盟的信

別人也許還有時間、青春可以等待，但我有嗎？還有多少呢？

——王信福寫給無辜盟的信

後記

# 重回平等街

研究王信福的案子未久，我便知道這是一個前所未有的冤案。「前所未有」，意思是，他和我們熟悉的冤案樣貌，都不一樣。

我們熟悉也期待的冤案故事是：清白的人被判有罪，經過一番努力，通常包括律師運用法律技術、鑑定人運用科學技術、人權工作者運用社會影響力，合力改正了錯誤，沉冤昭雪。就像一個數學習題起先算錯了，後來加加減減重算一遍，得到正確答案。

王信福案不是這樣，而且幾乎不可能是這樣，因為我們熟悉的冤案故事裡總是要一個「水落石出」，一個可靠的「真相」。王信福案卻因為原判決僅依賴證詞，而證人已經死了大半，活著的也因為時間久遠，無法評估正確性了。因此，我從一開始就知道，此題無解。

但我們不喜歡「此題無解」。人喜歡確定性，無論學術訓練如何違反直覺地訓誡我們，確定性是一個虛幻倒影，我們心底還是有著頑強的渴望，「那真相到底是什麼？」

一個不一樣的冤案，催生了不一樣的作法。我藉由王信福案摸索著發展出證據結構分析法，把他的判決徹底解構一番（見「延伸閱讀」）。然後，我想繼續往下寫，但知道不可能寫成像《無彩青春》一樣，也不可能寫成像《十三姨KTV殺人事件》一樣。因為王信福就是一個不一樣的冤案，也因為，我不太能夠容忍一個寫作者不斷自我重複。

我反覆細讀王信福的卷，很快有了構想：這個案件應該放在更大的社會背景裡頭來看。像史景遷，比如說。他在《婦人王氏之死》與《胡若望的疑問》裡，都表演了這樣的技法：在宏大的畫幅裡，描繪一個小人物。這種寫法的困難在於：如何讓個人的小歷史與社會的大歷史聯繫起來？

歷史裡的大人物與驚天動地的歷史事件之間有直接的關連，比如毛澤東想很有規模地打上一架，於是就出現了一場戰爭。大人物操縱歷史。即使不是唯一行動者，他的行動仍然明顯可見。

但小人物不是這樣，小人物即使被歷史操縱了，也幾乎不著痕跡。小人物在歷史裡不會留下紀錄，在他自己的回憶裡，也不會用大歷史來當作切分點。大歷史與他何干？

這時，我因緣際會看了王攀元的畫。王攀元是臺灣畫家，他畫枯山水、枯樹，主題是孤獨。但他畫了一隻小狗，抬頭在看那棵枯樹。整幅畫是大孤獨，那隻狗是小孤獨；大歷史跟小歷史的關係可能就是這樣。

王信福與那個時代的關係，就是小狗與枯樹的關係。若沒有一隻小狗注視著他，枯樹便不存在。我恍然大悟。

在《流氓王信福》裡，「阿玉」最適合扮演這個既有關、又旁觀的角色。所以我在阿玉身上用了一些虛構的技巧，借用她的疑問或感懷，把小人物與大歷史縫合在一起。這個作法有點類似拍攝歷史紀錄片時，以戲劇方式重現當年；雖然不是即時拍攝、不是當時的事件實景，但虛構是為了呈現真實。例如香港反送中運動紀錄片《時代革命》，部分訪談就由演員取代真人演出。我訪談阿玉時已經向她說明這個作法，書成之後請她看過，心裡難免有點忐忑。結果阿玉看了兩回，兩次都哭了，她帶著鼻音，卻笑著說：「我也不知道我怎麼回事。」我才放下心。

既有的流氓研究不算多，以警政系統、法制史角度者為大宗，據以分析的資料多半是法令規章、執行成效、法律條文變遷等等，偏向政府的「前臺」。然而近年許多國家檔案陸續公開，《流氓王信福》受惠於此，得以在舊檔案中尋找線索，了解政策制訂時的討論過程、參照點、各方不同意見等等，猶如鑽進政府的「後臺」窺見真正的決策過程。許多文獻很可能是第一次有研究者使用，希望本書可以引起更多深入鑽研的興趣。

《流氓王信福》是非虛構寫作，而非虛構寫作有它的倫理要求。人的眼睛想看新奇的物事，過去大家喜歡去馬戲團看奇形怪狀的人，近年則流行奇觀式的人物採訪，潛入別人的人生，看他起高樓又看他樓塌了，以恌達的文字華麗地揭露各式各樣的心理奇癖。這或許真的能夠滿足讀者——偷窺慾也是人性裡很真實的一部分。別人的秘密當然好看，掀別人的被窩當然有快感，受訪者最好都不設防，或者我們一起來突破他的心防吧！

但我對此終究是有意見的。公眾人物與鎂光燈共處，他們犧牲隱私換取名聲，也將計就計地把私事包裝成他們的「親和力」。他們懂得公關操作，這對他們是個划算的買賣。但是小人物呢？他們訴說人生故事往往只是不懂得算計，單純地在一個友善的人面前掏心掏肺，而沒有預想自己將以什麼樣貌出現在別人的筆下。他的不設防，也許是他沒有想到要設防，而不是他有神功護體不會受傷。文章登出來了，公眾人物如果不高興，就從記者、總編輯一路告到社長、發行人，官司輸贏事小，真正的用意是警告他們以後小心點，別來招惹。小人物如果不高興呢？至多弱弱地說一句：「我保留法律追訴權」，然後被法律系的嘲笑說哈哈哈沒有這種東西。小人物不會因為成為奇觀就「爆紅」、獲得什麼利益，但他的真實人生卻可能必須承受這個後座力。

《流氓王信福》是在這樣的考量下寫的：抗拒著讀者的「想看」、「想知道」，不追求戲劇性、衝突性，不追求「別人問不出來，只有我問得出來」的內幕。我認為非虛構寫作就是「無菜單料理」，不能點菜的，端上來什麼，就吃什麼。不能在冬天強求要吃龍眼，即使夏天也不能強求一定要吃到龍眼。不可以寫的原因有很多，有時候連原因也不可以寫。牽涉到司法與犯罪的題材，尤其不能迎合讀者的「想看」、「想知道」，而必須處處畫下界線，不越雷池一步。

所以這書裡有「空白」，因為我相信那是倫理上的必要。我對自己說：素淡也是滋味，不要追求濃油赤醬。安靜也是聲音，呼吸也是動作，不要追求一些不重要的東西。

《流氓王信福》的採訪非常困難。王信福關在臺南看守所，通常會面的時間大約是二十分鐘。採訪需要熱身，二十分鐘等於才剛寒暄完，就要說再見了。如果辦「特別接見」則須勞師動眾，走另外的程序。無論哪一種，看守所的接見場地大約像一個加了透明隔板的郵局櫃臺，談話內容也在所方監控之中。阿玉熱情健談，但是王信福和阿玉差九歲，這個差距落在七十歲與六十一歲是無所謂的，但是十八歲與九歲就差很多了，十八歲少年在外面遇到什麼好玩事，回家才不會告訴九歲的妹妹。十八歲以後的王信福不常在家，等到他三十幾歲重獲自由，阿玉又已經結婚；兩人「動如參與商」，難怪阿玉對王信福知道得很有限。與案件相關的諸多人物，有的已歿，有的不知去向，有的不願意接受採訪。寫《流氓王信福》感覺如同無米之炊，每一條路都是死巷，每一扇門都敲不開。如果這書只是寫好玩的，我早該放棄了。但這是死刑案件，又是一個威權餘緒陰魂不散的例子，平反王信福，有著司法改革、廢除死刑與轉型正義的多重意義。於是這書便與案件的救援一起，充滿挫折地繼續下去。

可以說「雖然充滿挫折但繼續下去」，也可以說「雖然繼續下去但充滿挫折」，兩種說法都是真的，要說哪一種，就看那天心情好不好，天空藍不藍。平反王信福的困難度很高，而一件困難的事情，很難叫大家來支持。大部分人都會趨吉避凶，所以成功的身邊總是簇擁著群眾，而失敗就只有他自己。

不容易中獎的彩券沒人要買，何況也沒有幾億彩金作為誘因。

大部分人看到事情便衡量其中的利害關係，據以決定要不要投入；只有少數人思考其中的是非，而且重視它，超越利害關係。因此，我特別珍惜在案件早期就投入的人：林欣怡、王怡今、高烊輝、許玉秀、錢建榮、李佳玟、陳欽賢、盧于聖、張譽馨、鍾鳳芝、黃芷嫻、顧玉玲、王盈勛、錢翔、羅士翔、高涌誠、王健壯、邱顯智、DK，感謝一路同行。連失敗也不害怕的人是最強大的，謹以此向王信福救援大隊的同伴們致意。

值得一記的是，管訓的這一段過去，是威權國家不義的高壓統治，在少年王信福身上烙下「壞人」的烙印，以後一路不回頭；這個觀點，是我訪談與閱讀史料之後的看法，不是王信福向我推銷的觀點。我認為他並沒有這樣的觀點。

就像許多被欺壓的人一樣，他吞下了自己的命運並與之共存。像許多經歷威權統治的人一樣，國家濫權因其全面、強力、無法抵擋，已經被當作正常自然，一個人不會向天抗議地震與颱風。像許多弱勢者一樣，他沒有足夠的資訊知道整部機器的運作。像許多被烙印的人一樣，威權烙印已成為他自我認知的一部份。

自二〇一一年以來，王信福對律師、我或其他探視者，不曾主動提過以往遭受的不公平對待。直到二〇一九年，我與其他志工探視時問及王信福的生平，才陸續知道管訓的事情。管訓記錄在法院前科列表裡並不存在，因為管訓不經過法院審理，所以法院沒有紀錄。是的，國家把這人從十八歲起關在指定的地方做苦工，接受「人人考核、時時考核、事事考核」長達十幾年，全不經過法院，只由警察局、警務處、警總認定。勞動現場沒有安全規範，工殤沒有賠償；逃走？刑法脫逃罪。

在這一切發生之前，王信福是木工學徒，家住平等街，狹長房舍裡有包容的媽媽與天真的妹妹，後院種滿花草。十八歲以後，就在一個又一個外島之間漂流，真的成為「流」氓。他是暗影以外的暗影，流向島外之島，困坐牢中之牢；漫長的漂流裡，他心之所繫，無非是：重回平等街。

延伸閱讀

# 王信福案的證據結構分析

## 一、前言：司法審判的活化石

王信福，名字很幸福，際遇卻不然。他所涉入的這起凶殺案，發生於一九九〇年。和他相較，蘇建和、劉秉郎、莊林勳被誣陷入獄是一九九一年[251]，徐自強被牽連是一九九五年[252]，江國慶是一九九六年[253]，鄭性澤是二〇〇二年[254]；王信福的資歷傲視群倫，只有邱和順比王信福資深一點。

資深被告的案件，是司法審判的活化石。司法的進化或停滯，在陳年老案裡歷歷在目，就像螞蟻封存在琥珀裡。這篇文章要做的事情，首先是根據王信福案的判決來分析此案的證據，辨認哪些證據是法院將王信福定罪的關鍵，並且指出證據的空缺。同時，由於我所使用的分析方法，在文獻中似乎不曾見到，所以我會盡量詳細描述操作的方式，一方面期待各方的回應來深化這個分析方法，另一方面也希望將這個方法推廣，將來可以廣泛應用在判決的分析，甚至逆推回去影響到判決製作的方法，以提升判決品質。最後，我將簡短指出王信福案這個活化石，如何反映出司法的進化或停滯。

這篇文章分析的主要對象是判決，而不是全部卷證。關於判決，這篇文章討論的範圍是論罪的部分，而不是法律適用、量刑或正當程序。關於論罪，這篇文章暫時擱置證明力的問題不去討論，也就是假設法官對於證據的取捨與判斷全部都是正確的，在這樣的前提下，檢視證據的結構是否穩固完整、有沒有缺損[255]。

251 蘇建和、劉秉郎、莊林勳案於二〇一二年無罪定讞，正式平反。

252 徐自強案於二〇一六年無罪定讞，正式平反。

253 江國慶案於二〇一一年無罪定讞，正式平反，但江國慶已於一九九七年被槍決。

254 鄭性澤案於二〇一七年無罪定讞，正式平反。

255 證據證明力的討論與分析是法學實證研究鮮少踏足之處。有些個案的判決評鑑涉及證據評價，可是實務界的典型回應就是：證據證明力的判斷，屬於法官自由心證的範圍。於是討論在這裡撞牆，無法繼續展開。就王信福案而言，由於完全倚賴證人證詞，要評價證據、討論證明力的話，必須重建檢警辦案的心理過程，以及比對證詞的變遷，才能進行有意義的討論。這是值得深究的問題，將在後續的研究裡處理，在這篇文

這篇文章的關鍵字，如果只能說一個的話，就是「證據結構」。審判，是一個讓「證據」累積成為「事實認定」的過程，證據的分布情形與結構方式，直接影響到判決的核心使命。但這卻也是法學教育與養成中，經常忽略的[256]。這篇文章要檢視王信福案的證據結構，也要藉此探索一個分析判決的通用方法。

## 二、王信福案的時空背景

臺灣在二〇〇三年大幅修訂了刑事訴訟法，改成改良式當事人進行主義，實施交互詰問制度，也明訂某一些證詞屬於傳聞證據，必須被排除，不可以做為審判的依據。二〇〇三年是臺灣刑事訴訟制度的分水嶺，如果將修訂前稱為「史前時代」，修訂後稱為「歷史時代」，應不為過。而王信福案的審判，跨越了史前時代與歷史時代。

王信福案中有三個最關鍵的人，分別是李慶臨、王信福與陳榮傑。法院認為，李慶臨、王信福是地方角頭，陳榮傑是李慶臨的小弟。一九九〇年八月十日凌晨，他們一群將近十人到船長卡拉OK喝酒。李慶臨離開卡拉OK去拿了一把槍回來，交給王信福。王信福跟酒店的老闆發生口角，因為店裡員工放錯歌，而且老闆一直不過來敬酒，而去向另外兩位酒客敬酒。於是王信福把槍交給陳榮傑，命令他槍殺兩名酒客。這兩位酒客是警察，不過他們並不是在執行勤務，只是去那裡喝酒。

李慶臨因違反槍砲彈藥刀械管制條例判處五年有期徒刑，減刑後刑期兩年半。陳榮傑依共同連續殺人判處死刑，一九九二年定讞，並迅速執行。王信福則一直沒有到案。

王信福直到二〇〇六年才被捕，接受審判。經過更三審，二〇一一年死刑定讞，現在是待決死囚，關在臺南看守所。整個審判的歷程如表一所示。

因為三名共同被告落網時間相距甚遠，這個案子的審判便分成兩個階段。李慶臨陳榮傑於一九九〇到九二年之間受審，屬於「史前時代」。王信福受審時，臺灣司法已經進入「歷史時代」。這時，兩名同案被告的案件已經結束：李慶臨已服刑期滿出獄，

章中暫且擱置。

256 對於事實認定的教育不足，並不是臺灣所獨有的現象。英文文獻中，至少美國與英國的法學教育也同樣受到嚴厲批評，參見 Brian Foley, "Applied legal storytelling, politics, and factual realism" in Legal Writing: J. Legal Writing Inst., 14, 17. 頁庫存檔可見 https://goo.gl/7nV12J，最後查閱日期二〇一八年四月四日。

陳榮傑已經執行死刑。李慶臨已離開臺灣，傳拘不到，他不曾在王信福案中出庭作證；已經死亡的陳榮傑當然也不曾作證。

王信福案的整個審理，均以「史前時代」的證據與判決為基礎。檢方沒有重行偵查蒐證，就直接使用一九九〇年所製作的起訴書，來起訴王信福[257]。從準備程序開始，檢方陳述起訴要旨，完全剪貼「史前時代」的最後事實審[258]，也就是臺灣高等法院臺南分院八十年度上重更一字第一六〇號刑事判決。王信福定讞的最後事實審所提示的證據，絕大多數都是直接承襲自「史前時代」所得到的證據[259]。

我們也可以觀察歷審判決的變遷，將「歷史時代」的判決與「史前時代」比對，如表二。

由表二可以看到「歷史時代」對事實的認定，與「史前時代」幾乎沒有差別。「歷史時代」雖然也嘗

表一：王信福案審判時序

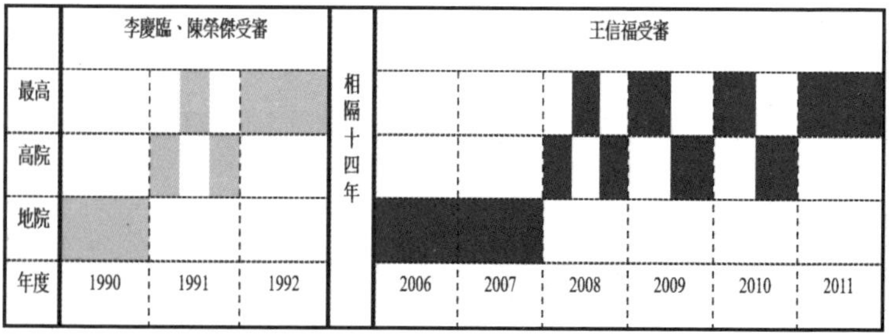

試進行了一些調查，但沒有獲得任何足以定罪的證據，反倒獲得了一些彈劾證據——有一些證人在「歷史時代」出庭，並且推翻了自己先前對王信福不利的證詞，例如李清泉[260]、許天助[261]、吳俊翰[262]。王信福主張他沒有摸過兇槍，要求法庭對凶槍做指紋比對，結果如王信福所述，沒有發現他的指紋。

當王信福於二〇〇六年走進法庭，時序上雖然已經是「歷史時代」、訴訟規則已經是改良式當事人進行主義，但是，「史前時代」並未真正終結，因為那些「史前時代」製作出來的證據與判決，已經全部都在法庭裡等他了：刑事訴訟法施行法第七之三條規定：「中華民國九十二年一月十四日修正通過之刑事訴訟法施行前，已繫屬於各級

257 見嘉義地方法院九十五年度重訴緝字二號卷一，頁四九，訊問筆錄。
258 見嘉義地方法院九十五年度重訴緝字第二號卷一，頁一一二。
259 見臺灣高等法院臺南分院九十九年上重更三第二一四號卷二，頁一五五至一八一。
260 嘉義地方法院九十五年度重訴緝字第二號卷一，頁二二五至二四一，二〇〇七年七月三十一日筆錄。李清泉後來改名為「李宗懋」，為免繁雜，仍然沿用舊名稱呼。
261 嘉義地方法院九十五年度重訴緝字第二號卷一，頁二五一至二七一，二〇〇七年八月七日筆錄。
262 嘉義地方法院九十五年度重訴緝字第二號卷一，頁二七一至二九二，二〇〇七年八月七日筆錄。吳俊翰後來改名為「吳濬維」，為免繁雜，仍然沿用舊名稱呼。

## 表二：歷審判決變遷：以臺南高分院八十年度上重更一字第一六〇號刑事判決為基準

| **以「史前時代」的最後事實審（臺南高分院八十年度上重更一字第一六〇號刑事判決）為比較基準** | **事實認定上的差別** |
|---|---|
| 臺灣嘉義地方法院九十五年重訴緝字第二號刑事判決 | 不再認定陳榮傑是王信福的保鑣。 |
| 臺灣高等法院臺南分院九十七年上重訴字第二八四號刑事判決 | 同一審判決。 |
| 臺灣高等法院臺南分院九十七年上重更一字第三〇五號刑事判決 | 同一審判決。 |
| 臺灣高等法院臺南分院九十八年上重更二字第三三七號刑事判決 | 一、在此之前的判決都認定，現場有一名酒客吳泰明，拒絕來向王信福敬酒，因此李慶臨離開去取槍的犯意是要教訓吳泰明。更二審認為這一點沒有積極證據，而且檢方也不主張，所以法院不再如此認定。<br>二、在此之前的判決都認定，陳榮傑開槍時，王信福扶著他的手。更二審認為，目擊者並沒有看到，因此認定王信福交槍給陳榮傑的時候扶他的手，然後就放開了。<br>三、在此之前的判決都認定王信福與陳榮傑是共謀共同正犯。更二審認為既然王信福沒有扶著陳榮傑的手去殺人，便改判教唆。 |
| 臺灣高等法院臺南分院九十九年上重更三字第二一四號刑事裁定（定讞判決） | 一、徹底刪去「扶手」的情節。<br>二、又改回認定共謀共同正犯。 |

法院之案件，其以後之訴訟程序，應依修正刑事訴訟法終結之。但修正刑事訴訟法施行前已依法定程序進行之訴訟程序，其效力不受影響」。

按照「歷史時代」的審判原則，證人應當傳喚出庭，具結作為真實性擔保，讓被告有對質詰問的機會，也讓法官有直接審理的機會。但在王信福案，許多重要證人（例如陳榮傑、洪清一、蔡永祥、蔡淵明）已經死亡，有些證人傳喚不到（例如李慶臨、李耀昌），他們的證詞已經無法透過對質詰問來辨明真偽。但這些證詞被「歷史時期」的法庭全部沿用，全部視為傳聞證據的例外，刑事訴訟法第一五九條（關於傳聞例外的規定）從之一到之五全都用上了。

因此，王信福案雖然在歷史時代的法制中審判，但它卻是史前時代的產物：院檢雙方都沒有找到新證據可將王信福定罪；舊證據的真實性，不曾在新的調查過程中，獲得真實性擔保；所以將王信福定罪的證據，**全部來自史前時代的證人供述，而那時候王信福不在場**。作家陳柔縉有書曰《人人身上都是一個時代》，但王信福身上「比一個多了一個」，「史前時代」與「歷史時代」共同決定了王信福的命運。

## 三、質的分析：情節與所用證據

王信福案牽涉到的人物眾多，本案的事實認定幾乎完全靠證人的證詞堆疊而成。我將他們分成「當事人」、「酒客」與「服務生」三類。

第一類是此案的當事人，判決影響到他們的利益最深，分別是王信福、李慶臨與陳榮傑。王信福與李慶臨是嘉義地區的角頭，合夥開了「哥登酒店」。陳榮傑才剛剛滿十八歲，在哥登酒店擔任副理，他是李慶臨的小弟[263]。

第二類是此案的關係人，他們是當天在現場的酒客，包括：李清泉、蔡永祥、蔡淵明、張清梅[264]、許天助、吳俊翰、顏淑香（綽號「小采」）。案發現場「船長卡拉ＯＫ」的店主洪清一，跟這一群人原本就是好友。那天晚上這一群人先在哥登茶行喝酒，洪清一也在。這是第一攤。要轉戰哥登酒店的時候，洪清一說店裡有事先走，其他人便喝了第二攤。然後到「嘉年華」喝第三攤。最後他們決定去「船長卡拉ＯＫ」給洪清一捧個人場，這是第四攤，此時他們已經從十一、二點喝到凌晨三點多[265]。洪清一的太太林玉鑫共同經營船長卡拉ＯＫ，案發當晚也在現場，所以洪清一與林玉鑫也算在「酒客」這一類。

第三類關係人是卡拉ＯＫ的服務生，包括鄭山川、呂美枝、李麗虹、柯景心、顏淑芳、蔡宏平、賴惠珍等人。鄭山川、呂美枝、李麗虹都目擊槍案的發生，並且形容了兇手的長相與案發經過。他們的證詞是本案最原始的資料，因為警方趕到現場時，王信福、李慶臨、陳榮傑三位嫌疑人與其他酒客已經全都離開，只有卡拉ＯＫ的服務生與經

263 判決引用下列證詞，認定陳榮傑是李慶臨的小弟。(1)警員王志宏於八十年一月二十三日出庭作證：「陳榮傑在七十九年十月十七日下午被逮捕，所以我們當天對李清泉作兩次筆錄，因為李清泉與李慶臨私交很好，所以對這一點多所隱瞞，因為陳榮傑已告訴我們說李清泉已告知他，是李慶臨出去拿槍的，所以我們再追問，並當著陳榮傑的面問李清泉說，陳榮傑是李慶臨的手下，並不會誣賴李慶臨，你就將實際的情形告訴我們，然後李清泉就說：『當時李慶臨是開王信福富豪的汽車，將車停在船長卡拉ＯＫ門口，擋住後面的來車，我聽到喇叭聲後，就向李慶臨拿鑰匙將車移開，停好後，我回店內時，遇到李慶臨要出去，我就把鑰匙拿給李慶臨，問他要去哪裡，李慶臨說要去拿傢伙（槍），然後我就進去了，進到店裡面，陳榮傑有問我，小李（李慶臨）去哪裡，我有告訴他『小李去拿槍』。小采是自己搭計程車過來。』」(2)證人李清泉、吳俊翰、張清梅等人的證詞（分別見於嘉義地方法院九十五年度重訴緝字第二號卷一，二二六、二八八、二九八頁）。

264 張清梅後來改名為「張芸綺」，為免繁雜，仍然沿用舊名稱呼。

265 洪清一與其他酒客一同喝酒的情節，見陳榮傑一九九〇年十二月三日證詞，嘉義地檢署七十九年度偵字第三〇六三號卷；一九九二年一月二十二日證詞，臺灣高等法院臺南分院八十一年度上重訴字第一六〇號。

營者林玉鑫在現場。服務生們與三位當事人並不認識，因為船長卡拉ＯＫ開幕未久，他們才只上了幾天班，所以他們提供的證詞，應該是污染最少的。

為了便於分析，我將判決的事實認定切分成九個連續的情節：

1. 李慶臨外出，2. 李慶臨取槍，3. 李慶臨交槍；
4. 王信福口角，5. 王信福密商，6. 王信福交槍，7. 王信福命令；
8. 陳榮傑開槍；
9. 被害人死亡。

以下依序列舉，判決使用了哪些證據，來證明這個情節確實發生過，並且將確定判決的原文放在註解裡（見註解二五九至二八六）。

**1. 李慶臨外出**：李慶臨於飲酒期間外出。

(1) 陳榮傑的證詞指出，李慶臨出去拿槍，這是當天晚上李清泉告訴他的[266]。

(2) 酒客李清泉的證詞指出，當天晚上李慶臨外出時，自稱要去拿槍[267]。

(3) 承辦員警王志宏作證指出，李清泉確實說當天晚上李慶臨自稱要外出取槍[268]。

266 共同被告陳榮傑於七十九年十月十七日警詢證稱：「七十九年八月十日案發當晚，我跟王信福、王信福之妻張清梅、李慶臨、蔡淵明、蔡永祥、李清泉、小采（即顏淑香）及一名不詳人士在凌晨二時許進入船長卡拉OK飲酒唱歌，約在當天三時許沒看到李慶臨，我問李清泉『李慶臨去哪』，李清泉說李慶臨去拿傢伙（意指槍），過沒多久李慶臨回到現場，即與王信福、蔡淵明一起去向吳炳耀、黃鯤受敬酒。」等語（見偵字第三〇六三號卷第八三至八七頁）；及陳榮傑於七十九年十月十八日警詢證稱：「這支槍是到船長卡拉OK不久李慶臨出去拿的，向誰拿我不清楚，李清泉也告訴我說李慶臨外出拿槍」等語明確（見偵字第三〇六三號卷第八七至九〇頁）。

267 證人李清泉於七十九年十月十八日警詢時證稱：「案發當天我與王信福、陳榮傑、李慶臨等人在船長卡拉OK飲酒作樂之際，因李慶臨停車擋住後面來車，我向李慶臨拿鑰匙外出將車停於延平街與西門路口後返回店中，李慶臨要外出，我交鑰匙給李慶臨，順便問及要去哪裡，李慶臨答說『要去拿傢伙（指槍）』。」（見偵字第三〇六三號卷第四三至四七頁）。

268 證人王志宏（警員）於原審八十年一月二十三日審訊證稱：「陳榮傑在七十九年十月十七日下午被逮捕，所以我們當天對李清泉作兩次筆錄，因為李清泉與李慶臨私交很好，所以對這一點多所隱瞞，因為陳榮傑已告訴我們說李清泉已告知他，是李慶臨出去拿槍的，所以我們再追問，並當著陳榮傑的面問李清泉說，陳榮傑是李慶臨的手下，並不會誣賴李慶臨，你就將實際的情形告訴我們，然後李清泉就說：『當時李慶臨是開王信福富豪的汽車，將車停在船長卡拉OK門口，擋住後面的來車，我聽到喇叭聲後，就向李慶臨拿鑰匙將車移開，停好後，我回店內時，遇到李慶臨要出去，我就把鑰匙拿給李慶臨，問他要去哪裡，李慶臨說要去拿傢伙（槍），然後我就進去了，進到店裡面，陳榮傑有問我，小李（李慶臨）去哪裡，我有告訴他『小李去拿槍』。小采是自己搭計程車過來。』」

(4) 酒客吳俊翰指證，李慶臨確實曾經外出[269]。確定判決此處引用的證據是錯誤的，吳俊翰的筆錄是說陳榮傑要開槍之前，曾與李慶臨一同走出店外交談，然後進來就開槍；吳俊翰的證詞並不能證明李慶臨曾經外出取槍。

**2. 李慶臨取槍**：李慶臨取回轉輪手槍，也就是本案凶槍。

判決並未提供任何證據佐證。現場沒有任何人目擊李慶臨帶著槍回到卡拉ＯＫ。

**3. 李慶臨交槍**：李慶臨將兇槍交給王信福。

判決並未提供任何證據佐證。現場沒有任何人目擊李慶臨把槍枝交給王信福。

**4. 王信福口角**：船長卡拉ＯＫ內另有兩名顧客黃鯤受與吳炳耀，兩人都是警察，已經結束勤務，下身穿著警察長褲、上身穿便衣。王信福認為洪清一殷勤招待黃鯤受與吳炳耀，卻沒有過來敬酒；店內服務人員播放點歌的時候，又放錯歌，而很不高興。王信福先後對洪清一與警察大罵：「幹你娘！這家店明天不讓你開了」、「警察有多大，警察有什麼了不起」等等。黃鯤受回以：「王先生也沒什樣，為何叫他要關店？」王信福因此興起殺人犯意。

(1) 陳榮傑兩次警詢筆錄，都指明王信福與黃鯤受、吳炳耀、洪清一有口角爭執後，托著他的手，指示他對兩名警察開槍[270]。

(2) 酒客洪清一的第三次警詢筆錄與隨後的檢訊筆錄都作證說王信福與他有口角[271]。

---

269 嘉義地方法院九十五年重訴緝字第二號卷，頁二八二。

270 陳榮傑於七十九年十月十七日第一次警詢時即證稱：「李慶臨與王信福、蔡淵明一起去向吳炳耀、黃鯤受敬酒後，王信福未回座直接到舞臺唱歌，唱到一半就向吳炳耀、黃鯤受說『大仔，你們不是要和我唱歌嗎』，吳、黃二人未理他，王信福即氣沖沖走向二人面前說『你們不跟我唱歌是什麼意思』，蔡淵明上前勸他回座，王信福不理他且走到我右後方拍我肩膀，我即站起來，【王信福就拿一把銀色轉輪手槍給我】，我用雙手去接，要開口說話時王信福不讓我講，就說『不要問那麼多，均安排好了』，然後王信福托著我的右手肘帶到吳、黃二人那桌，邊走邊罵吳、黃二人，王信福一手托著我的手，一手指向吳、黃二人說『結（臺語即幹掉的意思）這二人』，我就開槍，第一發不響，第二發打中坐者，第三發打中躺者，開完槍後王信福對吳、黃二人說『有辦法你就抓我王信福去管訓』」等語（見七十九年偵字第三〇六三號卷第八三至八七頁）。

271 證人洪清一於七十九年八月十三日第三次警詢時證稱：「前二次警詢筆錄不實在，因案發後王信福打電話恐嚇我。當天王信福他們陸續進店內後，我向蔡淵明、李清泉、李慶臨介紹黃鯤受，王信福也走過來，敬完酒就回去座位，過一會王信福叫我去敬酒，我說：『等一下，我上樓與客人招呼一下』，等我下來，王信福就一直罵：『幹你娘，你店不要開了…關關起來…』意思是說我捧警察，不給王信福面子，我沒有理會，

(3) 酒客吳俊翰作證說王信福與洪清一有口角[272]。

(4) 酒客李清泉作證說王信福對洪清一不滿，而萌生殺機[273]。

(5) 酒客顏淑香作證，說王信福與洪清一有口角[274]。

---

【王信福罵完就從右後側褲腰抽出一把槍給陳榮傑】，陳榮傑接過槍馬上快步走到黃鯤受桌邊，連續向黃鯤受、吳炳耀各射殺一槍後立即逃跑。王信福過來警察這桌時我有向王信福介紹黃、吳是警察，當時王信福有罵『警察是什麼東西，幹X娘…』」等語（見嘉市警一刑字第八五九七號卷第九至十一頁）。

272 證人吳俊翰於七十九年八月十四日警詢時證稱：「當天共有八男二女一起去船長卡拉OK店喝酒，王信福有過去跟警員敬酒，敬完酒返回座位王信福叫老闆洪清一過來敬酒，洪清一說等一下，王信福就以三字經大罵說：你店不要開了，警察有多大，有什麼了不起。然後王信福就向陳榮傑貼身小聲說話之後，【王信福就從腰際抽取一樣東西交給陳榮傑】」、「那二名警員沒有與王信福或陳榮傑發生糾紛，是因為蔡淵明等人經洪清一介紹向二名警員敬酒，及王信福點歌，而店裡放錯歌曲，引起王信福不悅，及王信福要洪清一過去向他敬酒未果才發生此事。」、「陳榮傑開槍後即逃離現場，而王信福並未馬上離開現場，且換坐位坐下，然後大聲說要開槍，再向蕭家開槍，並說：幹你娘，警察是有多大，然後打我頭部一下，說沒有你的事，你還不趕快走」、「當時王信福、陳榮傑都沒有喝醉，意思很清醒…」等語（見嘉市警一刑字第八五九七號卷第十五至十六頁）。

吳俊翰於七十九年八月十五日偵訊證稱：「當時王信福點唱『藍與黑』時，店內二次都放錯音樂，王信福就罵三字經，後要『大目仔』敬酒時又罵『幹X娘店要你關起來』，後來王信福與陳榮傑不知說什麼有拿東西給他。」等語（見相驗卷第七四至七六頁）。

273 李清泉於七十九年十月十八日警詢證稱：「我僅聽王信福不滿洪清一沒敬酒而萌生殺機。我沒有看到李慶臨拿槍交給王信福，但李慶臨確曾開車外出約三十至四十分鐘。」、「我當時聽到第一聲槍聲時即站立起來，朝槍聲方向看去，正看到陳榮傑以雙手持槍繼續射擊第二槍，同時看到王信福站在陳榮傑右側面對雙警。」、「【我有看到此槍枝是王信福交與陳榮傑】。是於案發前一分鐘，也就是當王信福唱完『藍與黑』之點播歌曲，走向酒桌旁，親自交給陳榮傑的。」、「我聽到第一聲槍響後，轉向發生地點，見陳榮傑手中持著槍，指向警員，而王信福站在他後面（很靠近）。是因為王信福不滿『大目』（洪清一）有警員在場，而冷落他，招致王信福不滿而開口罵：警員有什麼了不起，店不給你開了」等語（見偵字第三〇六三號卷第四三至四七頁）。

證人李清泉於同日偵訊亦證稱：「案發當時王信福站在陳榮傑右後，幾乎是並排。」、「我確實有看到王信福站在旁邊拿東西給陳榮傑，然後不到一分鐘，我就聽到槍聲了」等語（見偵字第三〇六三號卷第四九頁正反面）。同時證人李清泉於另案亦證稱：我聽到槍聲時，【王信福與陳榮傑靠得很近】等語（見本院八十年度上重更一字第一六〇號卷第六七至六八頁）。

274 證人顏淑香於七十九年十月十一日警詢證稱：「案發當天是李慶臨邀我去的，王信福唱了一半說：是為何將卡帶放錯了？於是就沒繼續唱下去，就表情很不高興下舞臺，邊罵走回原來的座位。我聽到王信福大聲指責店裡老闆，表情很不高興的樣子，且罵的語詞很快，我沒有完全聽懂其意思，我大略聽懂是在責怪老闆，既然是認識的客人，為何這樣的待客之道。案發時，陳榮傑站在王信福身邊，槍聲響時，我看到陳榮傑雙手持槍朝著那兩位警員，不一會兒，陳榮傑就拿著槍逃往大門。」等語（見嘉市警一刑字第九九五四號卷第十一至十三頁）。

(6) 酒客蔡淵明作證說王信福與洪清一有口角[275]。

(7) 酒客許天助作證說王信福與洪清一有口角[276]。

(8) 酒客蔡永祥作證說王信福對店家不滿[277]。

(9) 李慶臨作證說：「陳榮傑說是王信福跟人吵架叫他開槍的」[278]。

---

275 證人顏淑香於另案（本院八十年度上重更一字第一六〇號）審理時亦證稱：警詢所述均為實在等語（見八十年度上重更一字第一六〇號卷第八十頁反面）。

蔡淵明於七十九年八月十五日警詢時證稱：「我和王信福、李慶臨（小李）、陳榮傑（阿傑）、張清梅（阿華）、李清泉（阿泉）、蔡永祥（大松）、吳俊翰（阿弟）、許天助以及哥登酒店的小姐（小采）共八男二女，到船長卡拉OK。我們進店時，我看見洪清一跟二位警員談話⋯⋯。當時王信福向警員敬完酒回原桌後，叫洪清一過來敬酒，洪清一回答等一下，但都沒有過去，王信福就上臺點『藍與黑』，放帶小姐二次播放都放錯音樂，致王信福不悅，從臺上下來就以三字經（幹你娘）謾罵說『這家店明天起不給你開了』，並說『警察是有多大、警察有什麼了不起』，當他說完時，陳榮傑就走至王信福身邊，王信福就附在陳榮傑耳邊小聲講話，並用手輕拍陳榮傑肩部（似有示意要他做事的意思）」等語（見相驗卷第八三至八四頁）。

證人蔡淵明於七十九年八月十六日偵查時證稱：「王信福上去唱『藍與黑』，音響放二次不對，他不高興，警員桌講話又太吵，王信福下來說『有什麼了不起，這店明天不給你開了』，走下來，黃鯤受說『王先生你不要這樣講』，態度也不錯，王信福下來有說『唱不爽，不唱了』，後聽到槍聲，看到陳榮傑雙手持槍作射擊狀，洪清一在旁呆呆的。王信福說『店不給你開了、警察有何了不起』時，陳榮傑有到王信福身邊，他們說啥，我不知道，王信福有拍陳榮傑肩膀，有交辦事情的樣子」等語（見相驗卷第八七至八八頁）。

276 證人許天助於七十九年八月十六日警詢證稱：「在案發當場隔桌有我認識的黃鯤受警員及另一名警員吳炳耀和洪清一（大目仔）在喝酒，當場洪清一有向王信福等人介紹該兩警員，我及王信福、蔡淵明均有過去敬酒，約三時四十分許，王信福唱歌唱到一半，就很生氣走下臺罵道『一條歌都放不好，唱不爽！』，王信福走下臺後與陳榮傑坐一起，並大聲叫洪清一過來敬酒，因洪清一遲遲未過來，王信福又站起來大罵『開什麼店，叫你過來敬酒都不來！』，【當時陳榮傑站在王信福身邊】，王信福對陳榮傑說什麼話，我沒聽到，我看到陳榮傑走出店外，我到警員該桌與警員講話，突然看到陳榮傑雙手持槍對著黃鯤受胸部開槍，緊接著又對躺著的吳炳耀警員開一槍，就走出店門外，王信福在櫃臺處大罵『開就開了，跑什麼』，後來我就騎機車後載王信福、張清梅回哥登茶行」等語（見偵字第二五八二號卷第三至四頁）。證人許天助於七十九年八月十六日偵訊證稱：「陳榮傑開槍時，我正與黃鯤受在講話，我突然聽到一槍聲，黃鯤受嘴角流血，血滴前胸，射完後陳榮傑再上一步，射擊吳炳耀，後大夥都出去，王信福不走，說『打死人，沒什麼』，之後我載他們夫妻回茶行，詳情與警詢所述一樣」等語（見偵字第二五八二號卷第六頁反面至第七頁）。

277 證人蔡永祥於七十九年八月十五日偵訊證稱：「王信福唱『藍與黑』時店家兩次都放錯，唱一半下來說『唱不爽、警察有啥了不起、明天店不要開了、要拚輸贏』，我看到陳榮傑雙手持槍射擊，又聽到第二聲，打完後王信福說『要打就打蕭家打警察有什麼用，打死警察也沒什麼了不起』」等語（見相驗卷第七六至七七頁）。

278 李慶臨於七十九年十月十八日偵訊供稱，見七十九年偵字第三〇六三號卷第五五至五七頁。

**5.王信福密商**：王信福緊靠著陳榮傑的身體，兩人秘密商談而同意一起殺人。

(1)酒客洪清一說，開槍時王信福與陳榮傑站得很近[279]。

(2)酒客李清泉說，開槍時王信福與陳榮傑站得很近[280]。

(3)酒客顏淑香說，開槍時王信福與陳榮傑站得很近[281]。

(4)酒客吳俊翰說，開槍前曾見王信福對陳榮傑貼身小聲說話[282]。

(5)酒客蔡淵明說，開槍前曾見王信福對陳榮傑貼身小聲說話[283]。

(6)酒客許天助說，開槍前曾見王信福對陳榮傑貼身小聲說話[284]。確定判決此處引用的證據是錯誤的。許天助的證詞並沒有說兩人有講話。

---

279 證人洪清一於七十九年十月十九日警詢證稱：「陳榮傑開槍時，【王信福在陳榮傑後側】。」

280 李清泉於七十九年十月十八日警詢證稱：「我當時聽到第一聲槍聲時即站立起來，朝槍聲方向看去，正看到陳榮傑以雙手持槍繼續射擊第二槍，同時看到王信福站在陳榮傑右側面對雙警。」、「我聽到第一聲槍響後，轉向發生地點，見陳榮傑手中持著槍，指向警員，而王信福站在他後面（很靠近）。（見偵字第三〇六三號卷第四三至四七頁）。證人李清泉於同日偵訊亦證稱：「案發當時王信福站在陳榮傑右後，幾乎是並排。」、「我確實有看到王信福站在旁邊拿東西給陳榮傑，然後不到一分鐘，我就聽到槍聲了」（見偵字第三〇六三號卷第四九頁正反面）。同時證人李清泉於另案亦證稱：我聽到槍聲時，【王信福與陳榮傑靠得很近】等語（見本院八十年度上重更一字第一六〇號卷第六七至六八頁）。

281 證人顏淑香於七十九年十月十一日警詢證稱：「案發時，陳榮傑站在王信福身邊，槍聲響時，我看到陳榮傑雙手持槍朝著那兩位警員，不一會兒，陳榮傑就拿著槍逃往大門。」等語（見嘉市警一刑字第九九五四號卷第十一至十三頁）。

282 證人吳俊翰於七十九年八月十四日警詢時證稱：「當天共有八男二女一起去船長卡拉OK店喝酒，王信福有過去跟警員敬酒，敬完酒返回座位王信福叫老闆洪清一過來敬酒，洪清一說等一下，王信福就以三字經大罵說：你店不要開了，警察有多大，有什麼了不起。然後王信福就向陳榮傑貼身小聲說話之後，【王信福就從腰際抽取一樣東西交給陳榮傑】」

283 蔡淵明於七十九年八月十五日警詢時證稱：「當時王信福向警員敬完酒回原桌後，叫洪清一過來敬酒，洪清一回答等一下，但都沒有過去，王信福就上臺點『藍與黑』，放帶小姐二次播放都放錯音樂，致王信福不悅，從臺上下來就以三字經（幹你娘）謾罵說『這家店明天起不給你開了』，並說『警察是有多大、警察有什麼了不起』，當他說完時，陳榮傑就走至王信福身邊，王信福就附在陳榮傑耳邊小聲講話，並用手輕拍陳榮傑肩部（似有示意要他做事的意思）」等語（見相驗卷第八三至八四頁）。

284 證人許天助於七十九年八月十六日警詢證稱：「約三時四十分許，王信福唱歌唱到一半，就很生氣走下臺罵道『一條歌都放不好，唱不爽！』，王信福走下臺後與陳榮傑坐一起，並大聲叫洪清一過來敬酒，因洪清一遲遲未過來，王信福又站起來大罵『開什麼店，叫你過來敬酒都不來！』，【當時陳榮傑站在王信福身邊】，王信福對陳榮傑說什麼話，我沒聽到，我看到陳榮傑走出店外，我到警員該桌與警員講話，突然看到陳榮傑雙手持槍對著黃鯤受胸部開槍，緊接著又對躺著的吳炳耀警員開一槍，就走出店門外」（見偵字第二五八二號卷第三至四頁）。

**6.王信福交槍：**王信福將前面提到的轉輪手槍交給陳榮傑，並以手扶陳榮傑之手。

(1)陳榮傑說槍是王信福交給他的[285]。

(2)洪清一說，看到王信福把槍交給陳榮傑[286]。

(3)吳俊翰說，看到王信福把槍交給陳榮傑[287]。

(4)李清泉說，看到王信福把槍交給陳榮傑[288]。

**7.王信福命令：**王信福指向黃鯤受、吳炳耀，說：「結掉這二個。」此時，王信福站在陳榮傑身旁。

(1)陳榮傑說王信福交槍給他時，指著兩位被害人，大聲說：「結掉那兩

285 陳榮傑於七十九年十月十七日第一次警詢時即證稱：「蔡淵明上前勸他回座，王信福不理他且走到我右後方拍我肩膀，我即站起來，【王信福就拿一把銀色轉輪手槍給我】，我用雙手去接，要開口說話時王信福不讓我講，就說『不要問那麼多，均安排好了』，然後王信福托著我的右手肘帶到吳、黃二人那桌，邊走邊罵吳、黃二人，王信福一手托著我的手，一手指向吳、黃二人說『結（臺語即幹掉的意思）這二人』，我就開槍」等語（見七十九年偵字第三〇六三號卷第八三至八七頁）。
陳榮傑於七十九年十月十八日第二次警詢中證稱：「七十九年八月十日凌晨三時四十五分許王信福唱完歌

走下舞臺，就向吳炳耀、黃鯤受說『大仔，你們不是要和我唱歌嗎』，然後快步走到我身邊，【拿一支白色手槍交給我，扶著我的手肘指著大聲說『結掉那二人』，我要開口問，王信福說『不要問那麼多』】」（見七十九年偵字第三〇六三號卷第八七至九〇頁）。

286 證人洪清一於七十九年八月十三日第三次警詢時證稱：「……等我下來，王信福就一直罵『幹你娘，你店不要開了…關關起來…』意思是說我捧警察，不給王信福面子，我沒有理會，【王信福罵完就從右後側褲腰抽出一把槍給陳榮傑】，陳榮傑接過槍馬上快步走到黃鯤受桌邊，連續向黃鯤受、吳炳耀各射殺一槍後立即逃跑。王信福過來警察這桌時我有向王信福介紹黃、吳是警察，當時王信福有罵『警察是什麼東西，幹X娘…』」等語（見嘉市警一刑字第八五九七號卷第九至十一頁）。

證人洪清一於七十九年八月十七日偵訊時仍為相同證稱：「案發時警察先到店內，約七十九年八月十日凌晨來的，著便服，經一個鐘頭後，王信福等人來了……陳榮傑走來走去，並倒酒，直至被告身邊，【有看到被告拿一東西給陳榮傑】，被告又站起來罵『幹你娘，店明天關起來好了』，我與鋼管蔡坐警員桌，後突然看陳榮傑雙手持槍連開二槍。【我有看到王信福拿槍給陳榮傑】」等語（見偵字第二五八三號卷第四頁反面至第七頁）。

287 證人吳俊翰於七十九年八月十四日警詢時證稱：「王信福就向陳榮傑貼身小聲說話之後，【王信福就從腰際抽取一樣東西交給陳榮傑】」。

288 李清泉於七十九年十月十八日警詢證稱：「【我有看到此槍枝是王信福交與陳榮傑】。是於案發前一分鐘，也就是當王信福唱完『藍與黑』之點播歌曲，走向酒桌旁，親自交給陳榮傑的。」於同日偵訊時證稱：「「我確實有看到王信福站在旁邊拿東西給陳榮傑，然後不到一分鐘，我就聽到槍聲了」等語（見偵字第三〇六三號卷第四九頁正反面）。」

個」[289]。

**8.陳榮傑開槍**：陳榮傑即單獨基於殺人之犯意，立刻以雙手持槍射殺員警。

(1)陳榮傑自白持槍射殺黃、吳兩位被害人。

(2)多名證人作證說看到陳榮傑開槍殺人。

(3)扣案的轉輪手槍，依照陳榮傑的自白循線起出，經試射結果，與被害人體內的彈頭相符，可以確認是本案凶槍[290]。

**9.被害人死亡**：被害人黃鯤受口部中彈，左頸總動脈流血過多休克；吳炳耀胸腹之間中彈，心臟及肺臟貫穿破傷，送醫後不治。

(1)嘉義市警察局第一分局長榮派出所相驗案件初步調查報告表。

(2)經檢察官督同法醫師相驗屍體，有勘驗筆錄、解剖筆錄、相驗屍體證明書、驗斷書及解剖紀錄在卷。

以上九個情節，綜合構成了王信福的犯罪事實，涵括了殺人罪的構成要件：殺人犯意、事前共謀、有犯意聯絡、殺人行為、最後造成被害人的死亡。

至此我們可以辨認出王信福案的關鍵情節是哪一個：「王信福命令」。除此之外，其餘情節都無法證明王信福與這個殺人案件的關連。例如手上有槍並不一定會殺

人，與人口角並不一定會觸動殺機，與人密商也不一定是商談殺人的事情。如果不能證

289 陳榮傑於七十九年十月十七日第一次警詢時即證稱：「李慶臨與王信福、蔡淵明一起去向吳炳耀、黃鯤受敬酒後，王信福未回座直接到舞臺唱歌，唱到一半就向吳炳耀、黃鯤受說『大仔，你們不是要和我唱歌嗎』，吳、黃二人未理他，王信福即氣沖沖走向二人面前說『你們不跟我唱歌是什麼意思』，蔡淵明上前勸他回座，王信福不理他且走到我右後方拍我肩膀，我即站起來，【王信福就拿一把銀色轉輪手槍給我】，我用雙手去接，要開口說話時王信福不讓我講，就說『不要問那麼多，均安排好了』，然後王信福托著我的右手肘帶到吳、黃二人那桌，邊走邊罵吳、黃二人，王信福一手托著我的手，一手指向吳、黃二人說『結（臺語即幹掉的意思）這二人』，我就開槍，第一發不響，第二發打中坐者，第三發打中躺者，開完槍後王信福對吳、黃二人說『有辦法你就抓我王信福去管訓』」等語（見七十九年偵字第三〇六三號卷第八三至八七頁）。

290 確定判決：「自二名被害員警身上取出之彈頭二顆經送鑑驗後，其中一顆為銅質彈頭，一顆為鉛質彈頭，均係〇．三八吋之彈頭，具六條左旋來復線，兩彈頭經比對結果，其特徵線相吻合，認係同一支槍所擊發；上開扣案手槍及子彈，經送內政部警政署刑事警察局鑑定結果，則認扣案手槍係屬美製〇．三八吋 COLT 陸孔右輪手槍，槍管長約二吋，機械性能良好，可供擊發使用，認具殺傷力，且上開手槍試射彈頭具六條左旋來復線，經與檔存資料比對發現與本案二名被害人被槍殺採取之彈頭二個之來復線特徵吻合，認係同一支槍所擊發，亦有內政部警政署刑事警察局七十九年八月十四日刑鑑字第九九〇〇號、七十九年十一月九日刑鑑字第四四一八二號鑑驗通知書在卷可佐（見嘉市警一刑字第八五九七號警卷第二十頁、偵字第三〇六三號卷第一四七頁）。從而，以上事實，均堪認定。」

明王信福命令陳榮傑，王信福的殺人共謀共同正犯之罪就不成立。

同樣清楚呈現的是，將王信福定罪的所有證據，都是證人的證詞，都出自史前時代。非供述證據只出現在「陳榮傑開槍」和「被害人死亡」：槍彈鑑識顯示陳榮傑持有的是本案凶槍，驗屍報告證明被害人確實死亡。但「陳榮傑開槍」和「被害人死亡」這兩個情節無助於將王信福定罪，它們不是本案的爭點。因為又不是王信福開槍造成被害人死亡，怎能據以判王信福死刑？要判王信福死刑，還是得證明，王信福對陳榮傑下達了殺人的指令。所以本案的非供述證據並不能將王信福定罪。

## 四、量的分析：判決編碼

接下來，我將這九個情節當作編碼（code），逐一統計判決各自花了多少篇幅證明。我以不同顏色將九個編碼一一標明，例如「李慶臨外出」這一項，包括的內容有：法院舉出的證人證詞；法院的論理說明為什麼這個證詞可信；被告針對這點所提出的不同主張；判決說明為什麼被告的主張不值得相信。也就是，針對「李慶臨外出」這個主題，法院的舉證、說理、反駁被告的理由，都包括在內。編碼結果如表三。

這九個編碼，總計一五二三四字。

編碼結果發現，「李慶臨取槍」與「李慶臨交槍」兩個情節的證據都掛零。雖然法院認定李慶臨是凶槍的提供者，但是判決羅列的證據，至多只能說明李慶臨外出的「目的」是取槍，卻沒有任何證據（例如在場人士目擊）顯示他達成了目的。也沒有任何證據（例如在場人士目擊）顯示李慶臨把槍交給了王信福。

「王信福口角」這個情節，占了總篇幅的四三．五九%，將近一半。而最關鍵的「王信福命令」，則有一一九字的證據本身，與一一八六字解釋「證據之缺乏」。因為在場的證人包括洪清一、蔡永祥、吳俊翰、許天助等人，都沒有看到王信福命令陳榮傑開

表三：王信福判決編碼結果

| 編碼 | 李慶臨外出 | 李慶臨取槍 | 李慶臨交槍 | 王信福口角 | 王信福密商 | 王信福交槍 | 王信福命令 | 陳榮傑開槍 | 被害人死亡 |
|---|---|---|---|---|---|---|---|---|---|
| 字數統計 | 2124 | 0 | 0 | 6641 | 2495 | 923 | 119 (1186)* | 1236 | 510 |
| 百分比 | 13.94 | 0 | 0 | 43.59 | 16.14 | 6.05 | 0.78 (7.78)* | 8.11 | 3.35 |

***括號內的數字是判決對被告主張的反駁，詳見內文說明。**

槍，所以判決便重複強調：可能是有的人沒有注意現場狀況，所以沒看到。

編碼後分項計算字數，可以呈現判決的證據結構。王信福案判決的證據結構，最顯著的特徵是：關鍵證據僅有〇．七八％。一萬五千字的論罪，幾乎全部浪擲於無效論證。

## 五、關鍵證據分析

我們透過質化分析找到了本案的關鍵情節──「王信福命令」，又透過編碼與量化分析，找到用以證明「王信福命令」的關鍵證據。接下來，我們要檢視關鍵證據，直探王信福案判決的核心。

關於「王信福命令陳榮傑殺人」這個主題，在論罪時一共出現四次，都在「理由欄」「貳、實體部分」的第四點。以下逐一敘述它的出現脈絡。

判決的第四點，要證明的事實包括王信福口角、交槍、命令、陳榮傑開槍這一連串行為。「王信福命令」這主題第一次出現，是判決釋明第四點的主旨，等於告訴讀者：「我接下來要證明王信福口角、交槍、命令、陳榮傑開槍」，這還不是證明行動的本身。此處二十三字。

接下來第四點之一，是陳榮傑第一次警詢筆錄。關於「王信福命令」，陳榮傑的證詞是：「王信福一手托著我的手，一手指向吳、黃二人說『結（臺語即幹掉的意思）這二人』，」共三十八字。

第四點之二，是陳榮傑第二次警詢筆錄。他說王信福：「扶著我的手肘指著大聲說『結掉那二人』，我要開口問，王信福說『不要問那麼多』」，三十八字。

第四點之三，是陳榮傑在嘉義地院的審判筆錄，「我起身回過頭，被告把槍交給我，叫我開槍。」共二十字。

關於「王信福命令」這一主題的文字如此之少，為了避免將文字切割得太細碎，我在編碼時，已經盡量從寬認定。四段共一一九字。羅列以上四段可以看出，第一段完全不是證明。第二、三段是同一內容重複說兩次，而根據卷內資料顯示，陳榮傑一九九〇年十月十七日下午三點多被警方逮捕，晚上八點做第一份警詢筆錄，十月十八日做第二份警詢筆錄，沒有記載時間；十月十八號早上十一點半做第三份警詢筆錄，下午四點半移送嘉義地檢署做第一份檢訊筆錄。警方在二十四小時的法定留置期間內，做了將近二十頁的筆錄，按照刑事偵查實務，很可能是連續偵訊。因此第二段與第三段，是同一人在同一次留置期間所做的陳述；兩段陳述的內容也一樣，就是說王信福「扶著我的手肘指著大聲說『結掉那二人』」。第四段的陳述則僅只四字「叫我開槍」，更為簡略。

綜合這四段描述，關鍵證據的內容，只有「扶著我的手肘指著大聲說『結掉那二人』」這十八字。

除了陳榮傑以外，其他在場的人，都沒有看到「扶手肘」的動作，沒有聽到「結掉那二人」的話。因此判決以一一八六字解釋其他人為什麼都沒看到，沒聽到。這一一八六字不能視為「王信福命令」的證據，否則將直接違反證據裁判主義：「犯罪事實應依證據認定之，無證據不得認定犯罪事實」。它只能視為法官的告解（confession）：向讀者坦承所知的侷限，並且請求諒解。

這十八字證據，和第五項編碼「王信福密商」的證據，是互相矛盾的。現場酒客吳俊翰與蔡淵明的證詞都是「王信福與陳榮傑小聲交談」，陳榮傑的證詞卻是王信福大聲下令。判決同時採信了兩種相衝突的證詞，而沒有對此衝突提出任何解釋。

十八字證據之後，陳榮傑還做了五次警詢筆錄、四份檢訊筆錄。然後一審出庭兩次，二審出庭四次，更一審出庭五次，之後死刑定讞。自從第三次警詢開始，陳榮傑就推翻了那十八字的證詞，改說他只有開一槍、只有殺死一人，另一人是王信福殺死的。既然是王信福自己先殺了一個人，那他顯然不可能命令陳榮傑「結掉那兩個」。

檢察官起訴時，採信陳榮傑「一人開一槍」的自白。但陳榮傑的版本到了審判中又繼續變化，在羈押庭時他對法官說，王信福開第一槍時他背對著，沒看到[291]；到了地院，陳榮傑說他喝醉了，躺在椅子上[292]；到了二審，他說他喝醉了、躺在椅子上、而且睡著了，聽到槍聲才醒來[293]；更一審也維持這說法[294]。

如同此文一開始說過的，我們將證明力的問題暫時擱置，假設法官關於證據取捨的選擇都是對的。因此關於陳榮傑的諸多版本中有沒有可信的證詞、哪一個才可信、根據什麼證據判斷它可信，在此暫不深究。

這一小節的分析顯示，王信福案的關鍵證據**只有**陳榮傑的十八字證詞，而沒有其他供述證據或者非供述證據。**這是它的第一個弱點：它是孤證**。這證詞出於「史前時

291 嘉義地方法院七十九年度重訴字第四九三號卷，頁八至九。
292 嘉義地方法院七十九年度重訴字第四九三號卷，頁五六至六〇。
293 臺灣高等法院臺南分院八十年度上重訴字第四四五號卷，頁四四。
294 臺灣高等法院臺南分院八十年度上重更一字第一六〇號卷，頁二一八。

代」的警詢筆錄，因此，一般證詞所需的真實性擔保：具結、對質詰問、直接審理，這證詞全部都不具備。陳榮傑在警局接受偵訊時身份是「被告」，所以沒有具結；當時王信福沒有到案，法庭也未實施交互詰問，所以未經對質詰問；法官直接審理的時候，陳榮傑的說法已經改變，法院判決認為不可信，因此判決採用十八字證詞，那是未經直接審理的。**這是它的第二個弱點：它缺乏真實性擔保**。它與其他證人的證詞左右矛盾，也與陳榮傑自己的證詞前後矛盾，這使得它的兩個弱點如雪上加霜。

## 六、方法與概念

這篇論文所使用的分析方法，我在中英文法學論述中均不曾見過，應用在王信福案，可以說是一個探索式的研究。我曾有機會向幾位法律實務界的工作者說明我的方法，結果臺南地院陳欽賢法官說，這種方法「會讓爛判決像胖子穿緊身衣一樣，清楚殘忍地呈現出來」。我回答：「但是，如果那判決有六塊肌的話，也會顯現出來。」

這種處理資料的方法，得力自社會科學研究方法。質化分析稱所蒐集來的資料為文本（text），可能是文字、影像或錄音、錄影，並且發展出一套分析方法來處理大量的文本，例如本文所用到的「編碼」即是[295]。但是我分析的對象與目的，卻與一般社會科學大異其趣。

對大部分社會研究來說，「實然」是核心的關懷，研究目的常常是透過例如訪談或參與觀察的方法，如實捕捉、描述某個現象，並且試圖理解。研究最後可能附帶政策建議，也可能沒有。社會科學對待「文本」的態度，基本上是「同情的理解」、「價值中立」。我的研究，核心關懷卻是關於「應然」的：我分析判決，是為了要「檢視」判決有沒有基於證據而做出認定、證據是否完備、論證有沒有道理、邏輯有沒有漏洞等等，是一個著重「評價」的分析模式。

質化研究所得的文本，多半依循受訪者的自主表達，即使是結構化的訪談，每一主題也必然容許受訪者有自主組織與表達意思的空間，否則用量化的「是」或「否」就可以統計了。研究者也可以從訪談中自由擷取主題，來進行分析。但判決是高度結構化

295 參見 Ryan & Bernard, "Data Management and Analysis Methods" in Denzin, N., & Lincoln, Y. S. eds., *Collecting and Interpreting Qualitative Materials* [second edition]. London: Sage Publications, 259-310.

的司法決定，編碼方式在此必須做一些調整，以便將判決當作一個整體來分析，避免不當地割裂。這一點在這篇論文裡體現為兩個檢查步驟。其一是閱讀判決找出九個編碼以後，進一步確認所有法律構成要件都已包括在編碼中，沒有遺漏。其二是將判決以不同顏色標記編碼以後，檢視是否有遺漏、未標記的段落，看看其中是否有些段落應該歸入九個編碼。

或許因為上述的兩個差異，我在臺灣社會科學方面的文獻裡，也不曾見過用類似方法來分析判決[296]。我這樣做，靈感來自我在死刑與冤案議題上參與的經驗。我觀察到許多法律專業者在分析與處理案件時，其實已經有與本文類似的思維模式。例如在鄭性澤案裡，無論救援團隊或辯護律師，都將原有罪判決分解為「交槍說」、「立即死亡說」、「移動說」、「兩階段說」[297]，就是本文編碼方式的雛形。這種思維模式通常並不言傳，實務工作者如學徒一般，初期聽從資深者的指示，慢慢體會揣摩、從做中學，直到自己也有靈光乍現的一天，就出師了。我在這篇文章裡發展出來的方法，則希望用系統化、甚至標準化的模式來分析判決，不再純靠經驗與靈感，好讓這個分析方法更有效地傳承、接受檢驗、或者改進。

循著同樣的思路，我在這篇文章提出「證據結構」的分析概念。我曾把判決比喻為鳥籠：它所形成的結構，必須有效地把鳥關在裡面，間隙不可過大，太大了鳥就會飛走。把鳥關住的，不是這一根或那一根單一的木條，而是這些木條所共同形成的結構。很少案件可以靠單一證據將人定罪，例如即使找到了凶刀，也需要證據顯示刀器與被害人的傷口相合、刀上有被告指紋、或者刀在被告家裡搜出等等；重要的是這些證據是否形成一個鳥籠結構，排除所有合理懷疑，把被告關在裡面。這也就是我前面說的，分析時不能將判決不當割裂，而要評價所有證據所形成的結構。

對此，臺灣法界的習慣用語是「綜合判斷」。但是如何綜合、又如何判斷？這就好像列出了食材卻不說烹飪程序，於是有的人能上一桌可口好菜，有的人煮起來卻米飯太生、牛肉太老。這樣的「綜合判斷」無法分析，無法深入討論，也無法檢驗，僅淪為判決裡用來過場的套話，羅列證據以後就來一句「據上綜合判斷」。

日本法律實務界則有與本文類似的想法，他們稱為「證據構造論」。一九七五年

---

296 例如瞿海源、畢恆達、劉長萱、楊國樞主編，《社會及行為科學研究法：質性研究法》，臺北：東華書局，二〇一五年。畢恆達，《教授為什麼沒告訴我》，臺北：小畢空間出版社，二〇二〇年。與上註提及的 *Collecting and Interpreting Qualitative Materials* 等質化研究方法論書籍中，均不曾見過與本文類似的方法。

297 見張娟芬，《十三姨KTV殺人事件》，臺北：行人，二〇一三年。

的「白鳥事件」啟動了日本最高法院去思考再審門檻的問題，幾次裁定以後，確立了一個原則，就是再審新證據應與舊證據綜合評價，如產生合理懷疑，就可以開再審，不必強求新證據要單槍匹馬地戰勝所有舊證據。依循這個原則，他們發展出證據的兩階段審查模式，不過那是再審特有的情形，這裡不贅[298]。值得參考的是，「證據構造論」同樣將認定事實切分成比較小的、方便檢驗的單位，同樣強調將證據分別對應於認定事實，並以此檢驗原判決的事實認定是否成立[299]。本文以「證據結構」為概念來評價判決的事實認定，這個想法在日本的「證據構造論」裡，得到了共鳴。

## 七、為什麼會這樣？

法官的工作，其實也就是將審判過程所產生的所有資料，綜合分析、處理，最後凝成一個司法決定。自覺或不自覺地，法官也是一個研究者，而判決就是他對事件的分析結果。從這個角度來看，我與判決王信福死刑的法官，基於同一套資料，可是卻做出了不同的分析結果。定讞判決是三級三審、三度更審之後的結果，是經過司法體系確認之後的「合格產品」，但是在我的分析下，卻有多處的致命傷。底下就要試著解釋：為什麼會這樣？

我的研究方法，與現行判決的寫法，有兩個重大差異。第一是「狼吞虎嚥 vs. 細嚼慢嚥」。現行判決在事實欄把整個犯罪事實全部說完，然後將證據全部寫在理由欄；好像大口喝酒，大塊吃肉。案情若簡單，那沒問題；當案情複雜的時候，關鍵證據與次要證據不加區分地放在一起，結果是魚目混珠。王信福案就是最好的例子：將近一半在解釋「王信福口角」，真正重要的「王信福命令」僅有十八字孤證，但是「狼吞虎嚥」的時候不會發現。我的編碼方法把犯罪事實切成幾個情節，如同細嚼慢嚥，有助消化。一旦切開來，情節的輕重緩急自然清楚呈現。我們立刻可以看出，證明「王信福命令」是將王信福定罪的充要條件：如果沒證明這點就不能判有罪；只要證明了這點就可以判有罪了。

298 見陳運財，〈刑事訴訟法為被告利益再審之要件——評最高法院八十九年度臺抗字第四六三號裁定〉，《檢察新論》，第十一期，二〇一二年一月，頁二二至三六。

299 關於「證據構造論」的介紹可以參考謝煜偉研討會發言，〈從日本「白鳥・財田川決定」後的發展省思臺灣再審新法下綜合判斷之範圍〉，網址：https://goo.gl/VuUxyU，最後檢索日期二〇一八年三月十九日。

第二是「貌合神離 vs. 如影隨形」。現行判決分成事實欄與理由欄，事實認定與證據之間的關係未必清楚，表面上看起來是一對，可是說不定已經形同陌路。依照我的編碼，每一個情節的事實認定後面，緊接著證據與論理，如影隨形。如果證據充分，我們便產生確信；如果證據薄弱，我們也看得出來。

如果審過王信福案的法官裡，有任何一位曾經這樣分析案情，他應當不能容「李慶臨取槍」、「李慶臨交槍」的證據欄就這樣留下空白；他應當不能容忍最核心的情節只有薄弱的十八字證詞。他可能也會發現，從「王信福口角」到「萌生殺人犯意」的推論有點牽強，雖然形式上對犯意有了交代，可是其實貌合神離。

司法誤判出現時，像大多數的「組織犯錯」（organizational wrongdoing）事件一樣，主流意見總是習慣性地歸咎於個人，要抓「戰犯」[300]。但這樣的思維既忽略了組織文化在其中發揮的作用，也容易將改革推錯方向，以為把不適任的法官驅之別院就是解方。本文的政策建議是推動判決格式的改革[301]，使得上述分析架構內蘊於判決的寫作之中，法官對事件如能清楚的分析，自然能夠做出受到證據支持的司法決定。

## 八、總結：牙籤支撐大廈

回顧一下前面的分析，王信福案的證據結構，至少有以下四點特徵：

1. 這是一個**以供述性證據為主**的證據結構。王信福案的定罪，百分之百依賴供述性證據。
2. 這是一個**關鍵證據稀少**的證據結構。王信福案的關鍵情節，僅靠十八字的單一證據支撐。
3. 這是一個**缺乏真實性擔保**的證據結構。王信福案的關鍵證據，既沒有具結、直接審理，也沒有對質詰問，全部是在王信福缺席的狀況下取得。

---

300 參見 Charles Perrow, *Normal Accidents: Living with High Risk Technologies*, Princeton University Press.

301 劉孔中〈司法判決格式的改革芻議〉也論及判決格式的改革，發表於《月旦法學雜誌》，第二六二期（二〇一七年三月），頁九七至一一八。他以智財案件與民事案件判決為例，建議判決避免艱澀用語，並以標題引導閱讀。他的關懷重點與本文相當不同。他關注的是讓判決看得懂，以建立人民信任；我關注的是判決的事實認定必須有堅實的證據結構為基礎，否則看懂了也不一定會對司法產生信任，也可能看得愈懂愈不信任。

4. 這是一個**有缺損**的證據結構。有些事實認定沒有證據支持，如「李慶臨取槍」、「李慶臨交槍」；有些事實認定則基於對證據的誤讀，如前述吳俊翰與許天助的證詞都被誤用。

俗語說「獨木難支大廈」。王信福案的證據結構，堪稱「牙籤支撐大廈」。除了結構性的脆弱以外，這棟大廈的建築品質如何？這裡挑出兩個段落，見微知著。

第一段話是：「上開扣案手槍及子彈，經送內政部警政署刑事警察局鑑定結果，則認扣案手槍係屬美製〇．三八吋COLT陸孔右輪手槍……送鑑左輪手槍一支，其上指紋均因紋線不清或特徵點不足而無法比對。」扣案槍枝是右輪手槍，送鑑定的卻是左輪手槍。一個顯而易見的錯誤，從一審判決一路旅行到更三審，最後定讞，都沒人發現。審級監督的功能，顯然沒有發揮。

其二段話是關於酒客吳俊翰的證詞。吳俊翰是王信福的小弟，但他的警詢筆錄，對王信福不利。後來吳俊翰在法庭上說，那是因為警察刑求他，他只好依照警察的意思講。法院並不採信吳俊翰有被刑求的說法，從更一審開始寫了這一段話：「且依其所證受刑求之情僅為『警員將我眼睛矇住，打我一下，讓我滾下樓梯，受點擦傷』而已（見本院更一審卷二第一三三至一三四頁），豈會即因此背信忘義，於警詢及偵訊中均為上開對被告王信福不利之證詞！」我每次讀到這一段，都忍不住要笑。都滾下樓梯了還「而已」，還認為證人的任意性不受影響？但是不止更一審，後面的更二、更三審法官也不覺其怪，照樣抄了這段話。

這兩個段落，都是「歷史時代」才出現的[302]。如果王信福案純然是一個「史前時代」的老案，我們可以說，它反映出舊日司法的草率。然而它不是，王信福案的審判是在歷史時代完成的，他二〇一一年定讞，距離現在並不遠。王信福案不只映照出史前時代的草率，也映照出歷史時代的荒謬；它讓我們看到，兩個時代的關係並不是新時代匡正舊時代、新時代超越舊時代，而是新時代繼承舊時代的不義，概括承受，並且繼續荒謬。此案的一切症狀，不只是司法的陳痾，而是現在進行式。要治療司法此刻正在生的病，不妨就從王信福案開始。

302 「史前時代」的判決提到槍枝時，有時稱「轉輪手槍」，有時稱「右輪手槍」。王信福到案以後提出無罪抗辯，要求法院把扣案槍枝拿去驗指紋，果然沒有王信福的指紋。但是法院請求鑑驗的公文與刑事警察局的鑑驗結果，全都稱「左輪手槍」了。除非開再審，否則依現存資料，無從判斷是送錯槍枝去鑑定、右輪寫成左輪、還是左輪寫成右輪。

附錄一

# 流氓王信福歷史事件簿

| 年份 | 流氓管訓制度的大歷史 | 王信福的小歷史 |
| --- | --- | --- |
| 一九四三年 | 《違警罰法》公布施行。 | |
| 一九四五年 | 二次世界大戰結束，中華民國政府接管臺灣，認為取締流氓是維持國家安全的要務。 | |
| 一九四六年 | 開辦「勞動訓導營」，是流氓管訓制度的開始。同時，發生流氓擔任「義警」打傷參議員的「員林事件」。 | |
| 一九四七年 | 「二二八事件」重創臺灣。 | |

| | | |
|---|---|---|
| 一九四九年 | 中華人民共和國成立。<br>中華民國把中央政府遷到臺灣，實質上失去中國大陸的統治權，而統治臺、澎、金、馬及周圍離島，並於此範圍實施戒嚴。國共內戰結束，臺灣海峽兩岸各有政府行使其主權。 | |
| 一九五〇年 | 《臺灣省戒嚴時期取締流氓辦法》未公布即施行。 | |
| 一九五二年 | 《臺灣省戒嚴時期取締流氓辦法》第二版公布施行。 | 王信福出生於嘉義市。 |
| 一九五五年 | 《臺灣省戒嚴時期取締流氓辦法》第三版公布施行。 | |
| 一九五七年 | 「臺灣流氓日本起源論」透過政府官員的置入性行銷，見諸輿論。 | |
| 一九七〇年 | 政府大力取締「奇裝異服」。 | 王信福陸續因頭髮太長、穿花襯衫、夜間遊蕩而被警察依《違警罰法》拘留。 |

| | | |
|---|---|---|
| 一九七一年 | | 王信福滿十八歲，因為有違警紀錄而被送到「職訓總隊」管訓。 |
| 一九七二年 | | 王信福從職訓總隊的強制工作地點逃回家，被捕後留下第一個前科：脫逃罪。 |
| 一九七二～一九七七年 | | 王信福身陷這個循環：管訓↓逃跑↓被抓到↓判刑↓服刑↓繼續管訓↓又逃跑↓被抓到↓判刑↓服刑↓繼續管訓。 |
| 一九七八～一九八二年 | | 王信福去當兵，逃跑↓被抓到↓判刑↓服刑↓繼續當兵。 |
| 一九八三年 | | 王信福重獲自由。 |
| 一九八四年 | 發生「江南案」，重創國民黨政府的國際形象，使蔣經國被迫加快民主化的腳步。 | 王信福因案被捕，又被送到職訓總隊管訓。 |
| 一九八五年 | 《動員戡亂時期檢肅流氓條例》立法通過，流氓管訓制度至此終於取得法律依據。 | |

| | | |
|---|---|---|
| 一九八六年 | 發生「湯英伸案」，臺灣社會第一次開始反省犯罪的社會結構性因素。但是救援行動失敗，湯英伸被槍決。 | |
| 一九八七年 | 政府宣布解除戒嚴。<br>位於岩灣與綠島的職訓總隊先後發生暴動。 | |
| 一九八八年 | 蔣經國總統過世，終結了臺灣的強人政治。 | 王信福出獄重獲自由。 |
| 一九八九年 | 高新武檢察官偵辦「吳蘇案」，徹查司法黃牛「有錢判生，無錢判死」的貪瀆行為，震撼社會。 | |
| 一九九〇年 | 發生「野百合學運」，訴求國會全面改選、廢除臨時條款。大法官隨後做成解釋，代表「法統」的老國代、老立委、老監委必須退職。<br>大法官公布釋字第二五一號解釋，承認《違警罰法》第二十八條違憲。 | 發生「嘉義雙警命案」，陳榮傑、李慶臨到庭接受審判，王信福沒有出庭。 |

| | | |
|---|---|---|
| 一九九二年 | | 陳榮傑被判死刑，李慶臨被判二年六個月有期徒刑。王信福離開臺灣。 |
| 一九九五年 | 蘇建和等三人死刑定讞，冤案救援行動展開，臺灣社會第一次開始意識到刑事冤案的問題。 | |
| 二〇〇三年 | 刑事訴訟制度重大變革，由「職權主義」改為「改良式當事人進行主義」。 | |
| 二〇〇六年 | | 王信福回臺灣醫治眼睛，在機場被捕，接受審判。王信福聲請將凶槍送鑑定。 |
| 二〇〇七年 | | 凶槍鑑定結果，沒有找到王信福的指紋。<br>現場目擊證人李清泉出庭，他指出當年警察訊問時態度很兇，有意誤導，而且筆錄記載不實。<br>現場目擊證人吳俊翰出庭，他指出當年警察刑求他，害他摔下樓梯，所以才依照警方的意思，把事情推給王信福。 |

| | | |
|---|---|---|
| 二〇〇八年 | 釋字第六三六號解釋認定《檢肅流氓條例》有多處違憲，違反法律明確性原則與正當法律程序。 | |
| 二〇一一年 | 江國慶案無罪定讞，但江國慶已於一九九七年執行死刑。 | 王信福死刑定讞。<br>聲請再審被駁回。 |
| 二〇一二年 | 蘇建和案平反成功，無罪定讞。 | 聲請非常上訴與再審都被駁回，聲請釋憲結果不受理。 |
| 二〇一三年 | | 聲請再審被駁回。 |
| 二〇一六年 | 徐自強案平反成功，無罪定讞。 | |
| 二〇一七年 | 鄭性澤案平反成功，無罪定讞。 | |
| 二〇一八年 | | 廢死聯盟主辦「此人沒有教化可能性？」學術研討會，學者提出王信福案的判決評鑑。 |
| 二〇一九年 | | 以模擬法庭的方式，喚起社會大眾對王信福案的關注。<br>無辜者行動聯盟開始固定探視王信福。 |

| | | |
|---|---|---|
| 二〇二〇年 | 謝志宏案平反成功，無罪定讞。 | 廢死聯盟拍攝影片《審判王信福》並進行巡迴放映，喚起社會大眾對王信福案的關注。 |
| 二〇二一年 | | 聯合十個社團共同組成王信福救援大隊。<br>向最高檢提出審查聲請，最高檢拒絕。 |
| 二〇二二年 | | 王信福七十歲。持續救援。 |

**●王信福救援大隊由以下十個團體所組成：**

臺灣廢除死刑推動聯盟
臺灣人權促進會
臺灣無辜者行動聯盟
人權公約施行監督聯盟
國際特赦組織臺灣分會第三十四小組

財團法人民間司法改革基金會
財團法人人本教育文教基金會
臺灣刑事辯護律師協會
臺南律師公會刑事人權委員會
永社

**●如何參與**

1. 申請《審判王信福》電影播映及座談，透過這部法庭劇，在一小時內了解本案重點。
2. 申請模擬法庭，由參與者進行角色扮演、分組審議，從而了解本案司法程序的瑕疵及正當法律程序概念。
3. 申請電影播映座談、模擬法庭，以及王信福官方頁面、臉書、IG，請掃以下QRCode 或輸入網址：PSE.IS/XINFU

附錄二

# 王信福案十大疑點

1. **凶槍上沒有他的指紋**

法院認為是王信福把槍交到開槍者手中的。但是王信福主張他完全沒摸過槍，並且要求驗指紋。鑑定結果，凶槍上真的沒有王信福的指紋。

2. **目擊證人被警方刑求，以取得警方認定的故事**

目擊證人吳俊翰被警方矇住眼，在樓梯上被打，導致跌下樓梯，緊急送醫。被刑求後，他就依警方的意思，說出對王信福不利的證詞。

3. **開槍者與王信福無關**

開槍的陳榮傑不是王信福的小弟，而是另一位在場的角頭李慶臨的小弟。王信福不太可能撈過界去命令別人的小弟開槍殺人。

4. **開槍者的證詞一變再變**

陳榮傑的證詞前後差異很大。一開始說王信福托著他的手肘開兩槍，後來說是王信福先開一槍、自己再開一槍，最後說自己接過槍時，槍聲就響起；他不斷減輕自己的罪責，推給王信福。

5. **開槍者說詞與現場不符**

在場的目擊證人超過十位，都說是同一兇手連開兩槍，也沒人看到王信福托著兇手的手肘。陳榮傑說王信福大聲命令他，但目擊證人竟無人聽見，違反常理。

6. **缺乏殺人動機**

王信福根本沒有殺害警員的動機。卡拉OK的小姐放錯歌，所以王信福不高興，但這種小摩擦不太可能會導致殺人。而且被害警員只是同在店裡喝酒的顧客，王信福又沒有與他們起衝突，他根本沒有殺人動機。

7. **右輪手槍變左輪手槍**

王信福的判決前面講扣案的凶槍是右輪手槍，到後面送鑑定的時候卻變成左輪手槍了。這個錯誤從一審到更三審定讞，都沒被發現。

**8. 被刑求滾下樓梯「而已」**

王信福的判決認為，吳俊翰只是被刑求滾下樓梯「而已」，怎麼會因為這樣就講王信福壞話呢！

**9. 九卷錄音帶不翼而飛**

王信福被判死刑的證據都是證詞，而多位證人指出受到不正訊問，那麼原始的錄音帶當然很重要。卷內確實有九卷錄音帶，但是當王信福要求閱卷時，錄音帶卻不翼而飛！

**10. 對質詰問權被剝奪**

王信福接受審判時，開槍者陳榮傑已經被執行死刑了，另一重要關係人李慶臨也沒有出庭。對質詰問是憲法賦予被告的基本權利，可是法院卻直接用那些未經對質詰問的證詞，當作判死刑的證據！

附錄三

# 《臺灣省戒嚴時期取締流氓辦法》條文

## 一九五〇年版

臺灣省警務處奉行政院臺三十九防字第二一四二號代電修正施行。

第一條　臺灣省為肅清流氓鞏固地方治安維持社會秩序及善良風俗，依本省保安計畫第十三條，訂定臺灣省戒嚴時期取締流氓辦法（以下簡稱本辦法）。

第二條　戒嚴期間本省各縣市對於取締流氓除法令另有規定外，悉依本辦法辦理。

第三條　有左列各款慣行之一者為流氓：

一、擅組團體幫會招收徒眾者。

二、逞強恃眾，要挾滋事，或佔據碼頭車站勒收陋規搬運費者。
三、武斷鄉曲，欺壓善良，或包攬詞訟者。
四、不務正業，招搖撞騙，或包庇私娼者。
五、曾有擾害治安之行為未經自新，或自新後仍企圖不軌者。
六、曾受徒刑拘役之刑事處分二次以上仍不悛改，雖未構成犯罪但已越常軌顯有危害治安之虞者。
七、曾受違警處分三次以上仍不悛改有礙治安之虞者。

第四條　本辦法頒布實施後，各縣市政府應即舉行轄區流氓總調查，造具名冊四份，分報保安司令部及警務處，並對流氓嚴密監視控制。名冊格式如附表一。

第五條　保安司令部審核流氓名冊，轉飭本省職業訓導總隊妥為擬具訓導就業辦法，報由省政府保安司令部核備。

第六條　經調查登記之流氓，由保安司令部定期通令各縣市政府逮捕。除首要情節重大者解由保安司令部訊辦外，餘由各縣市警察局先予管訓，候令辦理。

前項管訓之流氓應拍攝半身照片捺印指紋，填製流氓紀錄表存查。格式如附表二。

第七條　各縣市政府解送流氓時應填造捕送流氓箕斗冊四份，分送保安司令部警務處存，轉職業訓導總隊刑警總隊。箕斗冊格式如附表三。

第八條　職業訓導總隊應參酌流氓之體力行業技能，分別訓導，并得強制其勞作。

第九條　定期逮捕流氓後仍查有第三條列舉之行為者，應依第四條第六條辦理。

第十條　依第四條執行任務人員如有挾嫌誣報者，應予嚴厲處分。

第十一條　逮捕之流氓如能提出證據證明確無第三條之情形者，得呈請臺灣省保安司令部核辦。

第十二條　本辦法如有未盡事宜，得呈請修正之。

第十三條　本辦法自呈准之日施行。

## 一九五二年版

臺灣省政府與臺灣保安司令部，肆壹卯謙府綜法字第二六六五三號，於一九五二年四月二十九日公佈。

第一條　為鞏固本省地方治安，維持社會秩序及預防流氓犯罪，特依本省保安計畫第十三條，訂定臺灣省戒嚴時期取締流氓辦法（以下簡稱本辦法）。

第二條　戒嚴時期本省各縣市對於取締流氓，除法令另有規定外，悉依本辦法辦理。

第三條　有左列各款情形之一者為流氓：

一、非法擅組幫會招徒結隊者。

二、逞強恃眾，要挾滋事，或佔據碼頭車站勒收陋規搬運費者。

三、武斷鄉曲，欺壓善良，或包攬訴訟者。

四、不務正業，招搖撞騙，或包庇私娼者。

五、曾有擾害治安之行為未經自新，或自新後仍企圖不軌者。

六、曾受徒刑或拘役之刑事處分二次以上仍不悛改，顯有危害社會治安之虞者。

七、因遊蕩或懶惰而為違警行為之習慣者。

第四條　本辦法實施後，各縣市（局）警察局（所）應即舉行轄區流氓總調查，嗣候並每三月覆查一次。

第五條　各縣市（局）警察局（所）對於所調查之流氓，應嚴密監視，並造具名冊四份，分保安司令部及警務處密存，名冊格式如附表。
經調查登記之流氓，由保安司令部審查不法事實明確後，通令各縣市警察局執行逮捕，解由臺灣省警務處轉解保安司令部核辦。

第六條　各縣市解送流氓時，應填造捕送流氓指紋冊四份，分送保安司令部及臺灣省警務處及職業訓導總隊、刑警總隊。
保安司令部對於被逮捕之流氓，按其情節分別為左列處置：
一、依刑法規定予以保安處分。
二、依違警罰法規定施以矯正或令其學習生活技能。
三、無不法事實者予以釋放。

第七條　凡包庇利用流氓活動，意圖造成地方權勢之私人或團體，其本人或團體主持人為首要流氓，由保安司令部予以逮捕法辦。

第八條　人民得檢舉流氓，被檢舉之流氓經調查屬實後，分別列入流氓名冊，如有不法事實者，依第五條第六條規定辦理。

第九條　檢舉人或依第四條執行任務人員有挾嫌誣報者，應予法懲處。

第十條　被列冊之流氓如能改過遷善在三年內無不法行為者，得予除名。

第十一條　本辦法自公布日施行。

## 一九五五年版

行政院臺四四法字第六一八三號令，於一九五五年十二月二十日公布。

第一條　為鞏固臺灣省地方治安，維持社會秩序及防止流氓犯罪，特訂定臺灣省戒嚴時期取締流氓辦法（以下簡稱本辦法）。

第二條　本省各縣市對於取締流氓，除法令別有規定外，悉依本辦法辦理。

第三條　有左列各款行為之一者為流氓：

一、非法擅組幫會，招徒結隊者。

二、逞強持眾，要脅滋事，或佔據碼頭車站及其他場所勒收搬運費與陋規者。

三、橫行鄉里欺壓善良或包攬訴訟者。
四、不務正業，招搖撞騙，敲詐勒索，強迫買賣或包庇賭娼者。
五、曾有擾亂治安之行為，未經自新，或自新後仍企圖不軌者。
六、曾受徒刑或拘役之刑事處分二次以上仍不悛改顯有危害社會治安之虞者。
七、游蕩懶惰邪僻成性而有違警行為之習慣者。

第四條　本辦法實施後各縣市（局）警察局（所）應隨時舉行轄區流氓總調查，嗣後並每二個月復查一次，各縣市（局）警察局（所）對於所調查之流氓，應隨時注意其行動，搜集事證造具名冊二份，連同證據分報保安司令部及警務處密存。

第五條　經調查登記審核明確之流氓，應分別為左列處置：
一、觸犯刑法者，依臺灣省戒嚴時期軍法機關自行審判及交法院審判案件劃分辦法之規定，分別送交於有關機關審辦。
二、違警者發交該管警察官署偵訊處罰。

第六條　依本辦法逮捕之流氓，合於刑法保安處分之規定者，軍司法機關於裁判時，應併宣付保安處分。其屬違警，而有違警罰法第二十八條之情形或曾有前科或違警處分而有妨害社會治安之虞者，送交相當處所施行矯正，或命其學習生活技能。

第七條　人民得檢舉流氓，被檢舉之流氓，經調查屬實後，分別列入流氓名冊，如有不法事實者，依第五條、第六條規定辦理。

第八條　檢舉人或執行任務人員，如有挾嫌誣報包庇或徇私舞弊情事，應予依法嚴懲。

第九條　被列冊之流氓如能改過遷善，在三年內無不法行為經調查屬實者，得由當地警察機關報請臺灣省保安司令部除名。

第十條　保安司令部檢察官及各級司法警察官署辦法取締流氓案件，應切取聯繫互相協助配合行動。

第十一條　本辦法自公布日施行。

Belong

共同體進行式

# 流氓王信福

作者——張娟芬
執行長——陳蕙慧
總編輯——張惠菁
責任編輯——張惠菁、宋繼昕
行銷總監——陳雅雯
行銷——尹子麟、余一霞、林芳如
封面設計——鄭宇斌
排版——宸遠彩藝

社長——郭重興
發行人兼出版總監——曾大福
出版——衛城出版／遠足文化事業股份有限公司
發行——遠足文化事業股份有限公司
地址——二三一四一 新北市新店區民權路一〇八－二號九樓
電話——〇二－二二一八一四一七
傳真——〇二－二二一八〇七二七
客服專線——〇八〇〇－二二一〇二九
法律顧問——華洋法律事務所 蘇文生律師
印刷——呈靖彩藝有限公司
初版——二〇二二年三月

定價——四五〇元

國家圖書館出版品預行編目資料

流氓王信福／張娟芬作.
－初版.－新北市：衛城出版：遠足文化發行，2022.03
面； 公分
ISBN 9786267052204（紙本）
9786267052181（EPUB）
9786267052198（PDF）



ACRO POLIS
衛城

email acropolismde@gmail.com
facebook www.facebook.com/acrolispublish

國家圖書館出版品預行編目(CIP)資料

流氓王信福/張娟芬著. -- 初版. -- 新北市：衛城出版：遠足文化事業股份有限公司發行, 2022.03
面；　公分. -- (Belong)
ISBN 978-626-7052-20-4(平裝)

1.CST: 刑事審判

586.5　　111001997

● 親愛的讀者你好，非常感謝你購買衛城出版品。
我們非常需要你的意見，請於回函中告訴我們你對此書的意見，
我們會針對你的意見加強改進。

若不方便郵寄回函，歡迎傳真回函給我們。傳真電話—— 02-2218-0727

或上網搜尋「衛城出版FACEBOOK」
http://www.facebook.com/acropolispublish

---

## ● 讀者資料

你的性別是 □ 男性 □ 女性 □ 其他

你的職業是 ____________ 你的最高學歷是 ____________

年齡 □ 20 歲以下 □ 21-30 歲 □ 31-40 歲 □ 41-50 歲 □ 51-60 歲 □ 61 歲以上

若你願意留下 e-mail，我們將優先寄送 ____________ 衛城出版相關活動訊息與優惠活動

---

## ● 購書資料

● 請問你是從哪裡得知本書出版訊息？（可複選）
□ 實體書店 □ 網路書店 □ 報紙 □ 電視 □ 網路 □ 廣播 □ 雜誌 □ 朋友介紹
□ 參加講座活動 □ 其他 ________

● 是在哪裡購買的呢？（單選）
□ 實體連鎖書店 □ 網路書店 □ 獨立書店 □ 傳統書店 □ 團購 □ 其他 ________

● 讓你燃起購買慾的主要原因是？（可複選）
□ 對此類主題感興趣 □ 參加講座後，覺得好像不賴
□ 覺得書籍設計好美，看起來好有質感！ □ 價格優惠吸引我
□ 議題好熱，好像很多人都在看，我也想知道裡面在寫什麼 □ 其實我沒有買書啦！這是送（借）的
□ 其他 ________

● 如果你覺得這本書還不錯，那它的優點是？（可複選）
□ 內容主題具參考價值 □ 文筆流暢 □ 書籍整體設計優美 □ 價格實在 □ 其他 ________

● 如果你覺得這本書讓你好失望，請務必告訴我們它的缺點（可複選）
□ 內容與想像中不符 □ 文筆不流暢 □ 印刷品質差 □ 版面設計影響閱讀 □ 價格偏高 □ 其他 ________

● 大都經由哪些管道得到書籍出版訊息？（可複選）
□ 實體書店 □ 網路書店 □ 報紙 □ 電視 □ 網路 □ 廣播 □ 親友介紹 □ 圖書館 □ 其他 ________

● 習慣購書的地方是？（可複選）
□ 實體連鎖書店 □ 網路書店 □ 獨立書店 □ 傳統書店 □ 學校團購 □ 其他 ________

● 如果你發現書中錯字或是內文有任何需要改進之處，請不吝給我們指教，我們將於再版時更正錯誤

請沿虛線剪下

| 廣告回信 |
| --- |
| 臺灣北區郵政管理局登記證 |
| 第 1 4 4 3 7 號 |

請直接投郵•郵資由本公司支付

23141
新北市新店區民權路108-2號9樓

**衛城出版** 收

● 請沿虛線對折裝訂後寄回，謝謝！

ACRO POLIS 衛城出版

*Belong*

*09*
共同體進行式